兰州大学"211"工程建设项目成果

司法制度运行的层级性研究

拜荣静 著

中国社会科学出版社

图书在版编目(CIP)数据

司法制度运行的层级性研究/拜荣静著. —北京:中国社会科学出版社,
2013.5

ISBN 978 - 7 - 5161 - 2643 - 1

Ⅰ.①司⋯ Ⅱ.①拜⋯ Ⅲ.①司法制度—研究—中国 Ⅳ.①D926

中国版本图书馆 CIP 数据核字(2013)第 097186 号

出 版 人	赵剑英	
责任编辑	周晓慧	
责任校对	林福国	
责任印制	李 建	

出　　版　中国社会科学出版社

社　　址　北京鼓楼西大街甲 158 号 (邮编 100720)

网　　址　http://www.csspw.cn

　　　　　中文域名:中国社科网　　　010 - 64070619

发 行 部　010 - 84083685

门 市 部　010 - 84029450

经　　销　新华书店及其他书店

印　　刷　北京市大兴区新魏印刷厂

装　　订　廊坊市广阳区广增装订厂

版　　次　2013 年 5 月第 1 版

印　　次　2013 年 5 月第 1 次印刷

开　　本　710 × 1000　1/16

印　　张　13.5

插　　页　2

字　　数　190 千字

定　　价　35.00 元

目　　录

前　言

　　作为一种社会现象，纠纷本身并不能被彻底消除。① 尤其是随着社会的发展，随着人们之间利益关系的不断调整与变化，纠纷增多更是正常的现象。当然，发生纠纷必然会产生一定的负面作用。博登海默认为，凡是人类建立了政治或社会组织单位的地方，他们都力图防止出现不可控制的混乱现象。在一个混乱不堪的世界里，人类试图过一种有理性、有意义、有目的的生活的所有努力都将受到挫折，因此，有序的生活方式要比杂乱的生活方式占优势。② 那么，对于社会生活建构过程中的纠纷与矛盾，"关键在于社会必须对纠纷进行适当的调节，使纠纷不以将会毁掉整个社会的暴力方式进行"。③ 经济体制改革的不断深化，使中国民众在生产经营方式、思想伦理道德观念方面发生了明显的变化，随之而来的人际关系也日趋复杂化，各种权益纷争日益增多，呈现了多样性的特点，因而

---

　　① 许多社会学家认为纠纷具有一定的正面功效，科塞认为，如果纠纷能够得到有序化的解决，这对一个社会而言，能起到"安全阀"的作用（参见［美］L. 科塞《社会冲突的功能》，孙立平等译，华夏出版社 1998 年版）。齐美尔也认为，安全阀可以使群体的敌意转向替代目标，建立一个发泄和释放的通道（参见渠敬东《缺席与断裂——有关失范的社会学研究》，上海人民出版社 1999 年版，第 54 页）。波普尔认为，没有冲突的社会是一了个了无生机、沉闷乏味的社会（参见［美］戴维·波普尔《社会学》，李强译，中国人民大学出版社 1999年版）。

　　② ［美］E. 博登海默：《法理学——法律哲学与法律方法》，邓正来译，中国政法大学出版社 1999 年版，第 225 页。

　　③ ［英］彼得·斯坦、约翰·香德：《西方社会的法律价值》，王献玉译，中国人民公安大学出版社 1990 年版，第 38 页。

与之对应的纠纷解决机制也应随之加以变革。

司法作为实现公民权利的终极手段越来越受到人们的关注和重视，因此，把纠纷解决理论的视角关注于国家司法过程及价值研究，对于我国法制现代化过程中法律的革新无疑具有非常重要的意义。与此同时，随着人们对司法救济依赖的空前增强，社会转型所带来的各种矛盾和纠纷几乎都要通过司法来解决，法院似乎成为纠纷解决的垄断者。从纠纷解决的质量上来说，并不是社会中所有的纠纷都适合于采用诉讼来加以解决的，许多纠纷通过诉讼的途径很难得到妥善的处理。① 正因为如此，我们不能把研究的视角仅仅局限于国家司法纠纷解决机制，而应把研究的视野扩展到多元的纠纷解决机制中去。只有从社会整体的角度对此进行研究才是对纠纷解决机制的完整把握。此外，对于调解等准司法纠纷解决机制以及自组织的纠纷解决机制的研究并不是孤立地进行的，而是要通过对上述二类非司法的纠纷解决机制的研究来促进司法纠纷解决机制的完善和整体纠纷解决机制的优化。因为司法与准司法纠纷解决机制以及自组织纠纷解决机制之间是紧密相连的，在解决纠纷过程中彼此都有着潜在的影响。

不同文化背景下的解纷方式之间的复杂关系在基层社会纠纷解决过程中体现得最为直接和生动。中国当代的法治发展最具有理论意义和最具挑战性的一系列问题在基层社区有着最突出的表现。由于民间纠纷与其日常工作和生活有着密切的联系，这一领域也因此成为各种法治资源充分发生关系的领域，通过研究纠纷的解决方式可以为我们提供一个观察和评价各种法治资源优缺点的平台。近年来，关于纠纷解决机制的研究，基本上是以现代生活为背景的，侧重于研究经济活动发展的需要，而基层社会中法律实践的运行研究

---

① 就纠纷的解决数量而言，社会上无处不在和无时不有的纠纷不可能都通过司法这样的国家正式的纠纷解决机制加以解决，其实通过司法解决的纠纷所占的比例很小，大量的纠纷还是要通过非诉讼的解决渠道加以处理（参见［日］高见泽磨《现代中国的纠纷与法》，何勤华等译，法律出版社2002年版，第33—45页）。

却未能得到学界应有的重视。如果不认真研究这些现实问题，仅仅靠格式化的向群众灌输法律知识的活动不可能实现基层社会的和谐发展。目前法学界和媒体的宣传都存在着较大的认识误区，将法律意识的提高等同于法院诉讼，使基层群众对纠纷解决机制的理解存在过多依赖司法诉讼的现象。① 这一方面与各种纠纷解决机制的衔接不畅有关，同时也存在着基层群众对司法的作用和特点以及对诉讼解决纠纷的基本属性缺乏认知有关。② 实际上，当事人对诉讼的依赖固然有法律意识提高的一面，但也体现出对国家权力的过度依赖和对其他解纷机制效力的不信任。因此，为倡导各种纠纷解决方式的互补，对于民间纠纷，不仅应当研究通过司法的方式加以解决，而且有必要拓展视野，从法律社会学和法律人类学以及法律经济学的视角和层面研究非司法方式的具体运行。同时，对群众选择非诉方式解决纠纷的行为背景、行为目的等诸多因素加以系统研究，以扩展和深化对解纷机制层级性这一重要现象的具体认知。

在与司法纠纷解决机制的比较中，准司法纠纷解决机制和自组织的纠纷解决机制是权威性较弱但自治性较强的社会型纠纷解决机制，反映了纠纷解决权在国家与社会成员之间的分配关系。更为重要的是，在中国传统社会里，准司法纠纷解决机制和自组织的纠纷解决机制一直是民间纠纷解决的主要途径，是中国纠纷解决机制的组成部分，是一种融合了中华民族文化传统和历史积淀的解纷文化。任何一种纠纷解决制度，在现实中其纠纷解决的形态和功能总

---

① 由此带来的必然是诉讼迟延问题。波斯纳指出："自从莎士比亚时代以来，法律迟延（law's delay）一直是大众文学中谈论的一种悲哀。"（参见 ［美］理查德·波斯纳《法律的经济分析》（下），蒋兆康译，中国大百科全书出版社 1997 年版，第 753 页）

② 目前，中国正经历着以经济体制改革为核心的整体社会转型，在这个过程中出现了许多复杂而频发的纠纷，本书所论及的民间纠纷也不例外。但是，此时的准司法纠纷解决机制和"乡土化"的纠纷解决机制对于社会转型过程中所出现的纠纷的解决却表现出种种的不适应性。相关数据资料表明，近些年来在诉讼案件逐年递增的情况下，各种类型非司法纠纷解决机制的纠纷解决能力呈现出明显的下降趋势。非司法纠纷解决机制的功能弱化，究其原因，一方面可以归结为司法纠纷解决机制的潜在功能在现代社会中得到了逐步发挥，而另一方面则更可以认为非司法纠纷解决机制本身存在着许多问题，以致不能满足当代中国社会纠纷解决的要求。

是被社会的各种条件所限定的。当前，非司法纠纷解决机制功能的弱化是由于社会的各种条件与制度和功能之间存在着不协调，需要进行角色的重新定位及机制的现代建构，对非司法纠纷解决机制所固有的性质、功能、组织运作以及与司法解纷制度之间的关系都需要进行重新研究和探索。近些年来，由于非司法纠纷解决机制的功能弱化以及对国家司法解纷制度的过分偏爱，出现了某些否定非司法纠纷解决机制存在必要性的观点。部分学者认为非司法纠纷解决机制是落后的、反程序的，是与现代法治原则不相兼容的纠纷解决方式，因此，对非司法纠纷解决机制的深入研究是没有意义的。相反，部分学者却主张将这些非司法的纠纷解决机制规范化，使其古为今用，认为现在对中国本土的纠纷解决机制重新进行深入的研究不但不是过时的，反而应该具有一定的前瞻性和超前性。因此，有必要从社会发展的角度和经济全球化、法律全球化的视野，重新理解非司法纠纷解决机制在中国现代社会纠纷解决机制配置中的地位和性质，从基于不同解纷主体适用不同解纷规则需要的角度重新审视纠纷解决机制存在的必要性。

恩格斯曾描述说："在氏族社会里……一切争端和纠纷都是由当事人的全体即氏族或部落来解决或由各个部落相互解决。氏族复仇仅仅当作一种极端的很少应用的手段……一切问题都由当事人自己解决，大多数情况下，历来的习俗就把一切都调整好。"① 从上述革命导师的论述中可以看出，以调解方式解决纠纷是早期人类面对纠纷的普遍选择，"一切争端和纷争"由民间方式进行解决。在国家统一法制的形成与治理的演进过程中，尽管国家法试图将这一领域纳入自己的治理范围，可是民间纠纷所特有的解决机制仍然顽强而富有生命力地存在于现实生活中，内容逐渐丰富，方法日渐多样化而趋成熟。在此背景下，国内外相关领域的学者对此表现出了极

① 恩格斯：《家庭、私有制和国家的起源》，《马克思恩格斯全集》第4卷，人民出版社1972年版，第92—93页。

大的学术关切。已有研究对纠纷解决机制的探讨虽然分析的侧重点有所不同，但都为后续研究提供了较高的起步平台。首先，现有的文献已经形成了比较系统的研究方法。国内外研究学者对纠纷解决机制的研究大都从文化解释和功能解释的理论路径去分析问题。因此，可以认为，文化与功能的解释已经成为目前对中国纠纷解决机制问题进行研究所普遍采用的研究方法。其次，现有研究已经建立了较为系统的理论体系。虽然受各方面条件的制约，对纠纷解决机制进行研究尚没有充分发挥出其应有的理论潜力和应用价值，但是，现有研究已经初步形成了从法社会学到法文化学、从对表象的感知到对基础理论的探究的较为系统的体系，为进一步分析和研究纠纷解决机制问题以及开辟法学理论研究在该领域的最新应用奠定了基础。归纳起来，现有研究还存在诸多不足和缺陷，总结起来主要包括：

一是已有研究对纠纷解决机制的探讨往往只是从单一视角进行，不能从多学科角度对其进行交叉研究。当前，学科之间的界限越来越模糊，许多学科都是交叉发展的。因此，如果不能兼容其他学科的视角，就等于不能吸收其他学科的优秀成果用来更新自身的方法论体系以实现理论突破。目前对纠纷解决机制问题的研究大都只是从单一视角去分析其功能、文化的变化，这种分析虽然在一定程度上澄清了纠纷解决机制的某些制度化功能，但缺乏更有力的全面系统分析。因此，应尝试采用民族学、文化学、经济学和社会学的方法等多重视角去研究纠纷解决机制的诸多问题，进一步探索纠纷解决机制在国家司法中的重要配置地位。

二是已有研究没有对纠纷解决机制的层级性问题进行研究，更没有将纠纷解决机制在各个不同场域的角色定位分别进行细致的研究。如果不探究纠纷解决机制在纠纷解决机制系统中的层级问题，对于纠纷解决机制功能的研究和纠纷解决机制制度的建构，无论在理论上还是在实践中，其理论价值及实际运行都不会有重大突破。因此，从实证的角度对纠纷解决机制的层级性进行研究是本书对纠纷解决机制研究的大胆尝试与突破。

三是已有研究对探讨纠纷解决机制在中国法律现代化进程中所要解决的中国特殊问题的作用缺乏适用性。通常，研究会忽视非司法纠纷解决机制在中国纠纷解决中的特殊作用，与其他研究混为一谈。① 对纠纷解决机制的研究要更多地考虑中国社会的特殊性，即使纠纷解决机制的理论与实践目前在西方国家很盛行，但如果盲目地照搬西方社会的纠纷解决机制理论和实践成果来研究中国的纠纷解决机制，未免也会有"桔枳"之感。

本书以回族民间纠纷为基本研究对象，其理由如下：

一是选取纠纷作为视角来认知纠纷解决机制的适用主体，需要明确选取、研究什么样的纠纷问题，并不是所有的纠纷都可以拿来作为分析的对象。当前选取纠纷作为研究对象和进行深度发掘主要集中于纠纷解决过程，具体方式的价值及其组织和运行规则的研析、阐发和改造，在程序理念的背景下，这种研究无疑具有重要意义。但个体间的、一般性的纠纷才是更为普遍存在的现象，具有更为一般的说明力和解释力。只有通过对民间纠纷的全方位考察并对中国司法制度在基层的运行进行细致考量，才可以从深度发掘出更多的理论与现实关切点。

二是探讨回族民间纠纷由国家制定法规范以及非国家制定法规范所构成的社会规范体系衍生的纠纷解决机制的层级性问题。本书是一项综合运用民族学、法学、宗教学、文化学进行跨学科交叉研究的选题，既涉及纠纷解决的一般原理，也涉及类型化的纠纷解决机制的形成基础、结构、功能、特征等方面，主要以回族纠纷解决途径的构成为研究重点。这其中涉及回族群众关于纠纷解决机制的基本认知，囊括了回族群众的解纷心理、解纷观念以及回族群众关

---

① 尤其是在理解纠纷解决途径时，关键要对西方社会产生该制度的历史条件、社会背景及其社会功能与中国纠纷解决机制的显著差异进行明确。因为中国纠纷解决途径和发展模式必然是在中国的社会生活和经验中展开的，中国学者要带着对中国社会现状和社会理想的透彻了解去理性地考察并建构纠纷解决机制的过去、现在和未来。

于解纷规范、解纷行为、解纷组织等问题功能与定位的认识的考察，也涉及回族自组织纠纷解决途径的发展趋向等问题。

三是从地域环境上看，回族已形成"大分散、小聚居"的特点，全国各地都有回族聚居或散居着。回族在各地农村开垦荒地，兴修水利，从事农业生产，而城镇回族善于经商的经济特点也基本形成，各地回族聚居区普遍建立了清真寺，本民族内部的凝聚力和共同心理状态已经相当稳固。回族大多居住于经济相对欠发达的地区，对外交往相对较少，但近年来随着国家市场经济的逐步确立以及对外开放进程的加快，甘肃省回族的民间纠纷不仅增多，而且呈现出丰富多彩的形态。这既能为研究工作提供各种各样的素材，又具有一定的代表性。甘肃省是一个既有以回族聚居区为基础所形成的区域自治的州、县，又存在城市及农村大量回族与汉族杂居的省级区划。地域分布的独有特征决定了甘肃省回族民间纠纷的多样性，为本选题研究的顺利开展提供了保证。甘肃省回族由于历史原因虽都信仰伊斯兰教但却分属不同的教派，而每一教派均根据对教义的不同理解而对教众进行特定的行为规范。基于上述原因，该地区回族解决民间纠纷方式呈现出与其他少数民族不同的特征。

四是对回族纠纷解决途径的研究建立在对回族纠纷解决途径的理论分析之上。纠纷解决是一个宽泛的概念，可以从不同的角度去理解。① 本书以中国近年兴起的法社会学、法人类学的思路，将纠纷解决理解为一个宏观与微观结合、国家与社会并重的整体性概念。法社会学的观点认为，纠纷解决途径是人们日常行为的规范，是社会组织的依据，是民众心态的反映。纠纷解决途径的存在和发

---

① 纠纷解决（dispute resolution），是指在纠纷发生后特定的解纷主体依据一定的规则和手段，消除冲突状态、对损害进行救济、恢复秩序的活动。纠纷解决既可以是双方当事人之间的活动（例如协商谈判），也可以是当事人在中立第三人（纠纷解决机构或主持者）的主持和协助下进行的（裁决和调解）；既可以通过民间社会力量，也可能需要依靠国家职权。纠纷解决研究涉及纠纷的原因、形态、当事人行为以及中立第三方、纠纷解决的规则、程序等，重点是纠纷解决的社会过程（参见范愉《纠纷解决的理论与实践》，清华大学出版社 2007 年版，第 71 页）。

展，与庞大的社会中下层民众息息相关，也与日新月异的社会生活和缓慢变迁的社会结构密切关联，共同造就了民众对纠纷解决途径的适用。对特定的社会组织或民族群体而言，习惯法、宗教教义等民间特定群体的行为规范对社会秩序具有行为的约束力，具有准法的作用。因此，对纠纷解决的研究，如果不把视角更多地转向民间或少数民族社会中的基层社会生活，转向影响纠纷解决途径变化的基本社会结构和运行机制，就很难把握纠纷解决途径的根本特征。

五是回族纠纷解决途径所产生的现实基础在于回族为生存和发展而进行的社会生产活动，既同社会关系和社会结构的变迁相关联，也与民族传统的形成相关。① 因此，回族纠纷解决途径与基层社会回族的宗教、政治、社会管理等方面相互渗透、结合在一起，对回族纠纷解决途径的形成、发展演变的探讨应基于基层社会发展的需要。同时，回族纠纷解决途径的研究还需要从文化学的角度，分析其结构、要素、功能及特征等。② 这就要求对回族纠纷解决途径的研究，在探讨其结构和要素的基础上，还要分析每一个要素在回族社会运行中的独特功能。从回族社会的角度看，回族的纠纷解决途径是回族特殊社会结构及其运行机制的产物，与回族的文化与经济发展紧密联系在一起，反映了回族的社会发展对于纠纷解决机制的需求。

六是回族纠纷解决途径的研究是与现实性密切相关的课题。回族纠纷解决途径是回族文化的重要组成部分，是回族社会源远流长

---

① 从民族文化的视角来看，传统文化所蕴涵的、代代相传的思维方式、价值观念、行为准则，一方面具有强烈的特质性，另一方面具有鲜活的变异性，往往通过各种方式在现实中发挥影响。在这种情况下，传统的生命力是不可等闲视之的，因为破除一种传统，就必须同时创建一种更合时宜和环境的新传统，而创造新传统要比破除旧传统更为困难。对多元化纠纷解决途径而言，其外显的表层部分的和内隐的深层部分的存在形式和作用，在新的社会大环境中具有不同程度的表现，对正处于现代化进程中的社会产生积极或消极的影响。

② 纠纷解决机制是伴随社会的推进而形成和不断发展的，对它的研究需要从多学科角度展开，考察它在社会进程中的具体表现状况。多元化纠纷解决机制作为中国传统纠纷解决体系中的组成部分，既是应社会自身发展和运行中对秩序的需求而产生的，又与中央法制体系处于不断地适应与调适之中。

的传统之一。传统是人类过去创造的各种制度、信仰、价值观念和行为方式等所构成的表意象征，作为一个社会、群体的文化遗产，传统使回族社会的各个发展阶段保持了某种连续性和同一性，构成了一个创造与传承的基本特征，并且给回族的文化与经济发展带来了秩序和意义。因此，从传统与现代化关系的角度看，对回族纠纷解决途径的研究需要涉及对其现代趋向的探讨，从而有利于分清利弊，合理取舍，促进回族社会法制文明的发展。

在当代中国，纠纷解决机制问题的研究之所以是个热点问题，不仅由于其作为一种历史悠久的社会秩序维护手段而受到国内外学者们的广泛关注，而且还在于这种纠纷解决机制的有效性已得到实证。对回族纠纷解决机制进行研究更具有特殊重要的意义。对于这样一个既具理论性又具实践性的课题，除应用法学的基本理论外，本书主要采用个案剖析、数据分析和功能分析等基本方法进行研究。

本书的主要观点是：第一，虽然法治是现代社会的基础，司法最终解决是法治社会纠纷解决的基本原则。但是，司法并不是万能的，对于某些类型纠纷的解决，自组织的解纷效果更符合社会的需求。第二，纠纷解决机制是国家与社会共同参与的场域。虽然这种共同参与的模式在中国不同历史时期所体现出来的重要程度不同，但是，现代纠纷解决机制的建构应当逐步实现国家与社会纠纷解决的良性互动。第三，对纠纷解决机制进行现代建构应当既保留具备传统文化内涵的纠纷解决机制中有价值的因素，又要使之与现代法治相兼容，尤其应当考虑中国法制现代化进程中二元结构的特殊国情对纠纷解决途径的不同需求。

本书的创新之处主要体现在如下几个方面：第一，本书通过各类纠纷解决机制在回族社会由于社会条件变化所表现出来的特殊性，综合审视各类纠纷解决机制的层级性问题。第二，本书采用民族学、经济学和法社会学的分析方法，通过多重视角去研究回族纠纷解决机制的层级性问题。第三，从纠纷解决的社会效益角度对回族纠纷解决机制的不同表现形式在整个纠纷解决机制中的角色进行重新定位。第四，本书根据中国主流社会与少数民族社会对纠纷解决规范需求的差异性来勾勒现代回族社会纠纷解决机制在不同场域环境下的具体运行，以使本书关于回族的纠纷解决机制的层级性理论研究能够对其实际运行起到应有的指导作用。

回族自组织纠纷解决机制是一种历史悠久并运用广泛的社会秩序维护方式。无论是在中国传统社会还是在现代社会，回族自组织的纠纷解决机制之所以具备存在的正当性和必要性，是因为社会的需要。因此，对中国纠纷解决机制的理解应将其定位于国家与社会共同参与其中的互动与合作上。在日益发达的当今社会，许多西方国家越来越推崇通过 ADR 的途径来协商解决纠纷，但就目前的中国社会实际而言，回族的纠纷解决机制也能够满足不同主体纠纷解决方式的需求。① 基于以上原因，本书对上述观点的论证思路是：首先，通过各类观点的比较，梳理各层级纠纷解决机制的概念、性质与特征等基本问题。其次，研究在现代纠纷解决机制的特征与历史继承性前提下，讨论其与回族自组织纠纷解决机制在功能上的互补性。最后，力求语境化地论证纠纷解决机制在中国不同社会时期针对特定社会群体存在和发展的正当性。

---

① 从这个意义上说，研究纠纷解决机制的适用可以被视为现代法治深入聚居区社会的窗口。

第一章

纠纷解决机制的层级性

虽然法治是现代社会的基础，司法最终解决是法治社会纠纷解决的基本原则，但是，对于某些类型纠纷的解决，纠纷解决机制层次化的解纷效果更符合社会的需求。中国的纠纷解决机制体现了国家与社会的共同参与，虽然这种共同参与模式在中国不同历史时期所体现出来的重要程度不同，但是，纠纷解决途径的建构应当逐步实现国家与社会纠纷解决权的良性互动。对纠纷解决途径进行现代建构应当既保留具备传统文化内涵的纠纷解决途径中有价值的因素，又使之与现代法治相兼容，尤其应当考虑中国法制现代化进程中的特殊国情对纠纷解决途径的不同需求。

纠纷是纠纷主体间的一种利益对抗状态。纠纷起源于人类物质需要的差异性和价值观念的多样性，从民事争议到刑事案件等一系列无序状态，都可以归结为纠纷这一特殊社会现象的集中爆发和具体体现。在对纠纷的基本认识上，大致存在着两种不同的观点，即消极纠纷观和积极纠纷观。消极纠纷观认为，纠纷与秩序是完全对立的，纠纷对于秩序而言没有任何积极意义，从而对纠纷作完全的否定性评价。① 而积极纠纷观的论点则与消极纠纷

---

① 如顾培东教授就认为，纠纷的本质是主体的行为与社会既定的秩序和制度以及主流道德的不协调或对之的反叛，与既定秩序和制度以及主流道德意识所不相容，具有反社会性（顾培东：《社会冲突与诉讼机制》，法律出版社 2004 年版，第 56 页）。

观相反，认为冲突是社会生活中持续存在的和不可避免的组成部分，具有破坏性的同时也产生一定的积极后果，也会引起社会的一些有益变化。① 积极纠纷观是现代西方社会学关于冲突论的普遍观点，认为社会是一个统一体，纠纷的破坏性与积极性具有动态的相互渗透作用。纠纷是双方当事人利益交换的载体，这种利益交换也是妥善解决纠纷达到协议一致的必要机制。因此从这个意义上来说，纠纷不会成为社会的消极因素，反而是构成社会统一体不可缺少的积极要素。纠纷并非仅有消极的一面，有时纠纷正是社会秩序恢复和重建的必要条件。没有纠纷，人们的商品交换与文化交流就只能处于呆滞状态。因而，只有积极地看待纠纷，才能够妥善地解决纠纷。但是，纠纷是对既存秩序的破坏，纠纷的积极作用是通过破坏现有秩序来实现的，而秩序和稳定对于社会而言无疑具有重要的价值。因此，秩序需要通过纠纷的解决得到修复，同时，经过修复的秩序又会在各种不确定因素的作用下产生新的纠纷，正是在这种动态的平衡中社会秩序才得以维持和发展。

对于纠纷，人们一方面通过设置纠纷控制系统防止纠纷的发生，另一方面设置纠纷处理机制处理已发生的纠纷。对于后者而言，存在多种方式：一种是纠纷当事者自行解决，最典型的形式是通过谈判达成和解，这属于对纠纷的自力救济的范畴。这种纠纷解决方式具有很强的自发性和随意性，属于非制度化的纠纷解决形

---

① "就结构功能主义者看来，社会相似于一个活的生物体，社会体系的组成部分似乎在一起有条不紊地工作以保证整个社会的福利。体系的自然趋势是朝着平衡和稳定的方向发展的。社会的每一个组成部分都有增加这种稳定性的功能。"（参见［美］戴维·波普诺《社会学》（上），刘云德、王戈译，辽宁人民出版1987年版，第171页）"而在冲突论者看来，结构功能主义者的这些观点无异于乌托邦。齐美尔、科塞、罗斯等人都肯定纠纷具有积极功能，并视纠纷为社会秩序的基础之一。并指出这些机能的实现，能使社会整体的整合度和适应外部环境的能力得到提高和加强。"（参见［美］科塞《社会冲突的功能》，孙立平等译，华夏出版社1989年版，第17页）

式。但是，根据纳德尔的纠纷过程理论，[①] 影响较大的公开冲突以及需要第三方介入的纠纷明显地呈现出与秩序对立的性质，往往意味着纠纷对周围人或社会的影响达到了相当的程度。对于这些纠纷，社会往往会制定其他处理机制加以解决，如司法的纠纷解决机制。纠纷本身表明社会正常秩序被打破，某些纠纷如果不能得到妥善、及时的解决，往往会演变成大的冲突和对抗，给社会生活造成不良影响甚至剧烈动荡。因而，纠纷无处不在而且与社会发展相始终，与纠纷相伴的解决机制研究是人类有史以来始终无法回避的一个重大课题。

第一节　纠纷的属性

探讨纠纷解决机制的层级性理论的主要目的在于解决纠纷，其解纷内涵可以概括为两部分。其一，解决纠纷可以使受损的社会秩序得以恢复或是形成新的社会秩序。正如美国法学家博登海默所述："如果一个纠纷根本得不到解决，那么社会机体上就可能产生溃烂的伤口；如果此纠纷是以不适当的和不公平的机制解决的，那么社会机体上就会留下一个创伤，而且这种创伤的增多，又可能严重危及人们对令人满意的社会秩序的维护。"[②] 解决民间纠纷对于社会秩序的意义也不例外。其二，纠纷的解决为当事人权利的生成提供了契机。纠纷的存在表明，现行社会秩序在这些方面可能已经无法有效地满足当事人的权利诉求。因此，纠纷表明社会秩序需要在当事人之间的结构性权利和利益关系方面进行必要的整合，促进更

---

① 法人类学家劳拉·内德和哈利·F. 托德将纠纷过程分为三个阶段：单向的"心怀不满"或"前冲突"阶段；双向的"冲突"阶段；有第三者介入的"纠纷"阶段。亦有学者认为："冲突只是存在于个体的思想之中，当他/她意识到不和谐状态的存在……而纠纷作为一种冲突，是当事人都意识到不和谐状态的存在并着手促进这种状态的改变。"也就是说，是否采取对抗性的行为才是区分冲突与纠纷的标准（参见宫志刚《社会秩序与秩序重建》，中国人民公安大学出版社 2004 年版，第 124 页）。

② ［美］E. 博登海默：《法理学——法律哲学与法律方法》，邓正来译，中国政法大学出版社 1999 年版，第 295 页。

能满足当事人权利、利益需求以及更具有稳定性的社会秩序的形成。新的社会秩序的形成，必然为当事人新的权利带来保障。纠纷固然会带来社会秩序的无序状态，但纠纷的存在表明当事人之间在相互的权利与利益关系中出现了冲突，在这里，蕴涵着当事人对权利与利益的安定性与扩大现有权利与利益的渴望。

纠纷的形成与社会结构是分不开的。① 首先，设立解纷机构参与纠纷解决的基本程序设计理念比较被动。② 社会秩序的良性维护是应然化的一种状态，与它相对应的纠纷的存在则是社会秩序实然化的一种状态，虽然这两种状态都是社会主体与主体之间具有相互联结性的利害关系客体所构成，而且这两种状态都随着社会状况的变化而相互调整，但是，对于纠纷与社会秩序维护的基本定位也应随着纠纷主体观念的变换而有所不同，必须在相对把握二者之间的关系基础上进行考察。纠纷的产生导致社会秩序的破坏与社会秩序的正常维护在现实生活中成为一对矛盾体而相互转换，因此，绝对地排除纠纷，并不利于对社会秩序的把握。其次，强调维护社会秩序的社会过程中，同时存在协调和对立的两个方面。在处理纠纷形成新的社会秩序的过程中，也并不只有对立的一面存在，协调的一面也必须受到正视和重视。社会秩序与纠纷并不是相互对立的，从解决纠纷的法社会学理论及实践来看，社会秩序与纠纷具有融合性。纠纷主体谋求解决纠纷的过程，实质上也是确定和创造新的社会秩序的过程。从某种意义上讲，冲突是由秩序运行中的次生因素

---

① 在社会学中，社会结构是指各种社会关系紧密联系的有机整体，它所关注的是社会中人与人之间的关系以及维系这种关系的制度，产生社会结构的基础是由于人们在社会中的角色和地位具有相对不对称性，这种相对不对称性容易造成社会成员彼此间紧张关系和纠纷的发生，社会成员对自己所处地位和角色的不满导致双方相互之间常常出现紧张关系以及社会提供的角色和地位不能满足社会主体的特定需求，是纠纷形成的基本前提（参见小岛武司等《司法制度的历史与未来》，汪祖兴译，法律出版社 2000 年版，第 256 页）。

② 这体现在社会对于发生于当事人之间的纠纷一般并不积极地介入，而是等待当事人自身将纠纷社会化，提交社会上的某种机构来解决。因此，社会对纠纷的参与程度实际上是受到纠纷主体的个体差异性影响的（参见罗伯特·C. 埃里克森《无需法律的秩序——邻人如何解决纠纷》，苏力译，中国政法大学出版社 2003 年版，第 189 页）。

所引发的，而冲突到最终必然会走向秩序的恢复和再生。① 最后，对于一个社会而言，重要的不是如何消灭或压制纠纷，而是如何建立一套有效的纠纷解决机制。当人们认识到法律的重点是"有法可依"时，却忽略了对法律所创造的、在法律条文中看不到的秩序的遵循，机械地生搬硬套法律条文也就成了法律常识。在现实的社会机制中，至少有两方面的原因影响了人们对纠纷与社会秩序关系的认识。一是单纯强调纠纷对社会秩序破坏的一面，所以纠纷往往成为不好的象征。人们在论及诉讼文化时常常津津乐道的"厌讼"以及崇尚"和为贵"的社会心理现象，就是这种认识的思想基础。二是强调纠纷的解决对社会秩序的修复作用，而忽视了对新出现的社会秩序的贡献。纠纷本质上既是纠纷主体相互行为的过程，也是一种社会运动过程，纠纷既然产生对立，那么其形成的过程，则既是纠纷主体相互行为的认识过程，又是一种社会再生过程。

社会均衡关系就是社会秩序，所以也可以说纠纷就是社会秩序失衡而产生的混乱状态。在社会生活中民间纠纷则是社会主体相互之间利益和义务关系丧失均衡的一种状态。纠纷作为社会现象的一种形式，系群体在各种社会交往和商品交换过程中发生在特定群体主体之间的利益分配、权利义务争议而引起的一种紧张和矛盾的社会关系。只有从这样的角度来把握纠纷，才能为其的解决寻找合理路径。与矛盾、争议、争端、冲突的内容相比较，纠纷除具有上述社会现象的共同属性外，还有着它独特的个别属性：

1. 纠纷主体的特定性。纠纷的主体必须是具体且特定的行为主体。一般意义上的争议主体，自然人占多数，但纠纷的主体必须是以潜在的实体利益为基础的。从目前的社会发展来看，纠纷的主体范围不断扩大，除了自然人之间的纠纷以外，自然人与企事业单

---

① 纠纷的合理解决可以使人们相互之间的仇恨和不满得以及时宣泄，起到社会矛盾、冲突的消解作用，能够增强社会成员的凝聚力，更为重要的是，纠纷也是社会自我整合、自我完善并进行制度创新的内在动力。正是在不断的纠纷和冲突之中，新的社会秩序才得以生成并最终推动社会的自我调适。

位、政府及职能部门之间的纠纷也日益频繁。纠纷的当事人已不再是单纯的自然人，而且还包括了众多的群体经济个体。从近年来的司法实践看，矛盾、纠纷的主体呈现了层级性。①

2. 纠纷主体利益的对抗性。纠纷的形成植根于实际生活中真正的利害关系的对立。② 在社会活动中，当事人双方只有当另一方当事人违反了法律规范或者所共同认可的习惯法规、乡规民约而与另一方对抗，损害了另一方利益时才会导致纠纷的产生。有时，纠纷的后果不是涉及一个或几个人的利益，而是牵扯众多当事人的利益，这就增加了当前纠纷的复杂性，也增加了解决矛盾、冲突的难度。

3. 纠纷具有多维度性。纠纷既有发生在道德伦理层面的普通纠纷，也有所谓社会管理层面的问题，例如信访。一般的民事纠纷危害性不大，因为多是由一些小事而引起的家庭纠纷、邻里纠纷等经济争议。但是我们不能忽视由于普通民事纠纷处理不当而引发的刑事纠纷，由于普通民众的法律观念意识淡薄，以致已触犯了国家刑律而自己却认为无罪的情形是普遍存在的，因此，对于民转刑纠纷的预防是十分必要的。当然对于诸如民众上访之类的事件，国家也应予以高度重视。

4. 纠纷具有独特的文化属性。由于纠纷问题的产生与解决无法脱离乡土文化，因而纠纷问题的产生与特定社会环境的道德伦理观

---

① 比如：（1）纠纷呈多样化趋势。传统的婚姻家庭和邻里纠纷呈下降趋势，而以资源权属、环境、不同经济主体的利益等经济事务为内容的新型矛盾纠纷日益增多。其中因土地承包、村务管理、征地拆迁、拖欠农民工工资等引发的矛盾纠纷在增加。（2）矛盾纠纷主体的构成日趋复杂化，一些跨行业、跨地区的纠纷也不时出现。（3）群体性事件增多，范围和数量增大，纠纷参与人数存在群体性倾向，而且组织化倾向比较明显，甚至有的群体性纠纷事件，背后有组织者操纵、指使，事前和事中都有较为周密的计划。（4）个别纠纷的当事人诉求方式和行为方式偏激，遇到一点小事或莫须有的事就上访，制造事端，扰乱视听，有的利用国家重大政治活动、重大节日假日或政治敏感期，上京、到市、进县集体上访、越级上访。

② 例如，由于土地资源、水资源越来越贫乏，土地与水源等资源的价值不断上升，相邻纠纷的发生也越来越多。比如相邻宅基地纠纷，相邻水源纠纷，相邻土地纠纷，等等。这些纠纷往往涉及家庭与家庭之间、宗族与宗族之间、村与村之间的利益，如处理不及时极易激化，甚至发展成群体性斗殴事件。

念及社会治理水平的关系紧密相连。在这种具有中国特色的乡土社会的文化背景中，其错综的文化网络关系必然会产生各种文化特色。因此，这种特殊背景下的文化特色在某种程度上体现了纠纷的本质属性。

5. 纠纷的内容趋向复杂化。关于纠纷的产生问题，马克思就指出："由于人口稀少，荒地总是很多的，因此，任何争夺土地的纠纷就没有必要了。"① 但是，"纠纷产生的主观根源在于人是具有主体意识的动物。意识的产生使人彻底脱离了原始、蒙昧的状态，进入了真正的人类社会。人类历史的第一个前提无疑是有生命的个人的存在"。② 常常是经济、文化、生活领域的矛盾交织在一起，形成十分复杂的纠纷网络，既有对抗性的一面也有非对抗性的一面。正所谓"人生而有欲，欲而不得，则不能无求，求而无度量分界，则不能无争"。③ 原来的纠纷多出现在婚姻家庭、邻里、债权债务、房屋等方面，现在则扩展到社会生活和政治生活的各个领域。

第二节　纠纷解决的文化基础

纠纷解决的层级性以多元文化为基础，不同类型的纠纷解决机制由各自深厚的社会文化背景所决定。传统文化源远流长，中国的礼治、德治，西方的法治、神治都是纠纷解决的表现形式。各种传统的纠纷解决观念已经在人们心目中潜移默化，深深扎根。在多种族裔的国家里，各种非主流的纠纷解决方式是国家正式制定法所代表的纠纷解决形式之外的非正式规则体系，因而可以认为，适用于人数较少的纠纷解决形式是国家正式纠纷解决体系中的组成部分。不同族裔在各自的发展中所形成的多元文化格局是文化的一个显著特点，与此相应，多元文化也造就了纠纷解决形式多元的现象。纵

---

① 《马克思恩格斯选集》第 4 卷，人民出版社 1995 年版，第 138 页。
② 《马克思恩格斯选集》第 1 卷，人民出版社 1995 年版，第 24 页。
③ 《荀子·礼论》。

观中国几千年来司法制度发展的历史，不难看出，各个少数民族的纠纷解决形式也是中国统一的司法制度的有机组成部分。

在多民族国家里，如何认识和对待少数民族的纠纷解决形式，研究其特征，正确处理国家正式纠纷解决形式与少数民族的纠纷解决形式之间的关系，有效地促进相互之间的取长补短具有重要意义。各个民族的纠纷解决形式历来成为中央政权实现和维护国家司法权威性和灵活性问题上必须予以重视的因素。历史上，因各纠纷解决形式之间的差异，中央王朝司法制度的许多内容不能直接适用于少数民族地区，国家只能依靠少数民族首领按其固有的纠纷解决方式进行管理，从而达到对地区实行控制的目的。不同的统治主体都不同程度地注意到各少数民族纠纷解决形式的差异性，从而有意识地制定一些适应少数民族传统文化的纠纷解决措施，在一定程度上也起到了积极作用。

不同历史时代有着不同发展水平和形态的纠纷解决形式。纠纷解决形式是在特定的社会文化环境中形成的，是通过对传统文化的继受、传承而形成的，从而构成一种相对稳定有序的纠纷解决模式。随着当前纠纷研究的兴起，纠纷解决的多样性日益被学者们所认识，纠纷解决既反映特定群体对于纠纷解决适用方式的心态、观念，也囊括了纠纷主体所形成的对于特定纠纷进行解决的思想和意识，同时又蕴涵着少数民族在漫长的历史发展中不断积累形成的习性和传统，这是一种具有继承性、独立性的重要文化现象。① 各个民族有自己的纠纷解决习惯，有时一个族裔内部还具有不同的纠纷解决习惯，某些群体也有各自不同的纠纷解决习惯。这些纠纷解决习惯在纠纷解决渊源、纠纷解决方法、纠纷解决价值、纠纷解决结构等方面都存在着差异。对于这些差异性的成因，以往人们多从社会经济、生产关系、上层建筑角度进行研究，这无疑是从总体上对

----

① 没有两个背景完全不同的民族，其文化结构完全相同，至少在某种意义上，每个社会群体都有其各自的纠纷解决途径，文化的多样性是解纷途径多样性形成的重要原因，有时甚至是主要原因。

纠纷解决进行的认识，是完全正确的，但也忽略了问题的其他方面，即文化差异对纠纷解决形式适用的制约和影响。事实上，文化在这里是非常重要的，纠纷解决的特异性在任何国家都是客观存在的，如果脱离文化则无法说明某种纠纷解决形式之所以适用于特定纠纷的原因。

新中国成立后，中国各族人民从不同的社会形态进入社会主义新时代，建立了平等、团结、互助的社会主义新型关系，各族人民成了国家的主人。同所有与其有关的其他领域一样，各种特有的纠纷解决形式也得到了相应的尊重。随后开展了大规模的民族识别工作，并根据各自的政治、经济、文化特点，在少数民族聚居的地区实行了区域自治制度。在这一制度下，国家以赋予区域自治地方充分自治权利的方式，确立了坚持国家正式纠纷解决统一适用于全国与兼顾传统文化差异相结合的原则。1982 年宪法把这些规定进一步具体化。1984 年，根据该宪法通过的区域自治法，把上述原则进一步确定下来。此外，改革开放以来所制定、实施的所有涉及少数民族及其传统文化的法律条文对此都作出了相应的规定，体现了国家对各少数民族传统文化的尊重和保护。因此，充分认识和重视各少数民族纠纷解决形式的地位，充分挖掘和发挥其应有的作用，对于社会的和谐与稳定具有积极意义。

中国各少数民族在创造和发展了各自独特文化的同时，也共同发展了以中原汉文化为核心的中华文化。虽然作为少数民族文化组成部分的纠纷解决文化研究正在逐渐展开，但从总的情况来看，我们对纠纷解决的研究力度和所取得的成就还很不够，[①] 远远不能满足实践的需要。在纠纷解决学领域，研究传统文化的重要意义在于，大量现存于社会生活中的行为规范对于我们探讨纠纷解决，认识其特点，了解其产生、演变、发展趋势并拓宽纠纷解决的适用领

---

① 从某种角度看，中国文化由于历史、地理、经济、社会等原因，呈现出与汉族文化截然不同的特点，无论在生产方式、生活习惯方面，还是在精神信仰、民族心理和行为规范方面都有其鲜明的个性。现有研究对此体现得并不充分。

域，全面把握中国司法制度的实际运行，正确对待和处理现代法治与传统纠纷解决的关系具有重要意义。中国的纠纷解决形式和其他文化一样，是各族人民共同创造、继承和发展起来的生产方式和生活方式的组成部分，是各族人民对各种民间纠纷解决的规范、机构以及所形成的有关纠纷解决意识、纠纷解决传统等方面的综合体。在研究各族人民的民间纠纷解决形式时，应注意研究他们所信仰的哲学思想，宗教的教义、教规、戒律、仪式以及属于习俗惯例范畴的生产规则、交易规则、消费规则、居住规则等，因为其中的许多因素已变成各族人民文化传统的组成部分，影响着他们的日常生活、思想观念、思维方式和行为表现。① 作为各族人民文化的有机组成部分，纠纷解决在表现形式和特点等诸多方面与上述文化相适应。

纠纷解决机制的层级性存在于纠纷解决的意识、思维、文化和规范之中，不同民族纠纷解决的差异性，主要体现在民族共同体及其文化对其纠纷解决的影响和制约上。纠纷解决的积淀性因素，使纠纷解决形式体现出鲜明的文化特性。当纠纷解决以家族为基础时，意味着纠纷解决同血缘关系密切相关。与家庭、家族的区别在于，族群是以共同的地域、语言、生活方式和心理素质等因素为基础和纽带而形成的人群共同体。"血亲复仇"、"同态复仇"在当时成为纠纷解决的主要手段。② 因此，在国家形成以后，纠纷解决的

---

① 由此，本书所谓民间纠纷解决途径多元化的民族学基础，是指纠纷解决受其民族因素的影响，反映特定民族的特点，有该民族独特的概念和范畴的属性和独特的表现方式。

② 从整个世界史的范围看，人类早期纠纷的解决大都经过了血亲复仇到同态复仇的演化过程。同态复仇使纠纷解决的规则更加明确化和定型化。各少数民族普遍存在的"以牙还牙"、"以眼还眼"这一明确而定型化的规则，始终制约着纠纷解决的方式。从血亲复仇到同态复仇反映了人类社会文明的足迹。大量的事实说明，人类早期社会的纠纷解决存在着一定规则的，甚至还可能存在一定程序。人类学家摩尔根先生曾详细地说明了这一事实。他指出："如果被杀者亲属不肯和解，则由本氏族从成员中派一个或多个复仇者，他们负责追踪该杀人犯，直到发现了他并就地将他杀死才算了结。倘若他们完成了这一复仇行为，被报仇一方的氏族中任何成员不得有任何理由为此愤愤不平。杀人者既已偿命，公正的要求乃得到了满足。"（［美］路易斯·亨利·摩尔根：《古代社会》上册，杨东莼、马雍、马巨译，商务印书馆1977年版，第75页）

基础就与家庭、家族发生了质的变化，开始以经济、文化、语言、地域为基础，并受这些因素的影响。文化决定和制约着纠纷解决形式的连续性，纠纷解决机制作为一个体系和一个多层次的结构，在多样化的规范后面还隐藏着一些相对稳定的因素，这些稳定的因素使纠纷解决具有整体性和连续性，文化传统是其中的重要部分。文化传统中的价值观念、思维方式会潜移默化地渗透到纠纷解决的意识层次，构成纠纷解决形式的深层意义，使其具有连续性、稳定性。文化的多样性是决定纠纷解决层级性的重要因素，"对民间社会规范的关注建立在一种与国家权力不同的共同体的视角上，实质上关注的是生活在特定社会基础上的人。传统的共同体是以特定方式（如血缘、信仰、地域联系等）结成的生死相依的群体，它们内在地产生一种合作的意愿和需要。现代公共社会则是由社会生活中产生的新型共同体构成，特别是社区。在社会发展中，传统的家庭、地域和宗教对人的影响开始淡化，一部分共同体解体了，新的共同体又不断生成。尽管政治和经济的要求越来越多地通过法律的形式对社会秩序进行调整，但民间社会规范仍然是各种共同体和社区内在的、据以自治的规则，包括传统习惯、道德和宗教，也包括商业惯例和不断形成的新规则，它们既是特定社会成员的行为准则，也是其解决纠纷的依据"[1]。文化是共性和个性的统一，其多元性必然制约和决定纠纷解决的层级性。在人类实践水平较低的时代，国家、地区间难以突破文化隔离的壁垒，文化比较封闭，人们的思维和视野被限制在狭隘的单一共同体之内。随着物质生产的发展以及由此而来的经济、政治和文化的全球化，文化壁垒迅速被冲破，纠纷解决形式开始发生接触、冲突、吸收、借鉴，这个过程促进了各纠纷解决形式的发展。因此，文化的融合就成为纠纷解决形式发展的重要动力。

---

① 范愉：《纠纷解决的理论与实践》，清华大学出版社2007年版，第580页。

第三节 纠纷解决机制的规范性

简单地认为通过制定完备的国家正式法体系就可以实现社会秩序的稳定是片面的。因为社会秩序的建立，不能单纯靠制定若干关于纠纷解决的法律条文或者设立若干法庭，更重要的还得看人们如何使用，许多由纠纷解决机制肩负的社会功能还没有充分显露出来，表现出一种功能欠缺和滞后的弊端。基于上述实际问题的存在，纠纷解决研究中满足于就法论法的思路显然需要调整，借鉴和采纳社会学的一些分析方法就成为可供选择的理路。在这种情况下，法学研究不仅要进行纠纷解决机制的规范研究和实证研究，而且还应当具备和体现社会学的知识和底蕴。重视研究法的社会功能和社会效益，强调法与民族传统文化及其心理结构的关系，致力于中国社会中普遍存在并构成社会秩序基础的各种民间法、习惯法、乡规民约等方面的研究。在此基础上，建立层级性的纠纷解决机制，使各种合理的纠纷解决机制成为对司法和准司法纠纷解决机制的有益补充和促进。当前，在"依法治国"方略的指导下，依法进行社会生活管理成为时代的主旋律。与此同时，中国民众对司法制度提出了很强的功能期待，希望司法制度能在错综复杂的社会变革中，有效应对和处理各种纷至沓来的社会冲突和社会矛盾。在提高法律意识的指导下，公民的权利意识和民主观念虽然已经苏醒并日渐强烈，但总体来说，公民的纠纷解决机制观念与行为存在着明显的脱节。① 具有现代法治精神的制定法所确认的纠纷解决机制还难以充分渗透到社会生活的基层并真正深入人心。旧的社会控制虽在总体上已被放弃或失灵，但新的纠纷解决机制体系尚未进入稳定有效的运行状态，少数民族群众依然习惯于按伦理、习惯来处理纠纷

---

① 其实不光表现在群众对法律的认识方面，在现实生活中，我们已经看到，无论国家对现有的司法纠纷解决途径如何进行立法规制，但纠纷解决途径与少数民族传统法文化之间所存在的矛盾和冲突并非全部随时得到解决。

事项。

纠纷解决机制与政治、经济、宗教、道德伦理等皆存在一种交互关系。这一视角的意义在于，我们必须普遍地把纠纷解决制度作为人类的文化现象来观察。如果纠纷解决机制不在其赖以存在的社会背景中加以考察，那么纠纷解决机制作为一种社会文化现象本身就难以理解。人类安定生活的这种社会秩序需要是一种普遍的心理现象。人类学家对人类早期纠纷解决制度的研究表明，原始的文化状态中纠纷解决制度也至少处于萌芽状态。纠纷解决制度是社会群体通过总结解纷经验而获得的集体智慧，其规则是一种文化演绎过程。从社会学的视角来看，纠纷解决制度源于其文化与传统，是个动态的文化现象，可以从不同的角度来探究，不同的文化背景可能会产生不同的纠纷解决制度。

社会学研究的主要特点在于注重纠纷解决制度的实际运行、实际作用和实际效果，社会学认为纠纷解决制度这种现象无论在文明社会还是野蛮社会都存在。在一般情况下，社会成员忽视或违反一种社会规范，如果受到拥有社会所承认的特权个人或群体使用有形暴力或以其相威胁，那么，这种规范就属于纠纷解决规则。马林诺夫斯基通过对太平洋岛屿上土著部落的深入研究，认为纠纷解决制度是赋予一方以权利，另一方以责任并有约束力的规则，由社会结构所固有的相互性、公开性等特殊机制加以维持，最基本的作用就在于约束和制约人类的本能，强化一种非出自于本能的义务性行为。① 纠纷解决制度是一种具有强制力的、由特殊机制保证的行为规则。不仅国家的行为规则具有强制力，而且许多社会组织的行为规则，如宗教制度、族规、行业规范、乡规民约等，也具有一定范围内的强制力，并且有特殊的机制保证其实施。因此，国家制定法和这些非国家制定法领域内的行为规则都具有纠纷解决制度的属性。一般地，人们通常对纠纷解决制度的认识从纠纷解决规则转移

---

① ［英］马林诺夫斯基：《文化论》，费孝通译，华夏出版社 2002 年版，第 237 页。

到纠纷解决制度的实际运作方面，换言之，是转移到在现实中起着纠纷解决功能的具体制度。

社会生活中的实际通行规则不依国家制定法而存在是纠纷解决机制层级性的重要表现之一。纠纷解决制度在本质上是一种社会秩序，除了国家立法机关确认的纠纷解决机制外，社会特定群体的纠纷解决规范中的内在秩序也体现着对于现行纠纷解决制度的影响。纠纷解决机制的层级性要求以纠纷解决制度的实际运作为对象，揭示纠纷解决制度产生于社会中，目的是消解纠纷当事人之间的矛盾，分析文化因素对于纠纷解决制度及其运作的影响。因此，纠纷解决机制的层级性理论为人们提供了新的研究思路，从政治、经济、哲学、宗教、习俗、传统等多个角度或层次对纠纷解决机制的文化背景、形成机制、发展趋向等问题进行深入、细致、全面地探讨。

与司法纠纷解决机制相比，准司法和自组织纠纷解决机制具有乡土性、地域性、自发性和内控性特征。社会群体组织中的各类准司法和"乡土"纠纷解决机制也是社会规范和秩序的组成部分。①固然，现代法治是以制定法为中心的，但司法纠纷解决机制并不是全能的唯一的规范，任何正式制度的设计和安排，都不能不考虑这些非正式制度。从准司法和自组织纠纷解决机制的现实表现来看，由于历史的、自然的、文化的等因素的制约，中国更多的地区具有一定的封闭性和分散性，仍处于与中心城市相对应的边缘地带，国家权力至少对某些偏远地区乡土社会的控制是松弛的，准司法和自组织纠纷解决机制还会在一定条件下成为纠纷司法解决机制的替代物而发挥作用。因此，在中国转型期的实际条件下，准司法和自组织纠纷解决机制的存在，满足了一定区域、一定人员的纠纷解决机制需求。在纠纷解决机制还不完善的初级阶段，允许准司法和自组

---

① 甚至，如果没有内生于社会生活的自发秩序，没有这些非正式制度的支撑和配合，国家的正式法有可能缺乏坚实的基础，甚至难以形成合理的、得到普遍和长期认可的正当秩序。

织纠纷解决机制与司法纠纷解决机制共同发挥作用是应当的。

纠纷解决机制调整人们的行为，恢复社会秩序，所以，纠纷解决机制不仅是规则，也是文化，离开了文化环境，纠纷解决机制是不可理解的。孟德斯鸠就认为："人类自己可以创造法律，但有些法律不是人类所能创造的。在没有人类之前，先有人类的存在可能。因为按照原来物质世界的法律，人终究是要出现的。所以，人出现之前的法律不是人创造的。即使人出现之后，有些法律也不是人制造的。在法律制定之前，人们已经有了道德规则，但道德规则的实施缺乏后盾，所以道德规则必须转化成法律规则。因而，法律规则不过是国家强制推行的道德规则而已。从这种意义上说，法律早就存在了，在人们制定的法律产生之前，已经有自然法存在。所谓自然法，实际上就是一些道德律令和道德戒条。比如，不得杀人，不得奸淫，不得偷抢。人们制定的法律中的许多内容不过是依据这些自然法而已。所以，许多法不是人们创造的，不过是加以发现和承认而已。"[①]就中国而言，一个最基本的事实是在实现法制现代化的过程中，多种因素相互冲突又彼此纠缠，延续成一种极其复杂的社会情态。在这种情势下，纠纷解决机制与政治、文化、社会等方面密切相关。如果以社会职能的视角，把司法纠纷解决机制看作生活规范的一部分，相对于司法纠纷解决机制的准司法和自组织纠纷解决机制的存在是自然的，因为在任何社会里，只要有国家，都必然会存在出于国家的规则和出于非国家的规则而自动生成的社会规则两种规则体系。[②] 从这个意义上说，准司法和自组织纠纷解决机制的存在及其作用是显而易见的，只是不同的社会，不同的时

---

① ［法］孟德斯鸠：《论法的精神》，申林编译，北京出版社 2007 年版，第 56 页。

② 有学者认为："国家立法不是社会秩序的唯一的规范基础，尤其是在社会民事生活领域，纠纷解决途径最多能够提供一个基本秩序的规范标准，人们的行为更多是依赖习惯、道德、政策、宗教等，也即习惯、道德等同样也是秩序的重要规范基础。而且，由于秩序的普遍存在，意图通过纠纷解决途径建立的新秩序，必然或者是对原有秩序的认可，或者是对原有秩序的否定，不可能是纯粹的与自己以往秩序无关的崭新秩序。"（参见葛洪义《论法的成长》，《法律科学》2003 年第 5 期）

期，其内容有所不同而已。对中国而言，因为特殊道路的选择，制度的移植，使非正式纠纷解决机制和司法纠纷解决机制的区别更加明显，也更加复杂。因此，对纠纷解决机制层级性的法学研究而言，探讨准司法和自组织纠纷解决机制所包含的意义在于：

首先，准司法和"乡土"纠纷解决机制理论扩展了法学的视野，使法学研究中的"法"包括了社会中一切具有法的特征和能够具有规范特征的规则。准司法和自组织纠纷解决机制是人们在长期的生活中积淀和流传下来的规则，是自发生成的维持秩序的人们的行为准则，通过人情、礼法、风俗、道德、习惯而体现，不由国家所强制。司法纠纷解决机制若与其达成共识，则是并行不悖的。司法纠纷解决机制若采取强力压制或与其背道而驰，则会导致司法纠纷解决机制的虚化与削弱，最终会与法治目的相背离。因此，法学必须扩展视野，在纠纷解决机制本身的研究之外，关注准司法和自组织纠纷解决机制。

其次，准司法和自组织纠纷解决机制促成了纠纷解决机制研究范式的转变。传统的研究路径认为，人的理性是为认知纠纷解决机制所具备的特性，纠纷解决机制是认识的对象，纠纷解决机制作为源出于国家的权威性规则。法学应该做的就是去探究纠纷解决机制现象背后的法的本质及其规律，或者专注于逻辑分析。① 但是，准司法和自组织纠纷解决机制首先成为一种规则，这种规则是在人们长期实践中出现并逐渐形成的，在日常生活的相互交往、维持秩序过程中自发产生。规则不仅是一个需要经验去理解的问题，也是一个需要经验去解决的问题。从这个意义上说，纠纷解决机制只有内化为群众的行动，才会成为真正起到有效维护社会秩序的作用。因

---

① 如朱苏力教授就认为："一国的法治并不等于一国的法律制度，而且法律制度也不等于法律条文规定的制度，法治是一个配套系统，这个系统由大量的正式制度和非正式制度共同构建，相互协调才能有效运转。"进而，"如同任何书面合同一样，制定法总是不完全的。一个法治社会中的法律运作并不只靠法律，而总要靠其他一系列因素，包括信用、道德和习俗"（参见朱苏力《制度是如何形成的》（增订版），北京大学出版社 2007 年版，第 76 页）。

此，非正式纠纷解决机制的社会职能研究使法学从价值探讨转向实证研究，使法学通过研究被纠纷解决机制所忽略了的社会因素，为纠纷解决机制提供一种全新的理解。

总之，有关纠纷解决层级性的理论，是法社会学研究的组成部分之一，是一种集历史与现实、宏观与微观、观念与制度的研究在内的整体性认识方法，其重要特征在于注重对社会中存在的纠纷解决途径进行不同层次、不同角度的考察，注重分析在纠纷解决机制的制度层面上，人们对纠纷解决机制的认知、态度、情感、信仰的评价以及由此决定的纠纷解决机制价值观，以及分析准司法和自组织纠纷解决机制与司法纠纷解决机制之间的冲突、适应和协调等问题。

第四节　纠纷解决机制层级性的基本内容

关于纠纷解决①，美国学者埃尔曼认为，纠纷的解决有两个机制：一是纠纷主体通过协商解决争议。当然，所谓双方协商并不排除第三方以调解人的身份出面斡旋，但是纠纷的最终解决，仍然依靠双方主导，进而达成某种合意。二是纠纷主体将纠纷交付给第三方裁决，即由一位理想的不偏不倚的第三人决定纠纷主体谁胜谁负。② 埃尔曼认为，这两种方法可以用来解决民事纠纷中绝大多数的民间纠纷类型，而在缺乏裁决结构的地方或蔑视任何种类诉讼的地方，通过协商解决纠纷是人们倾向性的选择。③ 日本学者棚濑孝雄认为纠纷的解决类型以是否包含当事人合意为标准分为两种情况：一是根据合意的纠纷解决机制。根据合意的纠纷解决，是指由

---

① 有学者认为"纠纷处理"比"纠纷解决"更易于把处于纠纷不同发展阶段上当事人可能采取的种种选择或反应都包括进来（参见［日］千叶正士《法与纠纷》，转引自王亚新《纠纷，秩序，法治》，载《清华法律评论》第二辑，清华大学出版社1999年版，第18页）。

② ［美］H. W. 埃尔曼（Henry W. Ehrmann）：《比较法律文化》，高鸿钧、贺卫方译，清华大学出版社2002年版，第23页。

③ 同上书，第167页。

于双方当事者就以何种机制和内容来解决纠纷等要点达成了合意
而使纠纷得到解决。在解决纠纷的交涉过程中，当事者或者利害
关系人为了最大限度地实现自身的利益，往往会动用一切可能的
条件和手段。合意型的纠纷解决的典型是以协商性交涉为基础的
调解。二是根据决定的纠纷解决机制。根据决定的纠纷解决是指
第三者就纠纷应当如何解决作出一定的指示并据此终结纠纷。[①]
根据棚濑孝雄的理论，在强行实行决定的内容时设法缓和当事者
的不满，引出对该决定的自发性同意并降低实施决定的代价来加
强决定的正统性就成为必要。在这里也就出现了抑制随意性、增
强规范性的契机。如果利害关系人从各自所拥有的手段确认某个
妥协点能够得到最佳结果，那么，通过自由交涉达成合意就可以
使纠纷得以解决。

　　从法律上保护当事人对程序或实体权利的处分，不仅是妥善
解决纠纷，节约社会资源的需要，同时也意味着国家对公民基本
自由的尊重。任何纠纷都是对正常社会关系的破坏，纠纷如果得
不到及时合理的解决，主体间的权利与义务就会长期处于一种不
定状态。纠纷主体在法律上地位平等决定了相互之间并不存在任
何隶属关系，在处理纠纷过程中，对于程序性权利的行使，任何
一方都不享有优先于对方的权利。因而，如果纠纷诉诸国家司法
的机制即诉讼机制解决，诉讼双方是平等的当事人，如果借助于
国家司法以外的非诉讼机制解决，则双方可以基于地位平等进行
协商。纠纷主体之间之所以发生纠纷，是因为一方未履行法定义
务从而侵犯另一方受法律保护的权利，而侵害一方不积极恢复对
方权利，导致利益冲突逐步升级而使纠纷发生。因而，纠纷的内
容指向应该是纠纷主体之间的权利和义务。因而争议双方在不违
反国家禁止性规范，不损害社会公共利益和他人合法权益的前提

---

①　［日］棚濑孝雄：《纠纷的解决与审判制度》，王亚新译，中国政法大学出版社
1994 年版，第 45 页。

下，可以自由处分争议权利。

通过分析以上两位学者纠纷解决路径的理论内容，可以发现，由于纠纷性质不同，冲突的激烈程度不同，当事人对纠纷解决的期待不同，因此，在一个社会中，实际上存在着各种不同层级的纠纷解决机制。这些机制有差别也有联系，功能互补，相互协调，共同构成多元的纠纷解决体系，为纠纷解决发挥着不同的作用。从国家的角度，应该在纠纷解决机制上赋予纠纷当事人更为广泛的程序选择权。因此，纠纷解决层级性的基本内容包括：

一是纠纷冲突内容的层级性。人类社会的利益冲突非常复杂，不同的利益冲突的性质、表现形式和激烈程度不同，因而解决纠纷的手段、机制也是多种多样的，激烈对抗的冲突往往需要运用司法手段解决纠纷。就纠纷来讲，在通常情况下，纠纷不会涉及社会公共利益，仅仅是个别群体之间的关系问题，但处理不好，先前良好的群体社会秩序和道德环境就会受到破坏。虽然国家对群体运用法律维权给予鼓励，但大量的纠纷不能期待通过复杂严格、成本高昂、时限很长的诉讼来解决，必须另外寻找出路。① 在中国，准司法与自组织纠纷解决机制的主要职能就是及时对纠纷进行调解，以化解矛盾。不断出现的新型利益冲突的解决需求是纠纷解决机制层级性的因素之一。

二是纠纷主体的层级性。美国法社会学家布莱克的关系距离理论认为关系距离与对法律的利用之间存在着密切的线性关系。② 另

① 在边远地区，人们的法治观念比较淡薄，解决纠纷往往借助于长者的威望；在文明的法治社会，司法诉讼成为纠纷解决的主要手段；在团体自治比较发达的社会，人们往往采取平等、协商的手段解决纠纷。随着社会的发展，利益形式越来越多样，所涉及的范围越来越广，因利益而产生的新的纠纷不断出现，人们不得不创设一些新的纠纷解决途径。

② 布莱克将社会的横向关系、分工、亲密度等人员分布状态的普遍变量称为关系距离。在关系比较亲密的群体中，纠纷发生后人们诉诸法律诉讼的情形比较少，往往寻求法律外的途径解决，因而法发挥的作用小；在关系比较疏远的群体中，人们更愿意通过诉讼解决纠纷，因而法发挥的作用大。但是，当人们的关系距离逐步增加到几乎隔绝的状态时，法律又不再发挥作用了。笔者认为，布莱克的关系距离理论能够说明一部分现象，但是对于关系密切的人们为什么有时候也选择诉讼解决纠纷这一现象，显然无法给予圆满的解释（参见［美］布莱克《法律的运作行为》，唐越、苏力译，中国政法大学出版社1994年版，第47—56页）。

外，也有学者认为，影响人们选择纠纷解决机制的因素仅仅考虑关系距离是不全面的，还应当考虑这种关系的重要性程度，即所谓核心关系与边缘关系理论。① 从法社会学的角度，主体关系的层级性也是影响纠纷解决机制层级性的重要因素之一。美国学者格鲁克曼认为，人们之间的关系可以分为两类：简单关系和复杂关系。② 简单关系是指人们之间的接触是为了非常有限的特殊目的而建立的关系，主要具有目的单纯、接触片面、存续时间短的特点。复杂关系是人们之间的接触为了多方面的目的而建立的关系，具有目的复杂、接触面广、存续时间长的特点。简单关系和复杂关系所需要的社会控制形式不同。在简单关系中，人们之间只有较少的相互控制的方法，但是，在复杂关系中，人们之间有较多的相互控制的方法。在解决某一个纠纷时尽量维系关系，在这一个关系中的损失，争取到另一个关系中去弥补。这个理论对于中国社会的各族人民来说表现得尤为突出。

三是纠纷主体价值观的层级性。价值观与文化传统也是影响纠纷主体选择解纷路径的重要因素之一。英国人类学家爱德华·泰勒对文化有一个比较权威的界定，他认为："文化或者文明，就其广泛的民族学意义而言，乃是这样一个复杂整体，它包括知识、信

---

① 该理论认为，如果纠纷处于核心的地位，即便争议双方之间存在亲密关系，即便诉讼的激烈对抗会伤害双方感情，纠纷主体为了核心利益也会走诉讼的道路。反之，如果纠纷处于边缘的地位，尽管纠纷一方也有足够的把握在诉讼中取胜，双方的关系距离较远，纠纷主体也可能不采取诉讼途径而通过调解解决矛盾。需要说明的是，如同哲学里的主要矛盾与次要矛盾在一定条件下相互转化一样，核心关系与边缘关系也不是一成不变的，在一定的情况下可以换位，核心关系变成边缘关系，边缘关系变成核心关系（［日］谷口安平：《程序的正义与诉讼》，王亚新译，中国政法大学出版社 1996 年版，第 289 页）。核心与边缘理论是 1966 年由弗里德曼（J. R. Fridemma）在他的学术著作《区域发展政策》（Regional Development Poliy）一书中正式提出的。1969 年，他在《极化发展理论》中，又进一步将"核心—边缘"这个具有鲜明特色的空间极化发展思想归纳为一种普遍适用的主要用于解释区际或城乡之间非均衡发展过程的理论模式。他认为，任何空间经济系统均可分解为不同属性的核心区和外围区。该理论试图解释一个区域如何由互不关联、孤立发展，变成彼此联系、发展不平衡，又由极不平衡发展变为相互关联的平衡发展的区域系统。

② 朱景文主编：《法社会学》，中国人民大学出版社 2005 年版，第 188—189 页。

仰、艺术、道德、法律、风俗以及其他作为社会一员的能力和习惯。"① 法律传统是指"关于法律的性质、关于法律在社会与政治体制中的地位、关于法律制度的专有组织和应用以及关于法律实际或应该被如何制定、适用、研究、完善及教授的一整套植根深远、并为历史条件所制约的观念"②。广泛意义上的法律文化是指一定国家、地区或民族的全部法律活动的产物和结晶，是人们从事各种法律活动的行为模式、传统、习惯。③ 不同地区的文化差异性决定了人们对法律以及司法诉讼的态度迥异。当人们对国家的司法权威存有疑虑、司法诉讼的机制出现某种障碍、司法诉讼的结果表现出不确定性的情况下，纠纷主体对诉讼往往会表现出规避的心理，从而表现出一种"厌讼"的倾向。当国家的司法体制在人们心中有很高的威望，人们对通过诉讼获得公正充满信心，对诉讼的结果充满良好的期待，人们往往会表现出"好讼"的倾向。这些内容集中体现在一个国家诉讼率④的高低上。

四是适用纠纷解决机制选择权的层级性。相对于要求严格、逻辑严密的诉讼程序规则而言，自组织和准司法的纠纷解决手段有更大的灵活性。诉讼规则对解决纠纷过程的程序要求较高，程序正义是其追求的价值理想，复杂的程序运作需要职业法律人诸如法官、律师的参与，但与此对应的当事人对规则适用的主动性不一定明

---

① ［英］爱德华·泰勒：《人类学》，连树声译，广西师范大学出版社 2004 年版，第 47 页。

② 同上书，第 123 页。

③ 这种意义上的法律文化实际上与法律传统的概念是一致的，而在纠纷解决场合使用法律文化，则是狭义地理解其含义，即限于在法律意识领域。一个国家或民族受到历史条件制约的人们对法的性质、法在社会生活中的地位和作用以及对其他法律现象的看法和评价，是渗透到法律生活中的思想传统、思维模式上的。

④ 诉讼率与社会的历史文化传统等因素密切相关，是一个综合性的指标。日本法学家加藤雅信认为，有三个方面的原因会影响诉讼率：（1）社会文化因素，比如道德、宗教和习惯等对于人们诉讼的价值观和态度的影响；（2）制度设计的因素，制度设计对于人们是否选择诉讼也有重要的影响；（3）法官、律师职业人数量和职业能力的影响（参见范愉《诉讼的价值、运行机制与社会效应——读奥尔森的〈诉讼爆炸〉》，《北大法律评论》1998 年第 1 卷第 1 辑）。

显。自组织和准司法的纠纷解决机制针对不同性质纠纷可以有不同的形式，表现出灵活、便利的特性，纠纷主体积极参与其中，争取合乎情理、双方满意的结果。所以，自组织和准司法的纠纷解决机制，往往可以超过诉讼所能够达到的效果。

本章尝试从理论上对纠纷解决机制的层级性进行分析，以此来论证纠纷解决机制的层级性理论与实践对当代中国是一种不可或缺的社会资源。总结全章，可以得出以下三点主要研究结论：

第一，虽然法治是现代社会的基础，司法最终的判定是法治社会纠纷解决的基本原则，但是司法的最终判定并不等于唯一解决，也并不一定是最优的解决。就纠纷解决而言，要重视纠纷解决机制层级性的发展，积极寻求和建构多元化的纠纷解决机制。社会多样性决定了社会矛盾和纠纷的多样性，人们对自己所遇到的矛盾和纠纷应当采取何种机制去解决，必然要有一个基本的价值取向，即通过哪种机制解决更好。本书认为在某些情况下，通过准司法或自组织纠纷解决机制来解决所收到的效果会更佳。在中国，准司法或自组织纠纷解决机制其实是一种历史悠久、运用非常广泛的纠纷解决机制。尽管传统意义上的准司法或自组织纠纷解决机制曾经缺乏制度性保障，但中国现代社会要发展的各类准司法或自组织的纠纷解决机制之所以得以长期存在，其根本原因还是社会需要的使然。即使在司法制度不断完善的今天，社会上所发生的所有纠纷并不都是要通过司法诉讼机制来解决的，有相当数量的纠纷是通过准司法或自组织纠纷解决机制的形式得以解决的。因此，不论过去、现在或将来，对准司法或自组织纠纷解决机制在纠纷解决中的作用都是不可忽视的，而不能因为近年来准司法或自组织纠纷解决机制解决纠纷的数量相对于法院受案数量有所下降就片面地否定这种社会型的纠纷解决机制解决纠纷的作用。

第二，纠纷解决机制层级性理念在现代社会纠纷解决机制配置中不可或缺。本书通过对纠纷解决机制的分类研究以及对社会转型时期纠纷发展态势的分析，认为当前纠纷的准司法或自组织纠纷解决机制已经超出了单纯的自治性质：一方面国家鼓励民间纠纷通过调解来解决，加强对准司法或自组织纠纷解决机制的扶持力度；另一方面，准司法或自组织纠纷解决机制又是国家权力融入民间社会的载体，在解决纠纷的同时承担着国家社会治理的功能。因此，纠纷解决机制的层级性是国家与社会共同参与的体系。如果现代司法的纠纷解决机制所表现出来的权力关系在很大程度上国家化了，那么，现代纠纷解决机制的层级性就要逐步实现纠纷解决权利的社会化。在此前提下，如何协调国家与社会在纠纷解决机制中的角色配置，如何处理其中的社会组织与政府之间的关系以及如何协调司法与非司法纠纷解决机制的定位就成为此项研究的基本方向。而且，这种对纠纷解决体系的层级性研究对于我们正确地把握和合理地建构现代社会中的纠纷解决制度具有重要的理论和现实意义。

第三，在社会转型期，纠纷的准司法或自组织纠纷解决机制所发挥的主要作用应引起核心决策机关的重视。现代社会的法治原则并不是要排除准司法或自组织纠纷解决机制的存在与发展，而是要在法治的基础上对传统的准司法或自组织纠纷解决机制进行修正。总体来讲，中国现代社会中的准司法或自组织纠纷解决机制所起作用与国外盛行的诉讼外调解相比有明显的差异性。国外推行的类似中国的调解可以缓解司法和社会对纠纷解决的压力，对于特殊类型或复杂的纠纷，调解可以提供争议双方追求实体利益的个别平衡。但重要的是，中国纠纷的准司法或自组织纠纷解决机制更为重要的现实意义并非是为了应对法院的诉讼压力，而是要适应中国特殊国情的需要。因此，纠纷的准司法或自组织纠纷解决机制或许更能够为群众提供理想的解决纠纷方式并缓和本土社会与现代法律规则的冲突，在一定程度上，满足纠纷当事人多元化的纠纷解决需要才是其最终目的。同时，在现代法治的影响下，自组织纠纷解决机制完全可以成为现代法治深入中国本土社会的一个窗口。因此，本书认为纠纷的准司法或自组织纠纷解决机制在维持和谐社区方面将起着更加重要的作用。

中国的纠纷解决机制面临着一个重构的过程，这个过程并不是由司法单纯地垄断纠纷的解决，而是形成一种成熟的纠纷解决体系。纠纷解决机制的层级性就是这个过程中的一种角色，这种涵盖了传统的纠纷解决模式的多元化机制通过现代转型与司法的最终权威解决并行不悖，共同构成现代法治解决纠纷的制度体系。我们要重视纠纷解决机制层级性研究，最大限度地发挥其对和谐社会建设的积极功能，限制并疏导其消极影响，并通过立法使之逐步、系统、明晰地纳入法制的轨道，形成相互并存、衔接、配合、补充的纠纷解决层级，各自发挥其相对优势并使之良性互动，更有利于化解社会矛盾、维护社会秩序、建构和谐社会，因此，纠纷解决机制的层级性研究范围是非常广泛的。

第二章

司 法 层 级

第一节 司法的性质

司法区别于其他纠纷解决手段的本质特征是由国家司法公权力介入纠纷解决而非纠纷冲突主体自行解决纠纷。"法学的昌盛，法治精神的发达，都是以争讼为基础，没有争讼就不会有真理，也不会有公道，法律以争讼为发源地，以公道归一处。"① 因此，人们运用司法解决纠纷主要取决于国家司法权力自身的权威化以及司法实体规则与程序规则的实际运行两方面因素。在司法解纷途径的发展史上，受上述两种因素的交互作用，不同历史时期、不同地域环境下的解纷实践往往呈现出不同的样态。与此相应，在特定社会条件之下的司法实践之中的解纷手段也必然存在各种差异。但本书所关注的司法解纷问题以现代社会中的司法实践为基础。

一 司法的特性

现代司法解纷是人类司法实践活动长期发展演化的产物，包含了诸多规律性特征。在解纷主体过程中，司法针对的客体并非直接作用于裁判者感官的诸项争议，而是发生于司法之前的案件事实。人们在应用司法解纷过程中的局限性问题当然也更具有普遍性的研

① 杨鸿烈：《中国法律思想史》（上），商务印书馆 1998 年版，第 44 页。

究价值,① 司法对纠纷的裁决具有以下特点:

第一,司法解决纠纷结果的相对性。司法解纷是对无法复原的事实和证据的发现依赖于法律既有规范的一种制度性的事实判断,② 否则司法解纷的结论会丧失其可信赖性。要实现对于产生纠纷的人进行理性的行为评判,就必须依据相当数量的但实际上甚至是较小数量的事实、规范和证据。但是,事实与司法解纷中规范的相互认定过程是以既有程序为基础的。在具体的司法案件裁判中,相关的解纷活动在求助于司法之前就已经开始了。如何确保司法结果的正当性是一个历来被关注的问题。一般而言,查明事实真相是解决纠纷的最好手段。然而,司法解纷客体的特殊性决定了司法解纷结果如实反映客观纠纷的事实总是困难重重。随着人们对司法解纷规律的逐渐深化,在对待司法裁判结果的态度上,开始越来越多地表现出一种自觉的实践理性。

第二,司法解决纠纷的时限性。司法权的启动总是关联着一项已经发生的社会纠纷,社会生活的不断更新必将给裁判者带来新的纠纷,但基于公正要求的久拖不决的裁判容易激化矛盾纠纷而危及社会关系的稳定。但是,司法配置资源终究是有限的,因此不能为了获得某一纠纷的最终解决而不计成本。迟来的正义是非正义,而非正义也终将害及正义自身。更重要的是,司法解纷是现实社会生活的一部分。因此,为了裁判的正义,必须关注司法结果的准确性,而正义的时效性却迫使我们不得不在一定的时间内对纠纷作出最终的评定。③ 司法解纷方式的运用仅限于特定的时间段,需要裁

---

① 司法解纷活动实际上可以分解为两个相关的过程:裁判者对证据的认定和裁判者在证据认定结果的基础上对过去事实的思维重构。因此可以认为,司法是一种限定于法律实体和程序规定的并由裁判者通过对案件事实和证据进行认定的解纷活动。

② 在现代司法中,尽管查明案件事实真相仍然具有无可争议的最高价值,法律却较多地限制了查明案件事实真相的范围,而且,通过法律制度的转换,一些事实问题开始被纳入法律框架之内而演变成为法律问题。

③ 但需要指出的是,司法解纷的困难并不等于正确解纷的不可能。客观事实的发现是裁判者对自己的解纷结论是否符合客观真相的判断,虽然在性质上只能是一种法官自己主观上的判断,但所反映的应该是裁判者对自己解纷所适用的证据以及确认的事实的内心确信程度。在现代法律制度下,查明案件事实尽管是司法的应然目标,但正确解纷案件事实上却并非裁判的前提条件。

判的事实问题被限定在了法律事先规定的场域范围之内。根据时限要求，裁判者将依据所获得的证据和事实作出裁判，

第三，司法是一种规范性的纠纷解决途径。正如何兵所说："作为纠纷解决的最终和最高机构，国家所要掌握的应当是最终解决权而不是最先解决权，这应成为纠纷解决机制整体重构过程中的基本原则。"[①] 更准确地说，司法是规范下的事实裁判。司法活动的主体、对象、过程、手段、结果等诸多方面都受到法律规范的调整。法律是一种人类理性努力控制社会生活的手段，法治已经被公认为是现代化建设中所必不可少的，司法也是法治社会解决纠纷的一种最为权威的机制，所以，顾培东就认为："由于诉讼是国家权力来解决纠纷，这一事实所派生出来的两条规则使诉讼要比调解等非诉讼纠纷解决方式在冲突解决方面的有效性更突出。一是解决冲突的根据只能是国家立法；二是由诉讼所确定的冲突权益处置和补偿办法通过国家暴力强制所产生的威胁而得到实施。"[②] 法律规范对司法解纷的调整，体现着人们控制司法活动的种种努力。或者说："诉讼、审判处理纠纷在其特定社会条件下会起到其他非诉讼纠纷解决机制所难以替代的作用，即审判通过特殊的程序作为维系整个政治和社会秩序的基本支点，发挥着秩序正统性的再生产功能。社会中所发生的能够给社会体系的正统性带来重大冲击的危险时，最终可以被诉讼、审判所吸收或中和。"[③] 作为判定者的法院构成了社会处理纠纷体系中的"绝对的第三者"，在秩序中占有可称之为"平衡器"的特殊位置。另外，"诉讼和审判除了解决纠纷的功能外还具有许多延伸性功能，如依照法律来保护个人的正当权利，阐明和宣传国家的正式法律规范并产生能够指导社会行为的原则与规范，同时通过诉讼活动，在一定程度上能够影响国家社会政策的制

---

① 何兵：《现代社会的纠纷解决》，法律出版社 2003 年版，第 191 页。
② 顾培东：《社会冲突与纠纷解决》，法律出版社 2004 年版，第 40 页。
③ 王亚新：《纠纷、秩序、法治——探寻研究纠纷处理与规范形成的理论框架》，载《清华法律评论》第二辑，清华大学出版社 1999 年版，第 85 页。

定与实施等等"。①

这种规范性还表现在：（1）司法主体的确定性。由于司法总表现为特定主体对于事实和证据的活动受制于该解纷主体的主观能动性，为了保证司法结果的准确性，司法主体的选择很早就受到了普遍的关注。但基于传统的原因，各国选择裁判者的标准不尽相同。但是，裁判者应当与案件无涉并保持中立则是现代法对解纷主体的一般要求。（2）司法客体的梳理性。司法客体是事实与法律规范的认定与适用，根据司法解纷的需要，司法的客体越来越多地呈现出根据已有规范梳理后的特征。经过程序规则的整理，司法客体由争议的生活事实转变为类型化特征的法律事实。这种法律上的技术性处理，不仅缩小了司法解纷的范围，而且，司法客体的类型化也为裁判者正确认知生活事实创造了条件。（3）解纷过程的可预测性。司法是事关社会现实利益的解纷活动。"程序选择权是指当事人在法律规定的范围内，依据自己的意志选择纠纷解决方式，在纠纷的解决过程中选择一定的程序及与程序相关的事项的权利。"② 为了防止裁判者解纷的恣意性，解纷过程逐渐被纳入了法律规范的调控之下。这种规范化进程与立法者防范裁判恣意的自觉程度密切相关，而且越来越多地表现为解纷过程的程序化③和司法参与者的分工。分工意味着参与司法的人在司法中均承担一定的有限职能，共同参与司法解纷，促成司法结果的形成。"程序的公正的实质是排除恣意的因素，以保

---

① 王亚新：《纠纷、秩序、法治——探寻研究纠纷处理与规范形成的理论框架》，载《清华法律评论》第二辑，清华大学出版社 1999 年版，第 87 页。

② 邱联恭：《程序选择权之法理》，载《民事诉讼法研讨》（四），台湾三民书局 1993 年版，第 580 页。邱先生在国内最早提出此概念，但未作界定，体其本意，应不限于民事诉讼领域。

③ 所谓过程的程序化要求解纷活动必须遵循预先设定的程式，从而具有了较强的可观测性。不过，值得注意的是，在能够通过法律规则预先调整的领域，一些国家仍然保留了一些直接指向证据价值的实质性证据规范。而一些有关证据的法律规范则逐渐演化成为法律推定或法律拟制，从而发挥着类似实体法规范的程序规范功能（参见川岛武宜《现代化与法》，申政武译，中国政法大学出版社 2004 年版）。

证决定的客观正确。可以说程序是恣意的对立物。"① 因此，司法解纷过程的规范化暗含了立法者对裁判解纷活动时空条件和认知方式的限定，它既有助于促使解纷结果更全面、客观，也体现了立法为防止裁判者恣意行事而作的努力。（4）解纷手段的规范性。在司法解纷中，证据是裁判者解纷纠纷事实的桥梁。因此，立法者一般都十分重视从证据角度对司法解纷进行规范。如在现代司法中，立法对证据的规范更多地表现为程序性要求，如必须接受法庭调查、必须给对方当事人质证的机会等。

司法权的启动实质上就是个始于纠纷提出、终于纠纷裁决的过程。司法权运作以裁判为指向，裁判者根据庭审的结果，由司法裁判主体对纠纷作出终局性的裁决，法院的裁判可以看作是司法权运作的结果。司法权的本质是对纠纷作出裁判，因而从这个意义上说，司法权的本质仍然是诉权。这就要求存在着非经司法解纷途径而不能解决的纠纷，并且该项纠纷已被申请交由法院处理。司法权是一种被动的解决纠纷权力，要使法院司法权成为解决纠纷的手段或发挥作用，就得有刑事或民事纠纷。因此，纠纷的提起是司法权运作的前提条件。司法权裁判主体根据法定的程序，在争议各方共同参与下厘清纠纷解决所需的事实或证据问题是司法权运作的前提，因而，司法权的运作呈现出多主体参与的属性。其中，除作为司法权承载主体的裁判者外，其他参与主体主要是指在纠纷中包含了自身利益且处于被裁判利益对立地位的当事人。因此，由三方解纷主体构成的现代审判决讼是司法权运作的基本格局。

二　司法权的运行特征

审判是国家行使司法权的最重要的表现形式。纠纷解决也即法官运用司法权对纠纷进行裁断的审判活动。"司法权具有三个

---

① 季卫东：《法治秩序的建构》，中国政法大学出版社1999年版，第16页。

特征：第一，对有争诉的案件进行裁判。第二，审理的对象只能是私人案件，不能对一般原则进行审判。如果法官直接对一般原则进行指责或破坏，他就越出了国家授予法官的职权范围，他就不能再代表司法权了。第三，未经请求不行动。只有被请求，司法权才能采取行动，它是被动的。它若主动出击，就会有越权之嫌。这是司法权最后的特征。"① 对于刑事纠纷的解决，刑事司法的公诉形式包括为实现国家刑罚权的程序及实体要件，而刑事司法的自诉形式则与民事司法形式类似，仅包括审判阶段所发生的法院和当事人给予事实查明和证据获取的活动。从纠纷解决角度由行使司法权的法官对冲突双方间的纠纷进行裁决的司法活动必然包括适用于司法权裁决的具体纠纷、裁决纠纷的司法主体、与纠纷利益相关的当事人。司法解决纠纷以当事人向司法机关的提出解决申请为要件。在司法解纷过程中与司法最终裁决相关的纠纷主体是确定的，司法的最终目的是对纠纷作出终局性的解决。② 但是，司法程序仅仅是一种特殊的解决纠纷的程序，此外，还有各种准司法和自组织的纠纷解决途径等类型。与其他两种方式不同的是，司法解纷过程中当事人的矛盾与冲突必须最终转化为裁判者的判断，才可能对纠纷的最终裁决产生现实的作用。面对刑事或民事纠纷，纠纷双方可能不是承认就是否认。然而，从法律角度来说，所有这些都不过是纠纷当事人的一面之词，只有裁判机关法官的司法确认才是有法律意义的。司法解纷的过程意义表现为裁判者在司法中的解纷活动，而其结果意义则表现为判决文书中所确认的裁判事实。

---

① ［法］托克维尔：《论美国的民主》，张晓明编译，北京出版社 2007 年版，第 76 页。

② 在此意义上，司法活动只对转化为纠纷的社会矛盾冲突中需要查明的事实和证据进行审理和裁判。由此看来，司法是一种多主体参与的活动。从不同主体出发，可以形成不同的事实和证据的解纷。然而，司法的目的只是裁决纠纷，因此，只有裁判者对纠纷事实的认定才具有决定性意义，至于其他主体，均须服从于司法的裁决（参见樊崇义《诉讼原理》，法律出版社 2003 年版）。

人类真正意义上的司法活动始于裁判者由神向人的转变。① 孟德斯鸠在论述萨利克法时提到的"开水立证"、"以火立证"都是这种方式。② 超自然裁判流行于传统社会的早期。霍贝尔认为，每个初民社会都无一例外地设定神灵和超自然的存在，这种设定是普遍的，其影响也可被普遍地感觉到，其在法律领域内的影响所导致的结果，便是有关超自然的基本前提也作为司法的前提原理出现。③ 伴随着人类文明的进步，神明裁判逐渐为人的裁判所取代，法庭是裁判者对纠纷事实进行解纷的法定空间。在法庭上，审判组织可能由多名裁判者构成，但在司法独立的理念下，每个裁判者彼此独立地行使其裁判权能。但这种裁判具有以下特点：首先，纠纷事实对于裁判者而言，是过去发生的未知事实。在裁判中，裁判者直接面对的是现实生活中的纠纷事实，纠纷事实是一种无法再现的历史事件，裁判者只能借助于双方当事人抗辩基础上的证据分析才能与纠纷事实建立解纷关系。其次，在裁判中，纠纷事实不能直接以事实的本来面目进入裁判者视野。由于案件事实与纠纷事实并不必然等同，如何保证裁判者的解纷能够最大限度地接近社会生活中的原生纠纷事实成了司法解纷问题的核心。为了保证陈述的真实性，质证成了沟通案件事实与纠纷事实的中介途径，司法活动应当在纠纷双方当事人的参与下进行具有深层的事实认定意义，有助于裁判者更全面、更准确地解纷案件事实。"诉讼审判手段的存在，现实地提高了其他冲突解决手段的适用几率和适用效

① 在初民社会里，纠纷事实的认定往往求助于神明的启示。在神明裁判制度下，尽管为解决纠纷也可能组织一定的法庭形式，但是，法庭不是为查明案件事实所设立的机构，而是为获得神灵指示所设置的场所。因而，司法裁决被认为是神的旨意，是一种被告知的关于纠纷事实与证据的真理，而不是被法官或者裁决者所发现的真理。在这种情况下，人类法庭的作用不过是人类履行神明旨意而提供了一个场所或工具。因此，在神明裁判制度下，不存在真正意义上的司法活动。因为，事实和证据的裁判者是无所不知的神，它直接以神意的方式宣示裁判的结果（参见洪浩《证据法学》，北京大学出版社 2003 年版）。

② ［法］孟德斯鸠：《论法的精神》（下），张雁深译，商务印书馆 1982 年版，第 231—234 页。

③ ［美］霍贝尔：《初民的法律——法的动态比较研究》，周勇译，中国社会科学出版社1993 年版，第 293 页。

果，没有诉讼审判，其他手段将会是苍白无力的。"① 因此，为了裁判纠纷，裁判者必须面对确定纠纷事实、确定裁判事实所需的法规范两方面的问题。与此相应地，裁判者的司法活动首先是裁判者对纠纷事实的认定，其次是裁判者对裁决纠纷所应适用的法规范。② 其中，作为认定对象的纠纷事实是发生在过去的事实。由于时间的单向性，只能借助间接的手段在人的思维中以解纷论和价值论的观念形态予以解读。因此，在纠纷事实的认定中，需要解决的是思维与历史存在的同一性。法官对纠纷的裁判是一个复杂的事实发现与法律适用的相互阐明的思考过程。在此过程中，裁判者的判断并非漫无目的的解纷活动，而总是针对法律所要求查明的特定要件事实展开的，或者说，查明的证据对特定事实是否具有法律适用意义。

三　司法解决回族民间纠纷的适用

司法被视为社会纠纷解决方式的最后防线，所体现的国家解决纠纷的权威性和强制性的特点，使得矛盾较尖锐的纠纷通过司法的方式来解决，成为当事人最后的权利救济选择。但是，当前法律普及宣传的缺乏，以及回族群众朴素的解纷观念，为传统民间习惯和乡土正义观的形成提供了长期存在、发展的文化土壤和社会条件，但是，无论法律多么健全和完善，也无法渗透到人们的衣食住行等日常生活的各个领域。回族群众由于对纠纷中的当事人顾及人与人之间相互熟识、相互依赖的现实，因而避免人际关系的倒退甚至破裂，在平和气氛中解决纠纷，就成为普通回族群众寻求解纷手段的

---

① 顾培东：《社会冲突与诉讼机制》，法律出版社 2004 年版，第 42 页。

② 在司法活动中，指向法律的解纷主要不是法律关系意义上的解纷活动，而是在法律文本客观存在的前提下，如何阅读、解释法律文本的具体适用活动。在司法实践中，解纷中的事实认定与法律适用常常交织在一起，呈现出一种互相依赖的态势。然而，并非社会生活中的任何纠纷都可以求诸司法，而且，也并非社会纠纷的任何方面都具有法律意义。在与社会生活的对应关系上，法律关系的实质是对一部分现实生活的撷取。生活关系是一个连续统一体，而我们正是从这一连续统一体中取出一部分来，对其进行法律规范解决，法规范的选择适用属于裁判者的职责范围。

基本前提。回族群众解决纠纷的途径选择，无论是行为习惯还是"理性"选择，并不存在一个固定、统一的模式。当纠纷发生后，他们并不是立即想到诉诸法律手段，而是本着以家族和乡邻关系为基础的人情、礼俗和习惯规矩的某种民间规范来进行调解和处理。① 经历了权衡各种利弊之后，他们选择司法机构来解决纠纷矛盾的愿望在更大程度上取决于司法与其他解纷方式的比较。可以发现他们更多地倾向于调解与和解解决争端，尽管他们也认为法院在解决纠纷过程中具有权威性，但是实践中真正上法庭寻求纠纷解决的情况还不是很多，除非非讼不可。

首先，对"司法至上"② 的盲目推崇。经历了动乱的年月，加强民主与法制建设成为国家与社会的共识，开始推崇依法治国的理念。在推进民主与法制建设的初期，建立公正、权威的法院解纷系统无疑是最紧要的步骤和最重要的内容。但纯粹法治主义论调的兴起导致社会主流意识对司法的推崇和对其他解纷途径的排斥，将司法作为获得正义救济的唯一手段，当前的法制宣传已经将法治与司法等同起来，③ 近年来法学界对法律和程序之价值弘扬有余，而对其弊端则鲜有论及。人们由过去对法律的真诚而深切的尊崇和热爱演变为对司法过度的偏好和对司法权的滥用，通常作为解决问题最

---

① 对于司法的纠纷解决途径及其纠纷解决过程加以研究，并对其发挥的功能进行探讨，不只是因为其构成一个社会纠纷解决体系的基础部分所以具有思考的重要性，而且还因为这种研究在提高社会解决纠纷的整体效果方面也具有重大意义，

② 在法社会学研究方面，以前曾进行过将以审判程序为中心的利用法院的诉讼与否来作为判定人们"法意识"和"权利意识"高低的标准的讨论，指出和解妨碍了"权利意识"的成长，并对民主主义的成熟度也是有影响的（参见［日］高见泽磨《现代中国的纠纷与法》，何勤华等译，法律出版社2003年版，第6页）。

③ 从法社会学的角度分析，社会主体关系的多元化是影响纠纷解决途径多元化的重要因素之一。范愉认为："随着现代化的过程，传统的社会组织和人际关系发生了根本性的变化，表现为一种'从身份到契约'（梅因）的历史演进。以契约形式构成的人际关系是由权利义务联结起来的、公平但是疏远的关系，在这种关系下的社会主体日益成为陌生的人，在他们之间法的利用达到最高程度，以致某些法学家不仅认为诉讼是解决纠纷的最佳方式，甚至将通过诉讼实现自己的权利视为一种社会义务。"（参见范愉《纠纷解决的理论与实践》，清华大学出版社2007年版，第8页）

后手段的司法救济变成了首先甚至是唯一的手段。① 推崇司法的结果就是使其他纠纷解决途径逐渐萎缩甚至消亡，这也是导致司法危机产生的一个重要原因，因为没有其他纠纷解决途径所起到的分流作用，司法成了解决纠纷的唯一途径，其压力自是不言而喻。人类社会充满了纷繁复杂的利益冲突，各种冲突具有不同的性质和轻重缓急，解决冲突和纠纷的方式应当也必然多样化，单一的司法模式根本不能满足现代法治的需要。但在中国，随着法治建设的深入开展，人们将司法视为最具权威的纠纷解决方式，遇事便诉讼，以为这样就是拿起了法律武器捍卫了自己的权益。司法权的滥用导致了有限司法资源的浪费，加剧了纠纷当事人的自我本位和对抗心理，弱化了宽容与协作的美德，不利于社会秩序的稳定与和谐。这种片面的法治观作为社会的主流观点直接诱导了人们在寻求纠纷解决时，选择司法而排斥非司法途径。② 司法的高增长忽略了多元化的价值，不利于奠定良好的现代司法基础，而且过早地引发了西方法治中的一些固有弊端。

其次，国家配置司法资源的失衡。在中国法治现代化的进程中，一种社会主流思潮认为，优先需要解决的问题是国家正式法律体系的建立、健全，而不是非正式机制的利用和发展；需要强调的是国家法律和司法的统一及其至高无上的权威，而不是当事人根据多元化的社会规范进行的自治和自律。国家把纠纷解决的权力集中到司法机关，鼓励人们通过法院和司法解决纠纷。同时，国家对其他纠纷解决机制的投入和建设则极为薄弱，出现了明显的倚重司法

---

① 与此同时，传统少数民族群众的"无讼"思想则受到法学界无情地清算，一些非司法的纠纷解决途径被视为法盲行为，作为法治的反面教材受到批判。一时间，为权利而斗争，上法庭讨说法成为社会时尚，漠视法庭外纠纷解决的制度建设。与此相对应的是，由国家高度垄断纠纷解决权成为社会的主流意识（参见谢晖《价值重建与规范选择——中国法制现代化沉思》，山东人民出版社1998年版）。

② 需要注意的是，在法院内部的行政管理中，也出现了包揽一切矛盾纠纷、解决一切社会问题的倾向，并以此作为推进司法改革和公民法律意识提高的最好理由。当每年司法总量的增长被作为国家法治建设和法院自身素质建设的一项重要指标的时候，往往忽视了其背后潜在的"危机"。

和审判的倾向，其直接结果就是法院承揽纠纷解决权，各种非司法的纠纷解决途径日渐式微。当然，导致司法垄断纠纷解决权的另一因素在司法自身。在现有纠纷解决体系中，司法为树立自身权威以及由于内在利益的驱动，对司法外的纠纷解决途径不是扶持，而是放任自流。① 实践中，虽然并未否认非司法的替代性纠纷解决方式的作用，但在现实的纠纷解决中，它们仍处于可有可无的状态。由于失去国家强制力的支持，各种替代性纠纷解决机制未能充分发挥作用，纠纷集中到了司法机构。实际上，当事人对司法的依赖固然有法律意识提高的一面，但也体现出对国家权力的过度依赖和对自治及其他社会机制解纷效力的不信任。

最后，现有准司法解纷途径自身存在的缺陷是当事人较少对其加以选择的原因。比如，适用范围小，限制了准司法途径的运用，程序设置不合理，有的随意性很大，使得当事人的权益得不到确实保障，因而当事人选择规避准司法程序。再如，机构不健全、相应规范缺乏、运行经费严重不足以及成员缺乏专门训练等也使得准司法途径在解决纠纷实践中运行不畅。当然，处理结果普遍缺乏约束力，当事人有权再将纠纷诉诸司法，以及当事人实力的不等可能导致纠纷解决结果不公等原因都是妨碍当事人选择准司法方式解决纠纷的因素。

第二节　司法的认知

作为人权的基本组成，司法权的运用是公民权利救济的最后途径，也是公民接近正义②的基本保障。回族群众由于各种限制性因

---

① 如最高人民法院曾经以司法解释的方式，明确规定对乡镇司法所就民间纠纷作出的裁决不予执行。再如，依中国《民事司法法》的规定，"当事人对调解达成的协议应当履行，不愿调解、调解不成或者反悔的，可以向人民法院起诉"，其结果是调解缺乏保证，说话"不算数"，仍然要依靠司法程序才能最终解决问题。

② 也就是保证公平、及时和充分的听讯（参见［意］莫诺·卡佩莱蒂等《当事人基本程序保障权与未来的民事诉讼》，徐昕译，法律出版社2000年版，第49页）。

素使其运用司法权不能与国家法制化进程同步。宪法和民族区域自治法所规定的平等权、自治权、立法权是回族群众司法权运用的宪政基础，民族语言、诉讼费、起诉权、应诉权是回族群众司法权运用的主要内容。民族立法、法律援助、民族法律意识的培养以及诉讼解决纠纷的基本定位是回族司法权运用的有效途径。

卢埃林指出："解决争端是法院最为重要的职能，并始终为其他功能的实施创造条件。"① 司法权运用不仅指民事司法权的运用，也包括刑事和行政司法权的运用，其根本功能在于确保当事人合法权益的司法救济，即运用国家公权力保护当事人合法权益的义务和职责，保护司法权就是在当事人合法权益受到不法侵害时向公权力机关请求保护的司法途径。但"法律必须被信仰，否则它形同虚设"。② 因而对司法权保护，不仅要有健全的法律规范为其运行的制度基础，使当事人在合法权益受到侵害时能够请求司法救济，而且要使司法权行使在司法程序中能够得到充分运用和尊重。中国是一个回族人口众多的国家，回族群众司法权的运用是司法实践中值得关注的问题之一，民族平等、立法权、自治权是中国回族司法权得以运用的宪政基础，民族区域自治制度是保护回族司法权的重要前提，因而明确回族司法权运用的宪政基础、内容就成为民族地区和谐民族关系建立的必然选择。

一 中国回族运用司法权保护的宪政基础

中国宪法规定了回族与汉族的平等地位，并从回族的实际情况出发，以宪法、民族区域自治法和其他部门法的形式，规定了回族的特殊权利，因而使作为回族人权组成部分的司法权的运用具有了宪政基础，主要表现在如下几个方面：

一是平等权。民族平等的基本含义是不论各民族人口多少，经

---

① ［英］罗杰·科特威尔：《法律社会学导论》，潘大松等译，华夏出版社1989年版，第89—91页。

② 何勤华、任超：《法制的追求》，北京大学出版社2005年版，第122—123页。

济社会发展水平高低和风俗习惯、宗教信仰的差别，都是中华民族的一部分，具有同等的宪政地位，在国家和社会生活的各个方面，依法享有相同的权利并履行相同的义务。平等权是作为一个国家的合法公民依宪法所应当享有的基本权利，平等权不仅是公民人格尊严的体现，而且体现了公民在社会生活中不被歧视。作为基本权利的一种，平等权是公民生存于社会的法律前提，因为这不仅是公民参与社会生活的前提，而且应当是公民解决纠纷的地位保障。平等权必须通过制度规范才能运用，这种运用的途径不仅应有明确的法律书面文字规范，更要具有可操作性。① 国家法律中的平等地位是中国回族行使司法权得以保障的基础，也即回族如遭受歧视或遇到纠纷、争议，有请求司法机关进行解决的权利，司法机关对此应充分依法处理。换言之，回族与汉族一样平等地享有宪法和法律规定的各项权利，都享有利用国家司法资源进行救济的权利。

二是立法权。民族自治地方立法权是指民族自治地方的人民代表大会，依法制定或变通制定效力及于本民族自治地方的地方法规的权力。民族自治地方立法权的产生首先来源于宪法授权，民族区域自治法也有类似规定，如民族自治地方的人民代表大会有权依照当地民族的政治、经济和文化的特点，制定自治条例和单行条例。民族自治地方立法权可分为制定权和变通权。制定权是指民族自治地方的人民代表大会有权依照当地民族的政治、经济和文化的特点制定本自治地方的自治条例和单行条例。中国民族区域自治法第二十条规定了自治机关享有变通权，变通权是指上级国家机关的决议、决定、命令和指示，如有不适合民族自治地方实际情况的，自治机关可以报经该上级国家机关批准，变通执行或者停止执行。②

---

① 从宪政而言，民族区域自治制度是回族司法权得以保护的基本条件，只有按照民族区域自治的要求在回族聚居的地方建立民族区域自治地方，设立自治机关，行使自治权，才能运用各回族当家作主的权利，享有民族平等。

② 应该明确的是，民族自治地方立法权是特定的立法权，属于民族自治地方的自治权范畴，是民族自治地方各项自治权中最基本的权力。民族自治地方人民代表大会的特殊立法权是中国国情的要求和表现，在中国立法体制中有不可或缺的地位和作用。

回族与汉族在政治、经济、文化以及其他许多方面发展得不平衡，实行民族区域自治就是保护各回族利益的基本制度保障，规定回族自治地方的立法权是运用和保护各回族利益并保护回族行使司法权的必需。自治地方的立法权，能够使回族的特殊利益和要求合法化，当这些权益受到侵害时可通过行使司法权予以保护，因而，民族自治地方的立法权是回族司法权运用的重要保障。

三是自治权。自治权①是民族自治地方的自治机关依法享有管理民族区域自治地方事务的各项权利，是民族区域自治的核心。民族区域自治范围内的民族关系已成为一个需要加以规范和协调的敏感问题，民族自治地方的自治机关要保障本地方内各民族成员都享有宪法规定的公民权利，包括各回族接近正义即进行司法救济的权利。自治机关在处理涉及本地方各民族的涉法纠纷的时候，应充分保障回族司法权的行使，上级国家机关所制定的法律也应充分考虑民族自治地方的特殊性。根据《宪法》、《民族区域自治法》的规定，民族自治地方的自治权共有 12 项。

二　影响回族司法权运用的限制性因素研析

第一，居住环境因素。中国回族分布呈大分散、小聚居的特点，居住地大都地处边远山区。交通不便、信息闭塞决定了各民族之间的差异性，这就要求应有相应的法律对他们的行为加以规范，使其在合法利益受到侵害时能够寻求公力救济。② 司法权的运用在

① 具体的权利本书不再进行罗列。以人事自治权为例进行说明，回族司法人员的配备是回族司法权运用的有力保证，法官法、检察官法及人民警察法都规定了法官、检察官、人民警察在民族地区的任职条件，坚持"同等条件下回族优先录用"的原则使民族自治地方自治机关录用工作人员时，对实行区域自治的民族的人员给予适当照顾。这些措施保证了回族法官、检察官、人民警察在各级司法部门的配置，为回族当事人进行诉讼活动及各项司法权保护措施的落实提供了条件。

② 以期间为例进行说明。诉讼法明确规定人民法院应当在开庭 3 日前通知当事人和诉讼参与人到庭应诉，立法目的在于使当事人和其他诉讼参与人有足够的时间准备庭审，更好地行使其诉讼权利。但在偏远的回族地区，由于事先没有条件通知诉讼参与人，诉讼参与人通常在没有准备的情况下参加庭审，因而不能充分行使其各项诉讼权利。

很大程度上取决于诉讼程序的科学性，现行诉讼法的有关规定对当事人司法权的运用起到了很好的保障作用，但在回族地区却不能得到完全的落实，极大地限制了回族司法权的运用。司法实践中，有的案件无法通知证人出庭作证，使法庭举证、质证和法官认证难以运用以及公开审判制度得不到落实。下面是对法院院长就证人出庭作证问题所作的访谈：

　　问：您对于证人出庭作证的认识？

　　答：现在的司法改革，包括一些到庭、当庭质证、辩论式审判等，都强调程序的重要性。我们说这种理念和思想是好的，但是不可回避的是将过去那种强调法官对于案子的全盘掌握，全心全意地为当事人利益考虑的指导原则弱化了。现在这个老百姓的观念和素质，特别是到了基层，老百姓可能并没有达到一步到位。开庭质证的这种做法，真正的做到一步到庭了，老百姓可能就不理解，你判得对他可能也不愿意。你没有给他一个相当的说法，没有做到细致的思想工作的过程。

对此，就证人出庭问题，为取得第一手资料，设计了问卷，①并对相关司法人员和回族群众进行了调查。问题设计如下：您对法院诉讼中证人出庭问题的现状如何认识？A：很满意　B：一般C：不满意　D：无答案。

下图是对调查结果的分析：

---

① 本章的调查问卷均为200份。

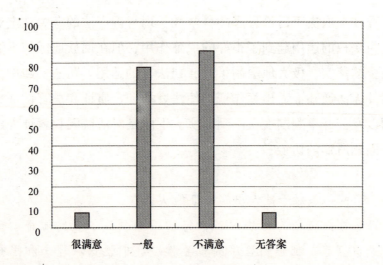

从上图来看，无论是法院司法人员还是普通回族群众，由居住环境的因素而对于证人出庭作证问题不满意的比例较高。

第二，法制执行原因。受文化传统因素和回族地区法制化推进迟滞性的双重影响，中国回族群众普遍存在义务观念浓厚而权利意识淡薄的问题，权利意识淡薄使回族群众在其基本权利受到侵犯时，大多不知道主张法律保护或者在知道可以得到法律保护的情况下却拒绝主张，使回族群众的权利难以得到有效救济。就此产生的原因，选取了某回族街道办事处，并对党委书记进行了访谈：

问：你怎么看待当前对普通回族群众的法制教育？

答：现在的部分基层群众法律素质太低，没有足够的权利义务意识，更不懂法律的具体规则和程序。所以加强法制教育，就是要大力从法制观念开始来提高我们街道回族群众的人文素质，就是要宣传法制，让我们的群众从日常生活中就学会用法制的眼光去看待问题，去遵守法律。

为此，就回族群众对于司法诉讼的基本认识问题，为取得第一手资料，设计了问卷，并对相关司法人员和回族群众进行了调查。

问题设计如下：您对司法诉讼问题的现状如何认识？Ａ：公正廉明
Ｂ：有腐败　Ｃ：不了解　Ｄ：无答案

下图是对调查结果的分析：

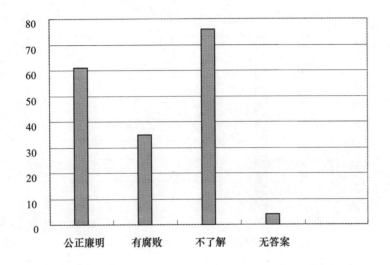

从以上的调查来看，无论是亲身体验抑或是道听途说，大多数回族群众对于司法的认识依然处于模糊状态。回族地区法制化推进的迟滞性突出表现在立法、执法、守法方面，法律制度并未发挥立法者所预期的应有效果。相反，由于和回族地区的实际情况不符以及成本过高等问题，在部分地区出现了司法边缘化的现象。"法律认知是法律信仰和法律运用的前提和条件，我国当前农村人口对法律作为的有限性和法律作为认知客体的专门性之间形成了较为突出的矛盾。"① 回族群众部分纠纷拒绝用司法解决的情况使权威的国家法制在个别领域被边缘化。与此相反，各地的习惯、习俗势力正在逐步加强。需要强调的是，经过普法教育，回族群众已经了解到他们的纠纷可以得到司法解决，但是这种解决方式的繁琐程度和高昂成本使他们对司法权心存疑虑。就回族群众对于司法诉讼的成本认识问题，为取得第一手资料，设计了问卷，并对回族群众进行了调

---

① 张德友、翟印礼：《法与农村社会变迁》，人民出版社 2007 年版，第 74—75 页。

查。问题设计如下：您对司法诉讼成本的现状如何认识？A：太高，无法承受　B：有所降低　C：不了解　D：无答案。

下图是对调查结果的分析：

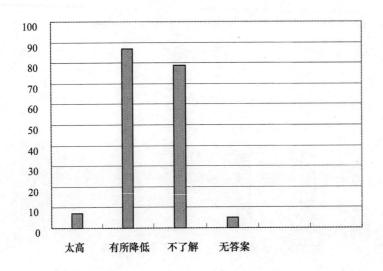

诉讼成本是司法这种纠纷解决方式固有的缺陷，虽然国家为减轻群众的负担降低了诉讼费的收取标准，但诉讼过程存在的显性成本的降低并不能排除实际存在的隐性成本。因而，调查结果仍然反映出回族群众对于诉讼成本的畏惧。对此，又对选取法院的院长进行了深度访谈：

问：法院的诉讼费问题，你能不能具体谈一谈？

答：法院的诉讼问题，大体上分为三个阶段。80年代基本靠政府拨款，诉讼费不收。第二个阶段，90年代就是自筹自支阶段，实际上也是比较乱的一个阶段，法院收的诉讼费不经过财政，自己就花了。随着市场经济逐步建立以后，大标的案件逐渐增多了。各地法院的基本建设都是在那个时期搞的。现在是收支两条线阶段，就是立案费交了之后，直接到了县财政，然后再返给你，按照一定的比例。

问：这些钱是否足够法院开支？

答：不够啊。

问：那该怎么办？

答：创收一点。

问：现在和80年代都是靠财政来支撑，那么区别在哪里呢？

答：表面上都是由财政出的钱。但是80年代，是财政给你出办公经费（当然那个时候的经费也很少），而现在是财政不给你出钱了，事实上是你收的钱扣去30%，然后再返给你。不够也不管了。

问：现在物价上涨是不是使费用上涨了好多？

答：是的。那个时候整个法院没有什么车，现在有十辆车，那个时候是平房，现在是楼房，整个费用都上去了。

问：人员编制有什么问题？

答：现在正式干警有几十人，临时工还有十几个，像什么后勤、速录什么的，这部分人的工资也是需要法院自己解决的。他们的工资每年也需要十几万。现在返还的诉讼费的70%，不够法院的日常支出。

问：那就是说经费的缺口很大？

答：是的。

问：怎么保证法院的经费来源？

答：没办法。

从这段访谈内容来看，对于诉讼费问题，法院也很无奈，因经费受制于当地财政，不得不从诉讼费的提取中获得补贴。

第三，法律意识方面的原因。法律意识是人们对法律的认知和态度，是法律知识、法制观念、法律观念的总称。法律意识的建立有其相应的社会经济基础，是人们对法和法律现象的感觉、认知和评价。法律意识反映了回族对法律的认知水平及守法、执法的自觉程度，在回族地区法制建设中具有基础性地位。法制执行无不受一定法律主体的法律意识的支配，因而法律意识在整个法制执行中具有重要的地位和作用。中国并非是一个具有用法定方式解决纠纷传统的国家，这种传统直到现在仍然对回族地区群众产生着重要影响，主要表现为"厌讼"的观念。"厌讼"是中国古老的纠纷解决观念，它是传统中国为追求和谐、无讼的价值目标的直接产物。"法制条件下的司法本该是公平正义的水源和权利的守护神。但是当西方标准的司法体制被借鉴到中国以后，并没有成为中国民众的主要纠纷解决通道，反而厌讼心理和行为在社会生活中成主要态势。"① 由于回族居住地区环境较为封闭，法律意识较差，对现代法治接受能力相对而言较弱，遇到矛盾、纠纷甚至刑事犯罪都不愿应用司法权，有时宁可忍气吞声，也不愿寻求司法保护。

第四，习俗因素。回族习俗文化传统是在社会实践中形成和发展起来的，与特定民族的生产、生活方式、政治制度、宗教信仰等密切相关。为了维护国家的稳定，历代的统治者在立法和司法实践中都十分重视各民族的文化传统差异性而分别采取不同形式进行国家法制的执行变通。由于源于回族群众的社会生活，因而贯穿着回族群众的心理和情感的习俗惯例往往能为回族成员提供一种行为模式。并为回族成员所自觉信仰和遵守，在回族地区其作用远远大于法律。经济文化的落后和恶劣的自然环境的影响使大部分回族的居住地区仍处于乡土社会，处理纠纷时经常排斥国家法律的适用，纠纷解决的根据是回族的习俗惯例，这使其传统社会秩序得以维持，但同时也是对国家公权力介入回族普通民间纠纷的一种限制。

就法官和回族群众对于司法诉讼中所涉及的习俗惯例的认识问题，设计了问卷，并对法官和回族群众分别进行了调查。问题设计如下：（法官）您对司法诉讼中所涉及的回族群众的习俗惯例如何

---

① 谢晖、陈金钊主持：《民间法》第一卷，山东人民出版社 2007 年版，第 138—139 页。

认识？A：经常适用 B：偶尔使用 C：不适用 D：无答案。（回族群众）您对司法诉讼中所涉及的回族群众的习俗惯例如何认识？A：经常要求法官适用 B：偶尔要求法官适用 C：从不要求适用 D：无答案。

下图是对调查结果的分析：

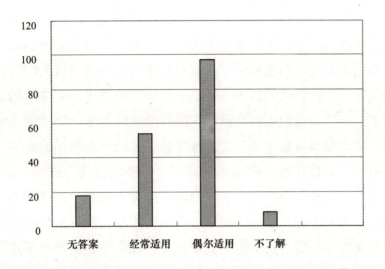

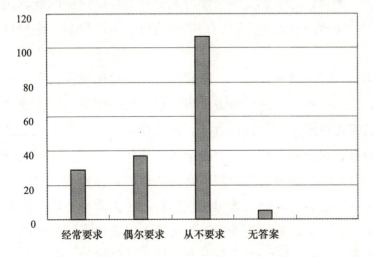

从上述调查来看，处于民族地区的法官和基层回族群众，在诉讼过程中，对于是否适用本民族的习俗管理来处理纠纷，应该说，

还是存在适用的空间的，只是比照于国家强制法的规定，频次有所
不同而已。

三 中国回族运用司法权保护的具体内容

第一，交际工具的规定。民族自治地方的公职人员执行职务
时，应依照本民族自治地方条例的规定，使用当地通用的一种或者
几种语言文字。民族自治地方的自治机关使用当地回族群众通用的
语言文字执行公务，有利于方便当地各民族人民群众参与诉讼。首
先，中国相关法律明确规定了回族群众使用本民族语言文字进行诉
讼的权利，这就要求司法机关对于不通晓当地通用语言文字的诉讼
参与人，应当为他们提供翻译。在回族聚居或者多民族共同杂居的
地区，应当用当地通用的语言进行审判，并用当地通用的文字打印
判决书、公告和其他法律文书。其次，各民族公民在进行诉讼时，
有权使用本民族的语言文字书写起诉、应诉所需要的法律文书，使
回族群众不因语言文字的障碍而影响他们正常行使诉讼的权利，履
行诉讼义务。最后，司法机关在审理案件过程中，应当对不通晓汉
语言文字的回族当事人、诉讼参与人提供翻译以保证回族诉讼当事
人在诉讼中消除语言文字障碍，平等地行使诉讼权利，维护自己的
合法权益。

第二，诉讼费的规定。对回族群众进行司法权保护有助于化解
纠纷，运用公平、正义的司法救济效果。司法权保护所体现的司法
救济其实质应该是一种权利救济。回族群众由于大多数地处经济欠
发达地区，因而通常在经济上处于劣势地位，对经济有困难的当事
人保障其司法权能够增强回族群众对法律的认知程度。但目前诉讼
费用的缴纳已成为影响回族司法权保护的一大障碍，许多回族群众
由于无力负担诉讼费，使其接近正义接受司法救济的权利成为"空
中楼阁"。"一种理性的司法行为必须是可预期的，也即是人们通
过缜密的思考可以对其行为路线和方向、目标进行合理的计算和准
确预测，而要达到这种社会预期，司法行为必须是具有相对的确定

性，否则就有可能使人们的预期落空。"① 司法权既是公民的一项基本人权，也是公民的基本权利之一。"对于法治社会来说，诉权更是首要权利，没有诉权，法律就无法正常工作，因而就谈不上治理。"② 而且保护公民享有该权利亦是国家的义务和职责，因而诉讼费制度在回族地区的执行应符合便利和保护回族地区群众应用司法权的原则，根据具体情况，尽可能减免其负担的诉讼费用。

第三，保障起诉权与应诉权的规定。"诉权是人类社会的基本'粘合剂'，没有诉权，就无法启动合理解决纠纷的程序，社会就将解体。"③ 司法权的基础内容就是起诉权和应诉权，为了保障回族地区群众的起诉权和应诉权，国家针对回族地区的实际情况，创立设置了人民法庭进行巡回审理的审判方式以保证回族当事人诉讼权利的行使。因而，不少民族地区立法机关对诉法所规定的期间也作了具体的变通，以适应回族地区的具体实际。④ 人民法院派出法庭巡回审理是"马锡五审判方式"的核心。实践证明，这不仅方便证人、翻译人员、鉴定人等诉讼参与人到庭参加诉讼，还有利于提高办案效率和运用裁判的公正性，同时，巡回审理也是对群众进行法制宣传教育的好形式。虽然目前回族大多数已采取定居方式，但居住地仍然十分分散且交通困难，要求当事人到所在地的基层法院进行诉讼有诸多不便。

四　回族运用司法权的有效途径的若干思考

有效途径一：强化回族的法律意识。首先，回族法律意识的提

---

① 周世中：《法的合理性研究》，山东人民出版社 2004 年版，第 380 页。
② 周永坤：《论自由的法律》，山东人民出版社 2006 年版，第 65 页。
③ 同上书，第 235 页。
④ 例如，甘肃省依照第五届全国人民代表大会常务委员会第十四次会议通过的《关于实施刑事诉讼法规划问题的决议》，结合甘肃省实际情况，对地处边远、交通不便的少数民族地区，即甘南藏族自治州、天祝藏族自治县、肃北蒙古族自治县、肃南裕固族自治县、阿克塞哈萨克族自治县、东乡族自治县和积石山保安族撒拉族东乡族自治县，在执行《刑事诉讼法》规定的办案期限上，暂作必要的变通，特别是对于人民法院审理公诉案件，按《刑事诉讼法》第一百二十五条规定期限，在一个半月内不能宣判时，可以延长半个月。

高要求我们在运用诉讼方式解决关涉回族利益的纠纷时应坚持平等、团结的司法权保护原则。其次，应坚持司法救济的权威性，任何组织和个人不得利用宗教或其他方式妨碍公民获得司法救济，使回族地区群众能够冲破传统文化的羁绊，利用司法权维护自身合法权益和接近正义，但同时应坚持遵守党和国家关于民族风俗习惯的法律和政策，尊重、保持或依法改革民族风俗习惯。最后，提高民族地区回族群众的法律意识，增强他们平等参与诉讼的法律意识，使回族群众从内心形成自觉接纳司法救济的价值观念，明确树立社会主义法制观念。

有效途径二：依法促进民族立法的进展。作为回族司法权得以存在的基础，民族立法是重要的一环。发展民族立法是运用回族司法权的重要基础，只有优先发展民族地区立法，才能运用回族群众司法权，但立法不能脱离民族地区社会发展而独立存在。因为民族立法是运用回族司法权的前提保障，因而应将民族立法纳入当地经济和社会发展的总体规划。适应民族地区实际的民族立法要求，给回族群众提供平等的利用司法权机会，以提高不同文化传统当事人的相互尊重与理解。自治条例、单行条例是自治地方行使民族立法权，制定民族区域自治法规的最基本形式。另外，依法变通、补充国家的法律、法规，使国家的法律、法规更适合自治地方的实际情况是自治地方特有的立法权。通过自治条例和单行条例的立法形式，特别是单行条例和变通执行可以有效解决影响回族群众司法权保障中的具体限制性因素，如对于诉讼费的减、免、缓问题，期间问题，习惯法问题等。

有效途径三：加强法律援助制度的建设。"在律师制度上，加强法律援助对贫困者的帮助。"① 在统一的法律援助制度下，民族地区应从实际出发加强回族地区法律援助制度立法，重视法律援助制

---

① ［意］莫诺·卡佩莱蒂编：《福利国家与接近正义》，刘俊祥等译，法律出版社2000年版，第32页。

度法律法规的具体落实，明确法律责任，增强法律援助制度的可操作性，从根本上改变现行法律援助制度立法的缺陷，健全社会主义法律援助制度法律体系。"对象不是以私人权益为中心的私人之间的纠纷，而是针对某种公共政策的存在方式的不服。"① 通过健全回族地区法律援助制度使回族的司法权得到进一步的保障，完善的法律援助制度有助于回族当事人司法权的运用，是其接近正义的经济保障。律师制度的建立是回族群众接受法律援助的基本条件，按照司法考试的具体规定，自治地方组织民族文字的律师资格考试，使回族当事人能够选择通晓本民族语言文字的律师提供法律援助事务，同时也为人民法院在向不通晓汉语言文字的回族当事人指定辩护人时，能够选择通晓民族语言文字的律师创造了条件。

有效途径四：准确定位诉讼解决纠纷的功能。法制宣传和树立法律维权观念，形成法律意识，是民族地区社会发展不可缺少的内部环境。"理性实际上指认基于趋利避害的本能，在分析处理事情时把握主要矛盾，通过成本效益的比较来运用自己认为的最佳结果。"② 通过法制宣传教育使当地居民了解树立法律权威观念，因为确立法律神圣不可侵犯的解纷意识是现代法治社会的必然要求。回族地区群众所生活的环境在很大程度上还停留在自然经济阶段，居住的分散化使现代化的法律解纷意识极度边缘化，以自然经济为主附带商品经济的经济形态及熟人社会结构，直接影响着生活其间的居民的法律意识，使司法权这一现代社会解决纠纷的权威性在回族地区并没有起到应有的作用。相对于普通群众而言，回族群众中的弱势群体利用司法权维护合法利益从而接近正义的机会就更小，习俗惯例的作用就更大。"无讼之所以在司法中有广泛的影响，百姓之所以厌讼、贱讼，除上述社会的、文化的、政治的原因外，还有

---

① ［意］莫诺·卡佩莱蒂编：《福利国家与接近正义》，刘俊祥等译，法律出版社 2000 年版，第 66 页。

② 王晨光主编：《农村法制现状》，社会科学文献出版社 2006 年版，第 200—201 页。

一个极为现实而又十分具体的原因，那就是不堪为讼所累。"① 因而如何使回族群众认识到诉讼在解决纠纷中的定位及性质就成为回族群众司法权运用的重要基础。

"法律必须依靠国家的强制力量来保证其实施，但仅有国家强制力尚不足以确立法律的权威。法律权威的确立必须以法律信仰作为前提和基础，法律权威的形成最终取决于普通民众和执法官员对法律的信仰。"② 因为法律能否得以实施取决于民众对其的认同程度，唯有被认同，人们才会认可诉讼解决方式的权威性，才会自觉支持法律和利用司法权。司法权是在诉讼中的权利，因而回族对法律的认知直接决定当事人司法权的运用。但由于经济、文化、地域等原因，回族对法律的认知普遍较差，因而对落后的甚至同法律相冲突的习俗惯例应理性对待，不能一概论为糟粕，应在国家法制统一的前提下，通过有效地法制宣传教育逐步提高回族群众的法律认知，使其从内心接受、认同法律，树立司法救济方式解决纠纷方式的权威性，使回族充分认识到司法权是其一项维护合法利益的重要权利，并引导他们正确使用这一权利。只有当运用司法权成为回族的一项自觉行为，他们才能自觉、彻底运用其保护他们的权益。

第三节 司法的适用

临夏县人民法院由位于县城的法院机构和若干派出法庭组成，派出法庭除枹罕法庭外，其余于 2008 年并入县法院机关。据 2008 年的统计，整个县法院共有干部 85 人，其中少数民族 38 人，党团员 54 人，审判员 16 人，助理审判员 2 人。文化结构：大学本科 40 人，大专 17 人，高中及中专 28 人。年龄结构：30—40 岁的法官 10 人，41—50 岁的法官 27 人，51—60 岁的法官 7 人。2004—2007

---

① 何勤华、任超：《法制的追求》，北京大学出版社 2005 年版，第 124—125 页。
② 张晋藩：《中国法律的传统与近代转型》，法律出版社 2006 年版，第 282—283 页。

年，共受理案件3629件，审结3599件，每人每年要审理各类案件四十余件。法院所主持的司法审判和诉讼内调解制度，又被称为"诉讼的纠纷解决方式"。随着近现代国家司法权的逐步强化和统一，司法已成为纠纷解决的最高的和主要的法律途径。特别是基层人民法院，它们负责大部分一审纠纷案件的处理，同时基层人民法院又与广大基层社区相距比较近，是解决回族民间纠纷的重要途径。尽管与其他几种非司法的解决回族民间纠纷的方式和制度比起来，法院在解纷数量上无论在过去，还是现在都有很大差距，但是这种差距正在缩小。如2004—2007年法院共调解回族民间纠纷1559件，是当年法院审理民事案件总数的62.4%，这说明了法院在解决回族民间纠纷方面正发挥着越来越重要的作用。当然，基层法院的诉讼制度在解决回族民间纠纷方面的重要作用，主要还不是表现在审理案件数量的增加上。① 在调查中笔者发现，其更主要的作用实际上是体现在对其他解纷方式所发挥的积极影响方面。下面分别举例说明。

【案例一】②钱某和马某共同承包了一片果园。快到水果成熟的时候，夜里不时有人来偷摘水果，令他们非常头疼。一天，马某劝说钱某在果园四周挖陷阱，教训一下偷摘水果的人。钱某觉得有道理，便在当天夜里在果园四周挖了几个陷阱。第二天，同村的王某去地里干活，路过他们的果园时恰好踩中了一个陷阱，造成左腿骨折。在医院治疗骨折花去了5000余元。王某要求钱某赔偿损失，但是钱某认为自己挖陷阱是为了防止偷水果的人，并未靠近大路，而且这个主意是马某出的，因此拒绝赔偿。王某以钱某为被告向法院提起了诉讼。

---

① 在调研过程中，临夏市人民法院的工作人员也表达了对于案件增长速度的忧虑。由于办案人员十分有限，虽然临夏州被列入了国家司法考试的照顾序列，但临夏市并未享受此待遇，从2002—2008年临夏市人民法院只增加了5名法官，为保证结案率，审判员休息日加班已呈常态化。

② 本节所涉案例，按学术惯例，已对人名作技术处理。

在案例一中，司法介入回族民间纠纷的解决都基于当事人一方的起诉，也就是当事人自己把司法的解纷制度引入纠纷的解决，司法介入纠纷解决是因为其他解纷方式（协商）未能使纠纷得到有效解决。当其他非司法的解纷方式或制度不能满足当事人解决纠纷的需要或者发挥应有的功能时，司法解纷制度的作用将得到当事人的依赖。基于以上原因，法院审判所解决的回族民间纠纷通常较为复杂。

【案例二】毕某是某村村民，近年来，他办起了养殖业。他见别人养牛很赚钱，于是，自己也兴办了养牛场。2002 年底，他打算将自己的两头大黄牛出售。经过与本县牛肉屠宰场联系，双方约定由屠宰场将牛屠宰，按照净得牛肉每斤 5 元的价格出售给屠宰场。除牛头、牛下水归屠宰场外，由毕某支付屠宰费用 80 元。在屠宰过程中，屠宰人员在其中一头牛的下水中发现牛黄 80 克。屠宰场并没有把这件事告诉毕某，擅自将这些牛黄出售了，得款 4000 元。后来，一位在屠宰场工作的朋友告诉了毕某这件事，毕某认为牛黄应该归自己所有。但是，屠宰场认为牛黄应该归他们所有，双方争执不下，诉诸法院，请求法院给予公正的判决。

有时，当事人在选择解决回族民间纠纷的方式时没有首先选择诉讼方式，从某种角度看，他们最后选择诉讼方式解决纠纷是出于无奈，如案例二。当然阻碍当事人选择司法方式解决纠纷的原因既有金钱、时间和人际关系成本方面的原因，也有文化背景方面的原因。司法的作用不仅只体现在那些其他解纷方式不能解决的纠纷方面，同时，对非司法的解纷方式解决回族民间纠纷的过程和结果也会间接或直接地发挥重要的作用。这也从另外一个角度揭示了司法制度在解决回族民间纠纷过程中的价值。如下面的案例三和案例四。

【案例三】2004 年 2 月 20 日，马某带着老婆孩子到镇上去赶集。乡下一个月才有一次赶集活动，所以人们纷纷到镇上去选购自家需要的物品。那天，镇上人多拥挤，天气不错但温度较高，马某就把身上的棉大衣脱下交给了自己的老婆。当他们走到一家卖小孩衣服的店铺时，马某的老婆随手把棉大衣放到货摊上，为孩子挑选衣服。当他们买好物品，在回家的路上才发现马某的棉大衣遗失在了货摊上。他们马上返回到买衣服的店铺，棉大衣早已不见了。他们向店铺老板、周围的群众打听，都没有收获，没有发现任何线索。半个月后，马某再次来到镇上，发现有个小伙子穿的棉大衣与自己的一模一样。于是，马某去问他，那个小伙子叫张某，声称棉大衣是自己在市场上捡的，不是偷来的也不是抢来的。马某告诉他自己半个月前在市场上丢失了一件棉大衣，自己的棉大衣是妹妹从外地买回来的，当地根本买不到。马某要求张某把棉大衣还给自己，但是张某不同意。经过反复交涉，张某要求马某用400元赎买。马某认为这是自己的棉大衣，要回自己的棉大衣怎么还要拿钱赎买？马某先请乡司法所工作人员进行调解，告诉张某其行为可能触犯了法律，但张某认为自己学过法律，这种行为并不构成犯罪，拒绝调解。无奈之下，马某起诉到了法庭。

在案例四中，司法对于纠纷解决过程的影响还是明显的。基层的调解干部通常知道国家法律与习惯规则在功能上的不同，他们在调解纠纷时，在正式提出调解意见和裁决之前一般会对当事人进行法律规定的提前交代，谈谈按照国法纠纷应当如何处理。对于所讲法条的内容是否正确和全面其实并不重要，重要的是让当事人对国家法律和司法诉讼的复杂程序和成本产生畏惧，使当事人更容易接受自己的意见，但这样做，在一定程度上会误导回族群众的思维。

【案例四】马某和汪某两个人是生意上的伙伴。他们听说跑运输很赚钱，于是两人商量共同投资合伙搞运输。马某出资10万元，汪某出资8万元，购买了一辆卡车，但双方并没有约定份额和利润分配方式。由于当地的重工业比较发达，运输业务繁忙，所以马某和汪某两个人投资购买的卡车跑运输服务，其生意也很红火，一年下来，赚取利润5万余元。扣除相关的费用后，在对余款如何分配的问题上，两人发生了争议。马某认为，自己出资比汪某多，应该多分利润，他要求按照出资比例分得利润中的五分之四。但汪某认为，他虽然出资比马某少，但在跑运输业务中，自己比马某付出的努力要多，所以它们的利润应该平均分配。双方由于争执不下，就请人民调解委员会解决纠纷，但最后，汪某拒绝履行协议，于是马某起诉到法院。

案例四则从另外一个角度说明了司法诉讼的重要作用。"只有当法律与人们所信仰的某物发生了可分割的联系时，只有当法律能够产生出某种社会效果、符合社会正义的标准价值时，它才能得到信任，继而才能被信仰。"① 民间非司法的解纷方式必须建立在当事人合意的基础上，尽管在纠纷的解决上有成本低廉、不破坏人际关系的优点，但由于非司法解纷制度不具有国家强制力，一旦一方当事人持不合作态度和反悔或双方当事人处于僵持状态，整个纠纷就难以解决。即使解决了也不可能得到执行，使解决纠纷的成本可能更加高昂。② 司法诉讼的存在不但可以纠正错误的调解，而且对于正确的调解，还可以以国家法律的形式予以确定，弥补非正式解纷制度的不足。

司法制度所具有的特殊权威性以及强制力也是一些当事人直接寻求司法制度解决纠纷的原因。朱苏力认为："现代法治关注的是非个人化的和一般的社会关系，强调法律适用的统一性和普遍性，强调法律面前人人平等，强调正当程序，强调一般人大致可以做到的行为规范，这些特点原则上与工商经济社会发展不平衡，以及中国有其独特的悠久的文化传统，这一切都要求我们不能仅仅按照理想的法治逻辑来设计法治或是照搬外国的法治实践。我们必须在关注本土经济，包括传统的道德规范和道德实践的基础上建立与中国经济社会转型大体一致的法治。"③ 因为传统社会是一个以道德取向

① 蔡宝刚：《社会转型与法理回应》，社会科学文献出版社 2007 年版，第 143 页。

② 在实际的解纷过程中这种达成协议后又反悔的情况在临夏也十分普遍，已成为影响非正式解纷制度权威性的一个重要原因。

③ 苏力：《制度是如何形成的》，北京大学出版社 2007 年版，第 64 页。

为主的社会，在这样的社会里回族民间纠纷的解决通常不太关注纠纷本身和当事人的权利、义务问题，它关注的重点是如何平息纠纷。纠纷的处理过程也不仅仅是为了使受到损害的利益得到恢复或补偿，重要的是起到道德教化回族群众的目的。因此，非司法解纷制度在解决回族民间纠纷时更加倚重情理习俗，而非国家法律，在解决纠纷时更加强调对当事人要"动之以情、晓之以理"。传统的习惯规则和道德意识对解纷人员与解纷过程和结果缺乏有效的控制，导致民间解纷制度有时在程序与结果两方面都缺乏必要的公正性，这些都促使越来越多的人去法院解决纠纷。追求较高公正性要求的司法制度在少数民族农村地区有其存在的利用价值。如果说民间的解纷方式或制度是满足了当事人低成本解决回族民间纠纷的需要，那么国家的司法制度则从一个方面以较高的成本满足了当事人对公正性的需要。① 对于不同种类的解纷方式的评价，角度的不同会使评价结果产生很大的差距，当然，这些观点都是必要和正确的，司法机关的解纷在基层地区的实践中会出现一些不同的规律，这一点在回族聚居地区显得更为突出。② 当然，基于纠纷当事人源于城市和农村而使国家司法机关在民间纠纷解决中的优点和缺陷有所不同，司法机关在解决回族民间纠纷方面的优点与缺陷之所以会在临夏市呈现出不同的特点，其原因是十分复杂的。但是除此之

---

① 从法社会学的角度看，司法的纠纷解决制度代表的是一种与国家主导文化相适应并由该文化的执行者所创造和倡导的解纷形式。国家司法机关的司法审判活动具有最高的权威性，纠纷解决的过程体现了较高的公开性、程序性和规则性，裁决结果具有很高的透明度和公正性。与少数民族民间自发生成的那种知识传统在精神追求、思维模式和具体内容方面不同的是，司法解纷制度是一种被不同程度地西化了的文化，合法性和权威性的精神内核是全体人民意志与利益的具体体现。尽管该类解纷方式可能与现实的基层社会生活不相适应，但法治秩序形成的必要要求使之得到了严格的贯彻执行，并有国家强制力作为后盾，至少是从形式上表现出这一点（参见马新福《法社会学原理》，吉林大学出版社1999年版）。

② 国家司法机关在解决民间纠纷方面所体现出来的优点和缺陷会与农村和基层的司法活动有所差异。某些优点可能会在基层实践当中变成阻碍国家司法活动发挥更大作用的障碍，而一些被指责为国家司法机关在解决民间纠纷方面的缺陷，如基层法官对司法程序的"异化"处理，纠纷解决过程中对民间正义观念和行为规则的主动应用和汲取，可能会在基层实践当中变成促使国家司法机关发挥更大作用的灵活性措施（参见沈恒斌主编《多元化纠纷解决机制原理与实务》，厦门大学出版社2005年版）。

外，还有以下几点需要注意：

第一，经济发展的不平衡性是决定回族群众运用司法权的终局性因素。生产方式和经济关系越简单，由此引发的纠纷关系就越简单，对法律的需求就越少。与此相对应的是，回族民间社会中现存的风俗、习惯和道德原则或规则就能满足他们的解纷需要。当发生纠纷时，如果民间现存的非司法的纠纷解决方式足以应对，而且还更容易得到回族群众的认可和支持，那么代表现代化文明的司法制度在复杂和市场化程度比较低的基层地区就少有较大的优势和发挥作用的空间。换言之，回族地区经济关系如无根本性变化，国家的司法纠纷解决途径在回族地区的作用就会受到影响和限制。现代诉讼解纷所确立的整个程序理念和要求旨在实现实体权利义务的内容方面都体现了很强的规范性、复杂性和程序性，设定程序的本质在于管理法官裁判决定的非理性，限制法官判断的恣意性。在回族群众民间纠纷的解决中，由于多数民间纠纷都与社会的风俗、习惯以及道德观念存在着密切的关系，民间纠纷的解决离不开上述民间的习俗惯例发挥重要的作用。若简单地在欠发达的少数民族地区严格地贯彻执行这些所谓体现了诉讼解纷理性要求的做法，可能会适得其反。司法解纷方式就会受到包括纠纷当事人在内的民间社会，甚至基层司法机关和行政执法机关的排斥、抵制。在对临夏的基层执法、司法的调查研究中，笔者发现少数民族群众大多对国家法律存有较为消极的心理意识，规避法律的情况时有发生。即使在基层的国家机关中，也存在着主动或被动地为适应当地的执法环境而对国家法律作出一定的变通和改变的情形，如对重婚等行为的理解就很有地方特色和民族特色。

第二，传统文化背景的差异性是决定回族地区基层司法和执法特点的一项重要因素。作为一种文化现象，法律是文化的一个组成部分，因而特定文化孕育出与其相对应的解纷方式。基于以上原因，不同的解纷方式不但在实质利益解决上会有所不同，在程序应用方面也会有很大差异。① 在纠纷解决途径方面，对西方近代意义上的法律制度、文化的借鉴和吸收所带来的变化是巨大的，但也是非常有限的。中国现行的诉讼制度纠纷解决方式，源于西方的文化传统，属于与之相适应的法律文化的一个组成部分。这种源于西方的法律文化制度被引入中国后，对其进行了一些中国化的改造，但并未实现立法者对其的希望与预期。广大回族群众聚居地区的乡土特色造成了代表着不同法律文化性质的纠纷解决方式并存的现状。② 在基层司法执法中，一些法官或行政官员故意或下意识地变通法律、违反程序方面的要求，主动或被动地应用民间的一些非法律的因素来解决民间纠纷，这都与文化的差异有很大的关系。在司法的纠纷解决方式所体现的法律文化与回族地区本土解纷文化之间存在太大差异性的情况下，司法纠纷解决方式的优点就有可能成为其解纷缺陷，因为在这种情况下，严格贯彻执行纠纷解决方式的强制性要求和注重实现纠纷解决程序的理性、安定性以及程序的正义和高效率，就有可能对有效地解决民间纠纷形成障碍，甚至有时会破坏民间原有的良好的社会秩序。

第三，当前回族群众民间纠纷的复杂性是影响司法的纠纷解决方式优势的一个重要因素。现代社会是一个日益复杂和变化多端的社会，尽管回族聚居地区较为封闭和落后，但与过去相比，正开始或已发生了很大的变化。在回族群众民间纠纷方面，随着人与人之间社会关系的不断多样化、复杂化，不管是民间纠纷的种类、性质都不断得到丰富。部分纠纷所涉及的社会关系具有普遍性、根本性，是最基本、最主要的社会关系，这一方面的纠纷往往由国家权

①　国家司法机关所主持的纠纷解决方式，不管从实质层面还是程序层面，其主体理念均得自于对域外文化（尤其是法文化）的移植或借用，并非中国少数民族文化的产物，甚至在某些方面与少数民族文化理念相对立。

②　这些不同质的法律文化主要有：大体上中国司法纠纷解决方式是在马克思主义指导下，依据西方式的法律文化而形成的，在城市和国家层面这种法律文化占主导地位。与之相反的是，民间的纠纷解决方式更多的是以汉文化为核心的法律文化或以少数民族传统文化为核心的法律文化的理念所建构起来的传统的产物。由于司法的纠纷解决方式所体现的文化与少数民族的文化存在着本质的不同，这就为司法的纠纷解决方式在该地区发挥作用形成障碍。

力机关运用强制性、义务性的法律规范予以确定和调整，如刑法所调整的社会关系最为典型。由于这类社会关系往往与国家公权密切联系，与整个社会秩序的稳定有直接的关系。① 但是大部分纠纷一方面由国家法律运用任意性或授权性的法律规范予以确定和调整，另一方面，也由民间法中具有约束力的习惯法规范予以调整。其主要表现为在群众的生产、生活和经济交往中所形成的各种民事法律关系。按照黄宗智先生的观点，② 由这类社会关系所构成，并由国家法与民间法（正式及非正式的纠纷解决方式）互动适用的领域就被称为"第三领域"，③ 它是处于国家与社会，国家法律制度或秩序与回族的非正式制度或秩序之间的一个独立空间，对涉及这一部分社会关系的纠纷的解决，往往要依靠各类纠纷解决方式的共同努力。在不同的纠纷领域，司法的纠纷解决方式的作用是有区别的，这既是一种现实，也是合理的。若只片面地强调其所谓的权威性和普适功能，对本不应当由其解决的纠纷予以解决，效果可能是消极的。解决方式的确定可能会因为当事人的个人选择、社区的文化传统以及其他因素的影响而有所不同。对于那些通过各种方式确定下来的，不应由司法的纠纷解决方式解决的纠纷，如简单地运用其去解决，可能也会导致相反的结果，其优点也可能会变成缺点。

第四，司法以启动居中裁判的方式解决各种社会纠纷。司法审判机关和回族民间纠纷当事人在其他参与人的配合下为解决纠纷依照法律规定决定权利义务归属，明确纠纷当事人的争议内容，并由国家强制力保证裁判结果的执行。其本质特征在于，由国家权力而非冲突主体自行解决社会冲突，由专门的司法机关依据法律就纠纷

---

① 因此，对这类社会关系纯粹由国家法律来调整，归于国家法律秩序范畴，民间权威和规则无权干预。第二类是纯粹需要依靠地方性知识来运作的社会关系的民间纠纷，这些社会关系如由民俗、习惯等调整的那些社会关系。

② ［美］黄宗智：《民事审判与民间调解：清代的表达与实践》，中国社会科学出版社1998年版，第3页。

③ 这部分社会关系，作为人们生活方式的一部分表现出来，它不可能进入立法者的视野。对"人情"、"伦理"的过分依赖，使其很难为高度规范化、程序化及系统化的司法制度所调整，因而只能由民间法来调整。

双方当事人权益争议的事实作出权威性判断，① 对回族民间纠纷当事人纠纷作出的终局性裁决应防止回族民间纠纷当事人围绕同一事实再度发生纠纷，并通过强制执行制度将法律判断现实化，使回族民间纠纷当事人的实体权利得以实现。这样，通过司法程序，可能会把社会中所存在的激烈矛盾和利益冲突转化为具体的实体问题加以解决，从而缓和社会冲突，把社会问题转化为法律问题加以解决。司法解纷途径蕴涵着多元的价值选择，承担着解决纠纷、确认、实现、发展法律规范，保证法律调整机制的有效和正常运转，从而建立和维护稳定的法律秩序的多重的社会作用。因而，司法的作用主要体现在纠纷处理结果的权威化上。在这个意义上，司法被视为统治者或国家权力和秩序的权威性的象征或符号，其运作过程也就是确认这种权威性的过程。为保证纠纷当事人参与程序的机会，司法解决纠纷必须以公开的方式进行，回族民间纠纷当事人可以在程序中就纠纷事实和法律事实提出自己的主张和见解，并通过辩论制度、证据制度以及相关权益处分制度，允许回族民间纠纷当事人充分行使自己的权利，以此约束法院判断的恣意性，防止违背事实和法律的裁判。因此，司法权的行使可能将基于同一事实的纠纷一次性地解决，② 司法的纠纷处理结果具有一定程度的规范性作用，起到了恢复社会秩序，保证社会和谐发展的作用。这种结果实际上就是纠纷积极作用的表现，也就是纠纷在被司法处理过程中，逐步地改变回族民间纠纷当事人之间原有处于紧张状态的社会关系。

　　基于以上认识，本书对回族民间纠纷司法解决途径的功能与定

---

　　① 司法的纠纷解决制度的权威性在于能使权益纠纷诉求受到法律确认并保护的权利，也许更重要的是司法将统治权力隐藏在了法院判决的背后。由于司法制度通过健全、完善、缜密的实体和创新制度设计向全社会宣示和承诺了此项权利救济的公平和正义，就使包括统治者在内的社会成员都接受了法的普遍约束。

　　② 司法所依据的法律制度为纠纷主体参与纠纷处理提供解纷的场所和权利处分的价值判断标准，使纠纷处理变得容易，其着眼点是为了促使回族民间纠纷当事人在同一标准下实现纠纷的权威性和终局性处理。

位进行如下思考。

一 关于司法解纷局限性的认识

在当今世界，司法案件剧增是一种普遍的社会现象，① 经济的迅速发展，使纠纷出现大量增长的态势。作为权威的纠纷解决机制，司法面临着越来越多的挑战，传统的审判机制面对日益增长的案件数量，开始显得力不从心，司法的高成本成为其被适用的瓶颈，从而构成"接近正义"的障碍。当前，中国正处于社会转型期，随着经济体制改革的深入和利益格局的调整，社会矛盾纠纷日益多样化、复杂化，参与市场的经济主体数量迅猛增加，每一主体所拥有的权益日益丰富，纠纷的骤增势在必然。司法资源的有限性与司法需求产生了剧烈的冲突，有限的司法资源已难以承受案件数量上升所带来的压力。② 这使法院成为解决纠纷的最主要场所，然而，法律程序的复杂性制约着法院迅速而又合法地解决纠纷，从而不可避免地导致司法迟延和案件积压。③ 与此同时，人员编制不足和审判案件数量激增的矛盾凸显，成为制约司法工作发展的又一瓶颈。面对司法资源的严重短缺，国家不可能无限制地增加法院的人力和物力来处理社会纠纷，如果为了提高效率，案件质量必然下降；如果法官为了维持判决的质量，案件处理必然会迟延，回族民

---

① 据有关研究，平均大约 1% 的经济增长，会带动 16% 的案件增长（中国法院网，http: //www. chinacourt. org/。访问日期：2008 年 11 月 21 日）。

② 1990 年，全国法院受理民商事案件 244 万件，至 2000 年增长至 471 万件，2002 和 2003 年，全国法院审结一审民商事案件 8809474 件；至 2003 年 7 月底，虽然进行了集中清理，全国法院仍有未结案件 185 万件；1998 年至 2002 年 5 月间，人民法院执行结案 2962 万件，较上一个 5 年增长 83%（中国法院网，http: //www. chinacourt. org/。访问日期：2008 年 11 月 21 日）。

③ 据了解，1993 年北京市法院一年审判案件 7 万件，到 2004 年已经突破 30 万件。一线法官的年均审判案件由 31 件增加到 167 件。而这 11 年来，全市法官只增加了 99 名。以北京市朝阳区法院为例，继 2004 年创下受案 4.6 万件的纪录后，这家全国受案最多的基层法院 2005 年前 4 个月的受案情况又出现"井喷式"增长。截至 4 月 20 日，该院已受理案件 21747 件，和 2004 年相比提前 21 天达到 2 万件。目前该法院的一线审判人员还不足 200 人，而要审理的案件已经超过某些省全省的案件总量（中国法院网，http: //www. chinacourt. org/。访问日期：2008 年 11 月 21 日）。

间纠纷当事人只能得到"迟来的正义"。而这对回族民间纠纷当事人来说，也是一种"非正义"。纠纷无法迅速得到解决，既不利于及时维护回族民间纠纷当事人的合法权益，同时也会导致法院压力过大，难以发挥其更重要的社会作用。① 通过对临夏市人民法院的调研，初步可以从如下几个方面来对这个问题进行分析：

首先，相对于回族的"自组织"、"准司法的"纠纷解决方式，随着市场经济的发展和血缘、地缘关系的变化，司法在回族社会生活中的地位不断提高，人们通过法律实现自身权利的意识逐步提高。由于司法代表着国家司法权的行使，属于权威性的纠纷解决机制，更具有正统性。在化解社会矛盾与冲突、恢复社会关系与秩序、申张社会正义以及公民权利救济等方面，司法发挥着巨大的作用，对于社会的稳固、发展具有积极意义。但是任何事物内部都存在积极与消极两个方面。司法有其正面效益，也必然地存在负面效益。中国的司法解纷机制所代表的是一种由社会精英分子创造和倡导的知识传统，这样一种被不同程度地西化了的文化与中国本土社会自发生成的知识传统在精神追求、思维模式上具有本质的不同，尤其在少数民族地区司法活动中的作用有着很大的不同。对于回族来说，部分被视为司法在解决回族民间纠纷方面的优势，往往会在基层实践当中变成阻碍国家司法活动发挥更大作用的障碍，而一些被视为国家司法机关在解决回族民间纠纷方面局限性的东西，如基层法官对司法程序的"异化"处理，纠纷解决过程中对民间正义观念和行为规则的主动应用和汲取，可能会在基层实践当中变成促使国家司法机关发挥更大作用的灵活性措施。马克思在论及法律时说道："社会是不以法律为基础的，那是法学家的幻想。相反地，法律应该以社会为基础。法律应该是社会共同的，由一定物质生产条

---

① 据有关资料显示，近年来，人民法院一审判决上诉维持率一直保持在50%左右，除约8%的上诉案件因纠纷当事人撤诉而结案外，其余40%的一审判决被废弃；再审判决维持率持续下降，从1990年的66%降至1999年的26.6%（中国法院网，http://www.chinacourt.org/。访问日期：2008年11月21日）。

件或所产生的利益和需要的表现，而不是单个的个人的恣意横行。"① 还讲道："无论是政治的立法还是市民的立法，都是表明和集中记载经济关系的要求而已。"② 可见，马克思在分析法律的现实时，坚持把法律放在与社会的相互关系中加以考察。法律相对于社会物质条件而言，是第二性的因素，受社会物质条件的制约。司法解纷的优势和局限在广大少数民族地区的基层实践中会体现出一些不同的规律，这一点在回族聚居地区则更为突出。

其次，强调的是国家法律和司法的统一与至高无上的权威。③ 因而，自 20 世纪 80 年代以来，在所谓将一切社会关系统统纳入法治轨道的强大舆论支持下，司法被视为树立司法权威的首要手段，是纠纷解决的正规方式，理由是在法治化的进程中需要优先解决的是规范的法律体系的建立健全。但是，现实的情况并未达到人们的理想状态，相反却处于一种十分尴尬的境地。我们对临夏回族自治州的临夏市进行了社会调查，尤其在农闲月份又分别对干部进行访谈和到临夏州较为落后的社区、村庄进行问卷调查和访谈，共发放调查表 110 份，收回有效问卷 99 份，其中，农村户主 32 份，城镇居民 34 份，个体工商业者 11 份，外出打工返乡的民工 22 份；男59 人，女 40 人；25 岁以下的 25 人，26—35 岁的 26 人，36—50 岁的 34 人，51 岁以上的 14 人；文盲 5 人，小学文化程度的 24 人，中学文化程度的 39 人，大专以上文化程度的 31 人。经过计算机和手工的初步处理，笔者从问卷中获取了较多的第一手数据和材料，这里结合同时收集的访谈材料，以及其他学者的调查研究成果，对基层少数民族群众选择解决纠纷的方式作一介绍。

---

① 《马克思恩格斯全集》第 4 卷，人民出版社 1961 年版，第 291—292 页。

② 马克思：《哲学的贫困》，《马克思恩格斯全集》第 4 卷，人民出版社 1958 年版，第 121—122 页。

③ 在此影响下，国家正式的法律制度开始大规模地进入基层社会，社会实际运行中的观念、习俗和生活方式被看成是旧的、传统的和落后的、必将被取代的东西，竭力主张运用司法的手段解决纠纷。更为重要的是，司法解纷机制将运用"乡土"性的非司法方式解决纠纷视为法律意识淡薄，认为只有选择了司法的方式才是理性的。

（一）关于纠纷解决方式的选择

问卷中设计了以下几个问题："如果你遇到纠纷你会通过何种途径解决？"在列出的六条途径中，排在前三位的分别是：（1）协商和解；（2）调解；（3）向行政部门申诉。向人民法院提起司法诉讼排在最后一位。具体数据如下：（1）主张协商和解的占50%。（2）主张调解的占24%。（3）主张向行政部门申诉的占21%。（4）主张向人民法院提起司法解决的占3%。（5）主张其他方式的占1%。在回答具体的纠纷如何解决时，回族群众的选择与上述数据非常吻合，设计了以下几个问题：一是"发生纠纷（比如有人偷了你家的东西）如何解决？"共有五个选择项：（1）私了；（2）调解；（3）公家；（4）打官司；（5）其他。统计结果只有6.5%的回族群众选择打官司。二是"发生纠纷在什么情况下会去打官司？"92.3%的回族群众都选择在事情比较严重的情况下去打官司。三是"如果纠纷发生在回族群众之间，会怎么办？"只有19.6%的回族群众选择到法院起诉，而60%的人表示要根据纠纷大小采取措施，另外20.4%的人不论纠纷大小都不愿起诉。

（二）关于不同解纷方式的评价

在如何选择纠纷解决方式的"省时"、"省钱"和"公平"三项指标中，设计了三个问题："当您遇到纠纷时，您认为哪种解决方式费时最短？费钱最少？最为公平？能圆满地达到您的要求？"并提供了"打官司、调解、私了"三个选择项。具体统计结果如下：关于何种方式"费时最少"，110人中各有43人（44.1%）选择"调解解决"和"私了"，选择"打官司"的仅占10.2%。关于何种方式"费钱最少"，全部答卷中以主张"调解解决"的为最多，占56%；选择"私了"的次之，占33%；选择"打官司"的占11%。关于"何种方式较为公平"，有47.3%的回族群众选择"打官司"；选择调解解决的占35.2%；而选择"私了"的最低，只占到17.5%。以上数据表明，随着普法运动的推行，回族群众的法律意识逐步增强，打官司这种解纷方式，虽然费时、成本较高并且与民族地区的传统不符，但其公正性却越来越被回族群众首肯。①
当然上述数据也反映出回族群众在纠纷解决方式选择上的矛盾心
态，即在低廉的司法成本选择与公正的结果追求上存在着冲突。

二 关于司法解纷局限性原因的认识

关于纠纷解决方式选择的原因，回族民间纠纷当事人采取的是
典型的实用主义逻辑。概括起来，哪种方式对其更有效用、成本更
低、更快捷，就会被选择，即行动选择的关键在于，是否行之有
效。司法是一种复杂的社会现象，是否被广泛适用取决于一个社会
的司法制度和人的行为取向，并与该社会的历史传统、文化和社会
成员的心理、生活方式密切相关。

（一）传统文化背景因素

"厌讼"并追求和谐融洽的人际关系在中国有深远的历史渊源。
"讼，则终凶。"② 孔子说："听讼，吾犹人也。必也使无讼乎。"③
争讼是人所不齿的事，法律是用于平息争讼的"必要的邪恶"。
"天之道，春暖以生，夏暑以养，秋凉以杀，冬寒以藏，暖暑清寒，
异气而同功，皆天之所成岁也。"④ 也就是说，天地万物一切都是和
谐有秩序、有规则的。四季寒暑交替、昼夜阴晴变化要求人间顺应
自然，以求得人与自然的和谐，人与人的和谐。当人与人之间，人
与社会之间产生冲突和对立导致人与人之间出现权利义务争端时，
"和为贵"作为解决争端的原则受到人们的信仰和推崇。在这一思
想的指导下，历代统治者无不将无讼作为其追求法律秩序的最高目
标，法律严格限制司法案件范围，比如，元朝《至元新格》规定：
"诸论诉婚姻、家财、田宅、债负，若不系违法重事，并听社长以

---

① 从总体上看，回族群众在面对各种纠纷面前，选择"打官司"的比例较低。司法往往
是在其他纠纷解决方式不能解决的情况下才会作出的选择。从我们的调查来看，选择司法解决
纠纷大多数是在万般无奈的情形下进行的，诸如"一元钱的官司"之类的官司很少。
② 《周易》。
③ 杨伯峻：《论语译注》，中华书局1980年版，第128页。
④ 董仲舒：《春秋繁露·四时之副》。

量谕解，免使妨废农务，烦挠官司。"① 各级地方官吏也以减少司法为己任，社会舆论也总是对那些致力于息讼的地方官进行表彰，把无讼视为社会清明的表现，也是中国古代社会制度和社会现象成长的土壤，这样的土壤条件亦造就了中国基层社会纠纷解决的特有机制，并使其绵延至今。② 以血缘和伦理为基础的"熟人社会"，决定了生活在同一土地上的人们彼此间长远的利益关系。回族群众与汉族之间"大杂居"、"小聚居"的社会生活特点则更具备了这一特征。回族群众生活场所的熟人社会基础与"和为贵"的精神决定了在相互间发生纠纷以后，一是要尽快地恢复原有的和谐，二是要考虑彼此间的长远利益。在回族群众的乡土社会里，在纠纷解决中普遍存在着一种儒家的中庸情结。传统是一种无法逃避的巨大的知识存在，总是以潜移默化的方式发挥着作用。时至今日，这些观念还在深深地影响着回族群众。现代司法制度在复杂和市场化程度比较高的城市地区，尽管有较大的优势和发挥作用的空间，但在回族民族地区则有较大的局限性。法律的执行离不开地域，特别是随着市场经济的发展，由于相对落后的回族地区仍沿袭落后简单的经济关系，因而往往对法律的要求就比较简单。回族民间社会中现存的风俗、习惯和道德原则或规则就能满足他们的解纷需要。当发生纠纷时，民间现存的非正式的纠纷解决方式足以应付，而且还更容易得到回族群众的认可和支持。

（二）解纷成本因素

司法在一定意义上可以被看作是受到了预期与结果控制的"冒险"行为。③ 从某种情况看，回族民间纠纷当事人都是追求自身利

① 《至元新格》系元朝的第一部成文法典。

② 在传统的基层社会，人们普遍有一种心理即总是避开法庭，对他们而言，牵涉到一项司法诉讼中去，本身就是一件不光彩的事。体面的人都以自己一生从未进过衙门而自豪。而且中国的文明形态主要属农耕文明，土地的不动产性质使人们世世代代以土地为依托而形成了稳固的人际关系。

③ 司法过程中各主体所付出的成本投入同主体从司法裁决结果中所获得的预期收益之间的距离，决定着纠纷主体对解纷途径的行为选择，这样，司法成本与司法效益之间的关系就决定了司法的基本价值。

益最大化的"经济人",依据对成本与收益的计算来决定采取利益最大化的行动。面对解决纠纷的多种方式,回族民间纠纷当事人在决定采取何种方式解决纠纷时都会进行一番比较,最终会选择能使其投入最小、利益最大化的那种方式。一般说来,回族民间纠纷当事人重视的是案件审理的实体结果,重视的是诸如判了几年,或赔了多少钱这样的问题,而不大关心这种结果的程序性问题。这种来自司法双方的预期也往往促使法官力求判决结果使双方都满意,因此,除了程序(如回避)会引发对判决本身的合法性之质疑外,一般是不重要的或者是可以变通的。① 程序的复杂程度与成本的付出一般是成正比的,这种负担即为司法之成本,这是以司法方式解决纠纷所不可避免的。在对一起回族民间关于相邻权纠纷案件的研究发现,从案件的起诉到法院审理,回族民间纠纷当事人支付法院的正式司法费为150元,交给律师事务所的费用为450元,而吃喝、烟酒及车马费等用去2550元,合计3150元,这里不包括回族民间纠纷当事人的误工损失,而案件在笔者调查时尚未终结。司法是一种昂贵的纠纷解决方式,让所有的纠纷都通过司法来解决是不现实的,大多数的纠纷通过裁判以外的方式加以解决的事实依然是不会改变的。正是因为司法成本的高昂和迟延,回族群众在遇到纠纷时司法往往不是首选的途径。日本法学家棚濑孝雄说过:"无论审判能够怎样完美地实现正义,如果付出的代价过于昂贵,则人们往往只能放弃通过审判来实现正义的希望。"② 迟到的正义不是正义,代价过于昂贵的正义当然也不是正义。

(三)关于立法技术性因素的认识

一般地,中国的法律是在借鉴域外成熟法律的基础上制定

---

① 当一个国家正式写在文本上的法律不符合老百姓预期的时候,老百姓就会寻找其他途径来解决纠纷。老百姓在纠纷面前规避国家法律并寻求其他方式解决纠纷,反映了现行法律制度未能为老百姓建立合理的预期,存在着交易费用过高的问题(参见沈恒斌《努力构建多元化纠纷解决机制》,《中国司法》2004年第9期)。

② [日]棚濑孝雄:《纠纷的解决与审判制度》,王亚新译,中国政法大学出版社1994年版,第70页。

的，在国家法的创制过程中虽然也考虑了中国的具体国情，由于这些域外法律文案所传达的信息是有限的，其制订大多建立于城市社会和市民生活之上，而较少涉及农村社会和少数民族生活，因此，制定后常常执行不力。① 对于我们移植或者说参考的域外先进法治理念——现代法律在他们那里很大程度上主要适用于城市的陌生人社会，但由于中国特殊国情条件下的社会和文化方面的原因，已制定的并被立法者寄予很大希望的现代法律及其相关的制度很难进入中国的少数民族社会，或者说在这样的社会中难以有效运作。在很多情况下，国家制定法所代表的是一系列为法律执行者或适用者所不熟悉的知识和规则，与回族社会对纠纷的判断逻辑并不一致，因此也很难满足回族民间纠纷当事人的要求。结果导致回族群众往往规避法律或者干脆按照习俗行事，而不管是否合法，这样便形成了回族社会中多种文化和多重秩序并存的解决纠纷途径的多元格局。② 制定法是一套由概念和规则交织复合而成的逻辑系统，复杂、多变的社会纠纷不可能与之完全吻合，将已用文字固定的法律用于产生于不同文化背景中的回族纠纷事实，回族民间纠纷当事人就必须把事实梳理清晰，并需要证据证明。当所有的纠纷都应用这种普适的合理性的时候，只能得到一种纠纷处理的近似合理性，因为，法律并非按照个案进行修订的，未必就制定得尽善尽美。

（四）关于对司法解纷的认可性因素

法律程序的实质是管理和决定的固定化，其一切设计是为了限制纠纷裁判者恣意、专断的裁判。在回族民间纠纷的解决中，由于多数纠纷都与社会的风俗、习惯以及道德观念存在着密切的

---

① 这主要是由于国家正式的制定法缺乏坚实的社会基础和固有的传统文化支撑，其次也没有进行充分的国情调研，使国家法的不适应和司法过程的不经济无法满足基层群众当初的预期，甚至给他们带来意想不到的麻烦，损害了他们的利益。

② 事实上，基层法院为了达到国家制定法的实际效能，法官在制定法对回族民间纠纷的实际运作中不得不广泛运用回族社会固有的习惯、规矩、礼仪、人情面子机制和摆事实、讲道理这样的普通群众日常解纷技术。只有这样才能获得回族群众的认可。

关系，纠纷的解决离不开习俗惯例。若简单地在回族地区严格贯彻执行所谓的体现了理性要求的做法，可能会适得其反。权威性的解纷方式的优势性也会因此受到包括回族民间纠纷当事人在内的民间社会，甚至基层司法机关的消极适用。在某种情况下，司法解纷可能并未实现立法者的预期反而损害了诉求者的利益。① 回族群众对于法治认可的最终确立依赖于法治的被动接受。法治认可的确立，既离不开立法者、司法者以及其他职业法律家的良好的社会信誉，也离不开一般人对法治秩序的自觉遵守。然而，现实法治模式自身的欠缺与法治实践中所出现的问题使得建立法治认可的力度有限，有的法官作出错误的裁决，或者由于认识水平的问题，在案件的事实认定上、法律适用上不恰当。虽然法律有案件审理期限的规定，但有的案件是应当尽快解决的却拖到审限的最后，或者不符合条件的也办理审限延长手续；有的案件须多次鉴定，导致回族民间纠纷当事人的权利难以及时实现。执行难使回族民间纠纷当事人的权利实现大打折扣。当然，现在诉讼至法院的案件，其疑难复杂性比以前增加，法官审理案件的难度加大，法律适用困难，这也是造成矛盾的重要原因。② 不愿意选择司法解纷现象客观存在的背后正是法治认可危机在一定程度上的存在。

三 司法在回族民间纠纷解决中的定位

司法的解决纠纷作用存在于任何形态的司法活动中。法院的核

---

① 在具体案件中，形式的正义并不必然带来实质的正义，坚持依法办事未必能够事事都达到正义的结果，这是由于司法只关心权利义务的法定界限，往往排除了本来应该从纠纷的背景以及回族民间纠纷当事人的关系等纠纷整体出发寻找与具体情况相符合的恰当解决方式这一可能性，而且，由于强调权利绝对的排他的归属，所谓依法的判决常常导致回族民间纠纷当事人之间发生不必要的感情对立，引起回族民间纠纷当事人之间的长期不和。

② 此外，由于一部分司法人员整体素质不高，工作效率较低，有的司法人员在办案过程中吃拿卡要，甚至徇私枉法、钱权交易，使司法难以摆脱腐败恶名的阴影，造成断案不公，不能赢得回族民间纠纷当事人的信赖。这就使回族民间纠纷当事人积极通过法律程序以保护权益、伸张正义的热情大打折扣。

心价值在于其恢复社会秩序的作用。纠纷的存在意味着社会秩序的混乱，人们将纠纷交由法院的目的是解决纠纷，但权力机关是寻求社会秩序的恢复。司法在社会生活中处于重要地位，尤其是面对中国社会结构的变迁，司法的地位需要有重大的转变。随着当代司法权的社会作用的不断提高，司法作用的重心正在从纠纷解决向参与社会安定利益和价值的调整，即参与决策的方向调整。日本法学家棚懒孝雄曾经说过，审判制度的首要任务就是纠纷的解决。① 卢埃林也曾深刻地指出，解决争端是法院最为重要的职能，并始终为其他作用的实施创造条件。② 通过司法机制解决纠纷并非人类社会最早的或唯一的解决方式，每一个社会都通过理性渐进的方式形成了多元的纠纷处理系统。但作为最典型的运用国家公权力解决纠纷的方式，司法在现代法律社会纠纷解决机制中往往占据着正统的地位，并影响着其他的纠纷解决模式。纠纷解决的各种方式传达出人们对纠纷实体处理的预期，使社会最基本的价值观在纠纷解决过程中被揭示出来。因此，解决纠纷是司法制度的普遍特征，也是其他作用发挥的先决条件。

"裁判是一种很奢侈的纠纷解决方式，故欲让所有的民事纠纷都通过裁判来解决的想法是不现实的。即使无视现实的制约而大肆鼓吹裁判万能论，但大多数纠纷通过裁判以外方式加以解决的事实依然是不会改变的。如果无视必须要对裁判解决方式在量上进行明显限制以尽可能地抑制其甚至是几个百分点增长这一现实，那么就会忽视使自主性纠纷解决方式向合理化方向发展所做的努力，从而形成纠纷解决的整体水平长期在低迷中徘徊的局面。"③ 司法纠纷解决方式的不足恰恰为各种准司法纠纷解决方式

———————————

① ［日］棚濑孝雄：《纠纷的解决与审判制度》，王亚新译，中国政法大学出版社1994年版，第70页。

② ［美］卢埃林：《普通法传统》，中国政法大学出版社2002年版，第178页。

③ ［日］小岛武司：《诉讼外纠纷解决法》，中国政法大学出版社1995年版，第35页，

发挥作用留下了广阔的空间。司法在现代回族民间纠纷解决系统中处于主导地位，司法审判代表着国家司法权的行使，属于一种公共性的纠纷解决机制。相对于其他纠纷解决方式，它更具有权威性。在司法中法院是实现回族群众社会正义的最高权力机关，通过司法程序和法院判决解决纠纷是现代社会所不可或缺的，也是司法的基本作用。然而，司法作为一种特殊的纠纷解决方式，亦不可避免地存在着固有的弊端，司法所面临的沉重压力已经是一个客观事实。这些矛盾的存在，在很大程度上限制了司法作为回族群众民间纠纷解决手段的作用和效果。一个正常的社会对司法的支持和投入总是有限度的，而纠纷与日俱增的态势使得司法机制的作用性障碍愈显突出，纠纷解决路径的不畅已经开始危及司法的权威，迫使司法改革势在必行。

当前随着市场经济的不断发展，改革的逐步深化，社会利益格局的重新调整，以及人们需求的多样化和法制意识的不断增强，司法在维护稳定、定纷止争中的地位和作用日益凸显。在司法与准司法解决方式的作用严重失衡，司法解决体系具有局限性的现实情况下，去除将权利意识等同于司法意识的偏见，实现司法内外的纠纷解决体系的作用相济、有机衔接与整合，将成为稳定社会发展、建立和谐社会秩序的必然。① 当前，应当对司法在纠纷解决体系中的作用进行重新定位。司法在解决纠纷中所做的贡献不完全等同于根据判决来解决纠纷，司法不仅可以传递裁决纠纷的规则信息，也可传递有关可能的救济程序、确定性和成本的信息。通过适用法律规则彰显程序的公平正义，而且要以纠纷妥善解决为立足点，为回族民间纠纷当事人适用司法调解、自行和解、选择仲裁等非司法纠纷解决体系提供条件。还可以向回族民间纠纷当事人传递纠纷可以通

---

① 完善纠纷解决体系，将从体系上赋予回族民间纠纷当事人在纠纷解决方面更广泛的程序选择权，从法律上保护回族民间纠纷当事人对程序或实体权益的处分。这不仅是妥善解决纠纷，节约社会资源的需要，同时也意味着国家对公民基本自由的尊重，以及对公民权利的多途径、多层次保障。

过非司法解决体系得到公正解决的信息，强化社会公众采取准司法程序解决纠纷的意识和观念，充分发挥司法对准司法解决体系解决社会纠纷作用的促进和保障作用。①

---

① 这主要体现在案件审理中，首先要着力提高准司法纠纷解决方式的社会公信力，包括：充分肯定调解协议民事法律行为的效力；强化劳动仲裁作为"初审"的裁判作用；严格遵循对司法外具有执行力的法律文书裁定不予执行的审查程序；创制合意判决制度，在审理涉及准司法纠纷解决方式的案件时，对双方自愿达成且无实质性争议的结果直接作为判决的基础，通过判决的形式赋予其强制执行力。其次在司法外纠纷解决体系中引入督促程序。再次可以推行司法前先行调解制度。最后当涉及准司法纠纷解决方式的案件不能通过先行调解的方式予以结案时，可以考虑扩大简易程序的适用范围。另外，要充分发挥司法建议的作用，加强司法与准司法纠纷解决方式的衔接。

第三章

准 司 法 层 级

第一节　准司法的结构

司法较之于准司法，有相对严格的程序限制，① 而准司法②则不然，不仅解纷程序没有严格的固定规则，而且当事人一方如果不愿意继续进行调处，可以立即终止解纷。准司法解纷程序的共同特点是都有解决纠纷的居中者，属于对争议的非权威解决方式，不过，准司法解纷程序有别于司法，司法是有第三者介入状况下的双方交涉，准司法是在交涉基础上的居中者判断。当然，准司法相对于司法而言，更注重对争议主体意志的尊重，争议主体享有更大的程序选择权。而司法过程中法院作出的明晰双方争议是非曲直的判决，会使当事人在诉讼后保持某种和谐人际关系的可能性大大减少。

一　准司法解纷结构的基本内涵

从形式上看，准司法与司法都是执行法律的个别化的或具体化的行为，统一于广义的执法活动。但是，司法是实现国家正常秩序

---

① 例如，当事人不能以协议排除某些程序规则的适用；当事人不得单方随意改变或终止程序；在司法审理程序中，一方当事人拒不到庭，法庭可以根据规则或双方当事人的事先约定，进行缺席审理，并作出裁决。该裁决能够由法院强制执行。

② 本书所指准司法，界定为人民调解和政府职能部门及其派出机构对于纠纷的调处。

恢复目的的直接活动，而准司法是实现国家秩序维护目的的间接活动。① 准司法与司法的内涵一样，都表现出人们努力用相对滞后的规范来适应新问题，从而恢复社会秩序。准司法具备下述特点：

一是准司法的独立性。准司法的独立性使之区别于行政管理的从属性。在行政管理系列中，上级对下级有发布指令、决定之权，下级对上级则有服从的义务，其权限受上级机构的制约。准司法的解决纠纷组织只服从纠纷解决的要求，不受上级行政管理机构对其业务的干涉。准司法的任务主要是解决公民之间的法律争执，消除社会冲突和社会紧张关系。在功能上，准司法负责部分由纠纷导致的社会紧张关系的去除，同时也有效地维护当事人的尊严。

二是准司法的被动性。司法活动的惯常机制是被动的，虽然准司法程序的启动也离不开权利人或特定机构的提请或诉求，但这样做，可以使准司法解纷区别于主动实施管理、调查或处罚等职务行为的行政机构。在个别情况下，准司法的这种解决纠纷途径也并非不能主动启动运行程序，因为这与行使准司法权的性质相符。

三是准司法的普遍性。准司法是司法与社会生活的纽带和中介环节，连接着法律与社会生活中的纠纷与争议。准司法的过程是运用规则适用于个案的过程，纠纷的准司法解决意味着个别性事件获得解决。准司法管辖的范围是所有公民，是管辖范围最广泛的解纷机构，任何公民都有资格向准司法解纷机构申请对某一纠纷作出裁决，并且，准司法解决纠纷的公信力赋予了准司法以超越于其他解纷方式的普遍性效果。

四是准司法的多方参与性。准司法尽管是国家权力的运作行为，但是准司法权毕竟是一种以消极的、被动的权利行使为主的解纷形式，准司法过程离不开多方当事人的参与，需要各方的协商、

---

① 准司法的纠纷解决者所应做的是：排查矛盾、纠纷，站在中立者立场，受理争议双方所提出的控告、请求，并根据相对方的申辩，依照法律或法规，对纠纷作出判断。准司法权在某种意义上就是判断权，是对有关一方提交事项所作出的回应。准司法者离开中立立场，僭越准司法权限，就会丧失准司法所固有的要求。

交涉、辩论。准司法者所作的裁判，必须是在有关各方参与下，通过提出证据并进行理性说服和辩论，以此为基础促进裁判的制作，其本身的特质，要求准司法解纷程序的设置应当严格按照有别于行政行为的方式进行。①

司法救济是权利主体请求国家权力介入纷争的解纷程序，准司法与司法存在诸多方面的相似性，不过它依靠社会力量而非国家权力解决纠纷，故也称其为"类司法程序"，如调解等，也即本书所指的准司法。在准司法程序中，社区调解与行政调解是最典型的解纷方式，具有实体正义的外观，同时社区调解与行政调解也包含着处分权利的自由。准司法的社区调解与行政调解具有三个特点：其一，在调解程序中，双方通常选择一个彼此都能接受的第三方；其二，第三方并不完全运用现有的法律规范来解决双方的纠纷，而是对纠纷双方提出的观点策划一种妥协与和解的办法；其三，调解人力图提出明智的、纠纷双方都能接受的解纷建议，避免使双方中任何一方认为这一建议是完全错误的，并使双方都对结果感到满意。社区调解与行政调解一般是非对抗性的，并且没有严格的程序限制。由程序不确定性所最后导致的争议的解决也可能不成功，但能促成争议问题的明晰化，这对随后的司法解决争议是有帮助的，但在此过程中，调解人无权作出有约束力的裁决。

二 回族民间纠纷当事人的参与

准司法的纠纷解决是纠纷的回族双方当事人围绕所达成的纠纷解决协议进行讨价还价的过程，准司法的纠纷解决结果不仅依赖于某一方当事人自己的抉择和机会，而且依赖于其他参加者的抉择。每一个参加人都希望预测其他参加人的可能选择，以确定自己的最佳对策。如果回族普通民间纠纷当事人，他们在准司法的纠纷解决中让与对方

---

① 如果准司法遵循着与司法相同的运作规律，则这种准司法实质上为司法行为，因而难以获得准司法所特有的优势。

的利益属于自己可承受的范围，或者让步使自己承担的费用支出可能小于判决后自己承担的费用支出，那么当事人达成准司法的纠纷解决协议的可能性就比较大。如果当事人的上述成本超过了自己可承受的范围或可以预期的审判和执行成本，那么该当事人就可能采取不选取准司法的纠纷解决方案。但是，当事人往往并不明确对策成本的大小，而无从据此来加以判断并作出最佳选择，因为要形成一个有利于自己的纠纷解决方案，各方当事人就要力求预测对方当事人在准司法的纠纷解决中会有多少让步。因此，纠纷解决者通过促使回族普通民间纠纷双方当事人的证据互换，促使回族普通民间纠纷双方当事人明确各自在纠纷中的责任。如果回族当事人双方在纠纷发生之前保持着比较好的关系，若纠纷进入司法解决程序，一方胜诉虽然能够获得预期利益，但回族双方的和谐人际关系可能会因此而破裂。此时当事人可能宁愿选择准司法的纠纷解决，放弃部分权利以有利于将来彼此的长期和睦相处。由此看来，回族当事人所处的人际关系环境对于纠纷解决方式选择有着重要的影响。

问卷数据显示：回族群众职业与找准司法解纷机构解决纠纷具有相关性。如下图：

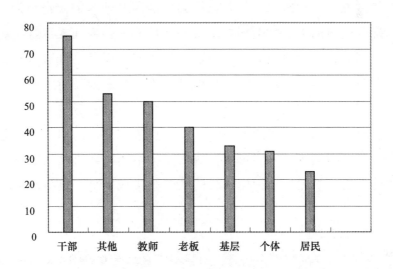

其相关性从高到低顺序依次是：行政干部、其他职业者、教师、企业老板、基层干部、个体工商户、普通居民。也就是说，在找准司法解纷机构解决纠纷上，行政干部的可能性最大，而普通居民选择准司法解纷机构解决纠纷的可能性最小，其他依次如图所示。据访谈，行政干部选择准司法解纷机构解决纠纷主要是基于在工作上的伙伴关系和解纷优势，而居民之所以不愿选择准司法解纷机构解决纠纷主要基于认为政府部门不好打交道；不愿意将纠纷范围扩大，尽可能将事态控制在一定范围内；或认为行政干预不光彩等。

一个理性的人在行为之前会预先作成本分析。当某人权益遭到他人侵害时，则根据成本分析的结果来选择最优化的维权方式。社会中人与人之间的联系程度和融合程度对于纠纷解决方式选择的影响也是通过利益的比较显现出来的。对熟人社会与陌生人社会加以比较，可以得出前者更适宜准司法的纠纷解决的结论。因为在熟人社会中，回族普通民间纠纷当事人的司法纠纷解决成本较高，除了司法的纠纷解决本身的成本之外，还包括其他一些利益的丧失。①究其原因，受儒家教义的影响自然是其中的一个方面。而且，起诉者的行为通常会招致巨大的舆论压力，会因其他人的谴责而使其与整个熟人群体的关系渐渐疏远，最终使他陷入孤立而无法继续生活下去。因此，处于熟人群体之中这个事实本身就是一种极具价值的利益，对于群体里的每一个人来说都有着十分重要的意义。选择解决纠纷方式的失败会导致当事人丧失这个群体，其成本对一般人来说是难以承受的。与司法的纠纷解决相比，准司法的纠纷解决是一种较为和缓的做法，人们可以普遍接受，不会对熟人关系的维系造成大的冲击，因而是一种比司法的纠纷解决成本低、效益高的纠纷

---

① 从成本分析的角度来分析可以发现，中国人是以自己的利益为出发点的，而不是以司法解纷本身的道德或价值评价为出发点放弃诉讼的，在熟人的有限空间范围内，司法解纷往往是纠纷双方矛盾极端化的表现。

解决方式，为熟人社会的人们所首选，而且成功率很高。① 在现代中国，随着市场经济的深入发展，人口的流动性逐步加强，人们对自己所处的人际环境的依赖性也慢慢减弱，个别化生存状态日渐普及，像传统中国乡村那种纯粹的熟人社会也似不多见。但是，不同的空间范围和地域，社会发展的状况是不同的。城市大致属于陌生人社会，而农村或者少数民族地区，熟人社会的因素则要多一些。因而在不同地区准司法纠纷解决途径的利用状况和具体运作方式均有所不同。

三　纠纷解决者

纠纷解决者在协助当事人解决纠纷过程中发挥着积极作用，由于准司法的纠纷解决的结果是回族普通民间纠纷双方当事人实体利益的相互妥协，因而准司法的纠纷解决过程就类似于在纠纷解决者主持下进行的利益交涉过程。纠纷解决者在此过程中的作用可强可弱，其作用越弱，准司法的纠纷解决结果就越接近于契约性质，当事人的协议就越易执行。如果纠纷解决者的作用较强，如向当事人施加压力迫使其接受准司法的纠纷解决方案，则准司法的纠纷解决结果就带有浓厚的强制性，协议不易达成和执行。但是，只要当事人权利处分对于准司法的纠纷解决来说是必不可少的要素，纠纷解决者的正当性就最终取决于纠纷解决的权利处分性质。在现实的纠纷解决中，纠纷解决者受多种因素的影响，其解决纠纷的具体方法会有差异性。例如，在准司法的纠纷解决中，纠纷解决者既可以积极地寻求符合正义的解决方案，促使纠纷早日解决，也可以消极地等待当事人在自由的讨价还价基础上形成协议。下图是回族群众选择准司法纠纷解决者满意程度的调查：

---

① 与中国传统的"熟人社会"相反的是，在陌生人社会，人员的流动非常频繁，人们之间的交往关系尤其是占主导地位的商品交换关系往往是一种匿名关系，只要服从一般的规则，任何交易均可完成。因而纠纷的解决更侧重于保持游戏规则的普遍性和明确性，人们之间关系的维系不再是体现重要利益的因素。

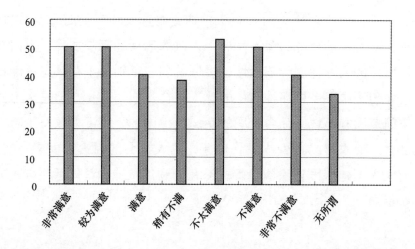

与司法的纠纷解决相比较，在准司法条件下的纠纷解决者具备如下特征：一是效率。司法的纠纷解决必须严格地按照司法的纠纷解决程序进行，从开庭前准备、庭上的法庭调查、法庭辩论到判决的作出，每一个环节都是以一定的时间作保障的。与之相对照的是，准司法的纠纷解决在程序上则比较灵活，纠纷解决者无须像判决一样查明案件的每一个事实和情节，从而节省了举证、质证和认证的时间。[①] 纠纷解决者以纠纷解决协议的达成为终结。准司法的纠纷解决协议以当事人签字生效，对于一个简单的民事纠纷，也许只需较短的时间即可终结。二是成本。因为准司法解决纠纷可以使纠纷解决者避免司法纠纷解决中的许多繁琐程序要求。[②] 同样的案件，准司法的协议书只需简单记录和签字，这样就省去了法院送达的程序，而判决书就要详细论证和执行。准司法解决纠纷不仅程序

---

① 目前中国大多数法院的最大难题就是案件压力大，司法的纠纷解决周期长，无疑，准司法的纠纷解决可以满足回族普通民间纠纷当事人对高效率的追求。

② 例如，准司法协议书的制作比起判决书的制作要省事得多，判决书既要写明案由、诉讼请求、争议的事实和理由，又要阐述证据取舍的理由，说明所认定的事实及其性质，论证案件所适用的法律依据等。而准司法的协议书只需简单地写明纠纷解决请求、案件的事实和纠纷解决结果。

简单，而且更容易形成最终的协议。① 因而，在上述纠纷本身争议性很大的情况下，要作出正确而有信服力的判决并非一件易事，相比之下，如果采用准司法的纠纷解决方式解决纠纷，问题就简单得多。三是准司法的纠纷解决比司法的纠纷解决风险小。② 如果选择司法解决纠纷，若回族当事人对司法的裁决不服提出上诉，那么案件就存在着被改判或发回重审的可能。运用准司法解决回族民间纠纷可以使双方当事人避免因上诉、改判、发回重审而招致的利益贬损。而且，对准司法的纠纷解决结果当事人反悔的可能性也小。四是准司法解决纠纷有利于裁判结果的执行。准司法通过当事人自愿达成的协议来解决纠纷，即准司法解决纠纷的后果是当事人自愿接受的，因而协议大多能得到自觉履行，而不必像司法一样采取强制执行的方法。准司法解决纠纷这样一种省时、省力、高效率的纠纷解决方式，可以缓解目前中国民事司法的纠纷解决急剧增长与法院办案人员不足之间的矛盾，尤其是通过准司法的纠纷解决，可以极大地减轻法院的压力。

四　影响准司法协议达成的因素

在准司法的纠纷解决的过程中，纠纷解决者发挥一定的积极作用以促成当事人之间形成协议，是准司法的纠纷解决充分发挥其功能的一个基础。③ 一般来说，准司法的纠纷解决者在回族普通民间纠纷当事人协议形成过程中的功能是帮助当事者沟通意思表达，调整回族普通民间纠纷双方对纠纷认识的差距。包括传递或提供信

---

① 这一点在以下几种情形中尤为明显：（1）由于法律的立法技术原因，有些回族普通民间纠纷缺乏可以直接适用的法律规范；（2）对于某些纠纷，由于法律只作了原则性的规定，个别回族普通民间纠纷的司法解决对案件的判断缺乏具体明确的依据；（3）某些纠纷的基本事实由于案情复杂而很难加以认定，而且，举证责任的分配也不十分清晰，这令司法的纠纷解决者很难作出明晰权益的判决。

② 虽然目前准司法的纠纷解决率已不再是考核评价纠纷解决者业务和素质的指标，但是准司法纠纷解决的低风险性对于回族民间纠纷双方来讲仍是一个颇具吸引力的因素。

③ 这同时也表明，在回族民间纠纷当事人将纠纷提交给第三人加以解决，就已经表明该纠纷当事人之间通过自行交涉达成合意的工作已经不成功，或者已经预见了这种努力的失败。

息，疏通回族普通民间纠纷双方的意思，提供对话的场合及渠道等。在有些情况下，纠纷解决者只要发挥了这些功能就足以帮助当事者达成协议，使纠纷得到终结。对于较消极的纠纷解决者，即使协议不成也有可能仅仅停留在这个阶段上。但更多的情形是纠纷解决者对回族双方当事人主张的合理性作出判断，并向当事人提示可能为其接受的准司法纠纷解决方案。在前述工作基础上，对准司法纠纷解决的依据进行评价。在这个过程中，纠纷解决者的评价和准司法的纠纷解决方案的提示并不一定以法律规范为基准，社会常识、法律规范、纠纷本身的事实关系、当事人潜在的利益要求等都会成为纠纷解决者促使协议达成而援用的依据。如果回族民间纠纷当事人接受了纠纷解决者所提示的方案，协议即可在此基础上达成。

准司法的纠纷解决协议的最终达成取决于多方面的因素。如果方案被当事人所拒绝，纠纷解决者就有可能动员自己直接或间接掌握的资源①来向当事人施加压力使其接受。在准司法纠纷解决协议的形成过程中，纠纷解决者既可以采取消极的观望态度，又可以通过积极的努力诱导协议的形成，甚至还可能以一定的压力促成协议。在有些情况下，为了使当事人能真正通过协议解决纠纷，有效地促成协议，协议形成中纠纷解决者的作用总处在两难境地当中。纠纷解决者又必须发挥主导的作用。这同时也反映了现代法制社会中准司法的纠纷解决制度既要通过协议解决纠纷，又要求权威介入纠纷以获得正确妥当的解决。因而纠纷解决者总处在这两种矛盾的漩涡之中。所以，既要保障回族当事人协议的合理性与合法性，又要使准司法的纠纷解决因纠纷解决者的积极作用而获得成功，其关键的问题就在于在这二者之间寻求一个恰当的平衡点。但是，对不同类型的纠纷，协议形成的可能性大小是不同的。因为准司法的纠纷解决并不是适合于所有纠纷的或

---

① 发挥强制功能的纠纷解决者能够利用的资源有：作为判断依据的妥当性；纠纷处理机关的权威性；来自于社会的压力等。

者所有当事人都愿意选择的纠纷解决方式。①协议能否顺利达成，纠纷解决者的作用是一个关键因素。

在准司法的纠纷解决中，每一个环节的缺失都有可能造成对协议形成机制的障碍。② 由于纠纷解决者往往需要不断地调整自己的定位以达到相对的平衡，这取决于纠纷解决者的经验和技巧，同时，也受到来自当事人方面的影响。在一般情况下，纠纷解决者总是根据当事人在准司法的纠纷解决过程中的反应来调整自己的策略并作用于当事人的，当事人也会在纠纷解决者的作用下不断调整自己的看法并将其反馈于纠纷解决者。只有保持回族普通民间纠纷双方当事人之间以及与纠纷解决者之间链条的连贯性与协调性，协议才能达成。从这样的观点出发，纠纷解决者一旦基于回族共同体的价值观以及回族当事人之间的关系等因素确定一个解决纠纷的方案，就会通过反复的道德说教使当事人在无形的压力中予以接受，回族当事人有时可能被要求作出从法定权利的角度看完全是无原则的让步。但是，这样做的结果或许抑制了当事人的权利主张，准司法的纠纷解决即使成功也不过是其内心并不情愿的让步。纠纷解决者在准司法的纠纷解决过程中的具体方式运用，使得准司法的纠纷解决机制的灵活性得以体现。从某种程度上可以说，有效地避免协

---

① 在某些情况下，如果纠纷是由于回族普通民间纠纷双方的信息不通而造成的，准司法的纠纷解决就会发挥作用；如果回族普通民间纠纷双方在纠纷解决过程中都企图使对方放弃自己的利益，那么准司法的纠纷解决往往无济于事。

② 这种障碍表现为如下几种情形：（1）协议形成的复杂性。如果回族普通民间纠纷中的当事人双方的利益主张针锋相对，而纠纷解决者却仅仅充当着一个调解者的角色，这种情况的协议形成主要依赖于当事人之间进行对话的努力。因此，这可能导致的结果是，或者准司法调解协议达成变得复杂化，使最终协议达成因所付出的成本代价过高而使准司法的纠纷解决异化为一种低效率的纠纷解决程序。在个别情况下，使回族普通民间纠纷当事人一方或双方对旷日持久的交涉失去了耐心，使对话的努力以失败而告终。（2）协议形成的过程性。在有些纠纷中，回族普通民间纠纷双方由于社会地位，经济实力相差悬殊，寻求协议的对话很难在平等的基础上展开，因而不能理性地控制协议的内容，在位阶上占优势的强有力的一方随心所欲地把自己的意思强加于对方。但是，解决结果协议的形成只有在当事者的意思渗透到解决过程和结果的一切方面才具有真正的合理性。（3）协议形成的让渡性。准司法的纠纷解决者通常认为回族当事人之间纠纷解决协议的形成，在他们看来就不单单是在解决纠纷这一点上的意思一致，而且还意味着消除对立并恢复友好关系。

议形成的障碍性因素，需要在纠纷解决者的影响力与当事人自愿之间寻求平衡。而要实现这种平衡，除制度因素外，纠纷解决者的经验及准司法的纠纷解决技巧也是重要的因素。

五 社区人民调解的实证分析

调解①是当事人在发生纠纷时，自愿由中立的第三方居中调停，使当事人对所争议的问题达成共识与和解，最终解决矛盾和争议的制度。关于调解制度的研究成果已难计其数，但这些研究多比较关注民间法意义上的调解与诉讼内的法院调解。社区人民调解的解决纠纷制度是中国司法制度的一种特有形式，随着中国城市社区的建立和政府对其的培育发展，社区的作用日益增强，其日常管理和解纷功能也日益突出。作为回族和谐社区建设内容之一的社区人民调解解纷制度是回族民间纠纷进入法院诉讼程序前的筛选，因而社区人民调解不但是国家正式制定法律调整社会关系的有机组成，还应当是对纠纷当事人在寻求司法救济实现社会正义前对于纠纷的一种"筛选"。本节的研究重点在于对回族社区人民调解制度的探讨，在对回族社区人民调解制度进行民族学分析的基础上，阐述回族社区人民调解制度对于建构和谐回族社区中的特殊作用，并就社区人民调解制度解决回族民间纠纷的完善问题做一探讨。

制度既是一种与社区相关联的社会现象，也是一种社会规范，

---

① 其中最具典型性的是山东省陵县司法调解中心，调解中心是由乡镇党委和政府统一领导，以司法行政为主体，吸收土管、经管、计生等多部门共同参与的常设办事机构。不难看出，调解中心拥有丰富的权力资源，但其权力不是法定的，而是通过各部门负责人的亲自参与自然而然地吸收进来并汇集而成的，这使调解中心看上去更像一个党政各部门联手处理民间纠纷的俱乐部。在百姓心目中，调解中心之所以拥有很强的权威就是因为其成员都是有来头的。有关这方面的论述参见桑本谦《官方主持下的调解——对陵县乡镇司法调解中心的法理学思考》（载谢晖、陈金钊《民间法》第一卷，山东人民出版社 2002 年版）。还有一种情况就是政府出资购买人民调解服务，即街道以政府购买服务的方式与人民调解组织签订协议，每年出资为辖区内居民购买专业化的民间纠纷调解服务。这种方式既能强调政府职能与人民调解之间性质的分别，避免行政机关与民间社会组织功能的混同，在不改变人民调解社会性质和运行方式的前提下，通过资金的投入扶持其发展。具体论述参见范愉《社会转型中的人民调解制度——以上海市长宁区人民调解组织改革的经验为视点》（载《中国司法》2004 年第 10 期）。

并随着社会的发展而改进。制度不是孤立存在的，任何社会制度都是为了维护并巩固统治阶级的社会秩序而制定的。只有充分了解产生制度的文化背景，才能了解制度出现的意义和作用。中国古代哲学认为，宇宙是一个矛盾而又和谐的整体，人与天的关系是宇宙间最基本的关系，人与天是一体的，因此，人必须顺应自然的客观规律，达到与自然的和谐。将人与自然的和谐规则推行到人类的社会生活，则表现为人与人之间的关系和谐。因此，中国传统文化可以概括为"天人合一"哲学观下所形成的"和合文化"。李约瑟也认为："古代中国人在整个自然界寻求秩序与和谐，并将此视为一切人类关系的理想。"① 正是在这种以和谐为核心的"和合文化"的背景下，中国形成了以调解方式解决纠纷的传统，这种解纷方式不是在明确争议双方权利义务关系、明辨是非曲直的基础上解决纠纷，而是由中立者出面协调与疏通，使争议双方互相退让，折衷、妥协地化解双方矛盾。

回族所信奉的伊斯兰教是一个不断适应时代要求，顺应社会发展的宗教。伊斯兰教拥有简朴明了的信条，积极进取谋求和谐的人生观，拥有爱国、协商和服从主事者的政治观，拥有宽容、讲中道以及与人为善的道德观，拥有知足安命、洁身自好的生活观，拥有鼓励学习、追求知识的文化观，这些对于伊斯兰教能够适应不同社会发展阶段、适应不同地域和民族的要求、构建和谐社会奠定了丰厚的教义基础。伊斯兰教的"两世观"② 是伊斯兰

---

① 李约瑟：《中国科学技术史》第一卷第一分册，科学出版社 1975 年版，第 3 页。

② 穆罕默德曾说："你当为今世而奋斗，犹如你将长生不老；你当为后世而行善，犹如你明日即将谢世。"这段圣训充分说明了伊斯兰教对今世与后世的基本态度，认为今世和后世双修、和谐社会发展，才符合伊斯兰教的精神。伊斯兰教的"前定"思想具有"定纷止争"的意义，具有心理调适功能和维护社会稳定的作用。伊斯兰教信仰由六项要素组成，也叫六大信条，即信仰真主、相信诸天使、信仰真主启示的经典、相信由真主派遣的所有使者、相信后世、相信前定。其中"相信前定"要求回族相信：凡万事万物都是有真主"前定"的，这个"前定"是人的意志不可违抗的。伊斯兰教的"前定"，可以使回族永远保持泰然自若的心态和荣辱不惊、从容不迫的人生态度。从某种意义上讲，"前定"思想起到了回族心理的自我实现的作用，不会使回族的情绪随着物质状况的改变而起伏不定。

教义思想的重要组成部分，也是营造和谐回族社会的前提。中国回族坚持"两世观"，既虔诚信仰独一的真主，履行教法规定的宗教功课，又致力于培养公正、宽恕、忍耐、敬畏、坚忍、施舍济贫等美德，把宗教伦理与社会伦理结合在一起。在处理婚姻、家庭、财产等问题上，伊斯兰教要求回族持积极、严肃的态度，既要合乎伊斯兰教义，又要合乎社会伦理的要求。在社会生活中，既热爱自己的民族传统，又要遵守所处的社会环境和社会道德规范，服从国家的政策法令，并能够与兄弟民族团结互助，友好相处，对整个现世生活持积极向上的态度，以此作为通向天堂的必经之路。同时，伊斯兰教"与人为善"的教义思想也是构建和谐回族社区的保障。[①] 伊斯兰教鼓励回族用自己的努力做有利于他人和社会的事情，与人为善必须做到讲善言和积极为善。[②]

世界各国不同的文化背景，导致解决纠纷方式的不同，同时在制度上形成了各自的特点。在西方社会，人们更多地采取诉讼方式解决纠纷。尽管中国市场经济的发展也使近年来法院案件的受理数量呈持续上升态势，但总体而言，在深受"和合文化"影响的中国，回族群众还是更愿意选择既能解决纠纷又能维持人际关系和谐的调解方式来解决纠纷，并且在这种调解文化的长期浸润下，逐渐形成了自身的调解传统。传统纠纷解决文化是中国回族社会和谐社区建设的历史背景与逻辑起点，至今仍然对回族的社区人民调解制度产生着重要的影响。因此，要探寻新时期回族社区人民调解制度的现代功能，则必须对社区人民调解制度是社会主义调解体系有机组成部分和其对于平息回族社区居民间纠纷，促进人际关系和谐的

---

① 伊斯兰教的这些教义思想为积极营造和谐社会环境、构建一个和谐的社会关系提供了理论基础。如何处理社会关系和人际关系，是衡量一个宗教是否能够适应和谐社会的关键。在社会转型、建设具有中国特色的社会主义社会的新形势下，中国伊斯兰教和社会主义社会相协调、相适应，积极营造一个和谐的社会环境，是回族有识之士的共同愿望。

② 就社会而言，回族能够做到助人为乐、爱护公物、保护环境、遵纪守法，就意味着行善；就职业而言，回族能够做到爱岗敬业、诚实守信、办事公道、服务群众、奉献社会，就等于行善；就家庭而言，回族能够做到尊老爱幼、勤俭持家、和睦邻里，就等于行善。

重要功能有充分认识。在中国社会发展的现阶段，中国传统的"和合文化"以及伊斯兰教教义所传达的和谐思想中所追求的人与人之间的和谐对于协调回族的人际关系，促进社会稳定具有积极意义。

在社区建设中出现的社区人民调解制度为创造与保持和谐社区提供了可靠的秩序保障。社区人民调解是以公正和效率为总的价值标准而实现的一种综合优化。在这种公正和效率的价值体系下，由于诉讼与社区人民调解各自所具有的特点，两者分别具有不同的价值取向。比较而言，诉讼对于纠纷的解决更加接近应然公正，而社区人民调解在不违背法律的前提下，更能体现实然公正。社区人民调解制度的运作模式与回族文化传统的契合是现代国家法制建设充分利用回族群众"本土资源"解决司法实践问题的优势。对于回族社区调解制度的分析，不能仅停留在逻辑思辨的基础上，而应在制度的实际运行过程中把握其真实内涵，因而有必要对它的运行特点在田野调查的基础上进行分析。本书鉴于兰州市和临夏市回族所具有的较强的聚居性特点，社区人民调解制度在解决回族民间纠纷方面具有一定的典型性。以下就以上述地区的回族社区人民调解制度作为分析的模板。

（一）社区人民调解解决回族民间纠纷的受理范围及特点

一般情况下，社区人民调解受理的回族民间纠纷是相当广泛的，但主要受理本社区管辖内公民之间的纠纷矛盾，其中以民事相邻关系纠纷、家事纠纷以及轻微的刑事伤害纠纷居多。就笔者对兰州市一些社区的调研来看，社区人民调解具体的受理回族民间纠纷范围包括：（1）因婚姻家庭、房屋、邻里关系、债务、损害赔偿等公民之间有关人身、财产权益引发的纠纷；（2）本社区范围内以回族为主体的的群体性纠纷；（3）突发的易激化的纠纷；（4）回族群众主动要求调解的其他纠纷。一般地，回族民间纠纷类型可以大致分为两类：一类是传统型的纠纷，如继承、赡养、析产、相邻关系、债务履行、身体伤害等。还有一类是随着市场经济发展而出现的新型纠纷，如合伙经营、房屋拆迁、借贷纠纷等。这些纠纷具有以下特点；一是纠纷所涉标的比较小；二是当事人不愿诉诸法院。

（二）社区人民调解机构及调解方式的特点

社区的调解机构是社区设立的调解委员会，就笔者对兰州市一些回族社区的调研结果显示，基本上每个社区都有一个调解委员会。按照有关规定，每个调解委员会应当有三个公务员编制的司法助理员（即人民调解员）①专门负责调解工作。但实际的调研结果显示，上述的几个回族社区并未达到相关规定的要求。调解工作包括以下内容：协调；联络；指导；培训；参与调解。调解员主持调解采取平等对话的方式进行，一般来讲参加的人员有调解员、纠纷当事人、纠纷见证人等。采取的调解方式是以理服人办法，即一种融情、理、法为一体的劝和解纷技术。在具体的解纷案中，在对当事人进行劝和时，对纠纷实体争议的处理，如果有成文规定的，按法律、法规和政策进行调解；如果没有成文规定的，则依据社会公德、伦理道德进行调解，但调解的前提是当事人自愿，而且，在调解中，双方当事人与调解员的地位平等，不受强制与逼迫。

【案例一】1987 年 3 月 20 日晚 6 时，高某下班后骑着新买的某牌自行车回家。到达解放路某商店门口时，他将车锁在门外靠墙处，进商店买东西，等买完东西准备推车走时，商店的墙壁突然倒塌，将自行车严重损坏。高某便要求解放路某商店予以赔偿。某商店称：我们办商店租用的是公房，房屋属于某市房管局所有，房屋已很破旧，外墙几处裂缝，几次通知房管局修理而未来人修理，现墙壁倒塌，砸坏东西，应向某市房管局要求赔偿，商店对高某的损失概不负责。高某便向某市房管局要求赔偿。某市房管局称，房屋已经租给了解放路某商店，由他们负责管理，某商店因管理不善所造成的损失应由他们负责赔偿，房管局不负赔偿责任。无奈，高某到某街道调委会，要求被告某市房管局赔偿自己的全部损失。街道

---

① 调解员一般由调解组织通过规范的程序，在社区内选聘具有较好法律知识和较高威望的社区居民或社区工作人员担任，当然，具备这样的形式要件，是社区调解制度的良好解纷基础。

调委会查明，解放路某商店营业使用的三间砖木结构的房屋是向某市房管局承租的公房。租赁合同约定，年租金3000元，房屋的管理、维修由房管局负责。因该房屋已建几十年，外墙几处出现裂缝、倾斜。解放路某商店曾几次通知某市房管局修理，房管局未能及时修理，致使墙壁倒塌，造成高某的损失。据此，街道调委会认定，某市房管局对高某的损失应负直接责任，应由某市房管局赔偿高某的损失。

在该案中，调解人员采取的调解方式是以理服人办法，进行调解的前提是当事人自愿，而且在调解中，双方当事人与调解员的地位平等，不受强制与逼迫，即一种融情、理、法为一体的劝和解纷技术。在对双方当事人进行劝和时，对纠纷实体争议的处理，按法律、法规和政策进行调解，同时依据社会公德进行调解。作为中国法治建设中的大调解体系的有机组成，社区人民调解制度解决了相当一部分不宜通过法院解决的回族纠纷，对于社会矛盾进行了平和化解。①

总体来看，社区人民调解解决回族民间纠纷具有以下功能：（1）疏导、调处、协调社区内回族纠纷矛盾，积极维护社区稳定；（2）对社区内群体性和易激化的矛盾纠纷进行预警并协调有关部门落实解决措施；（3）在日常解决回族民间纠纷的过程中，宣传国家的法律、法规、政策，提高社区居民的法律素质；（4）提供法律和政策方面的咨询，办理社区回族的有关法律服务和法律援助事项；（5）做好社区内刑释和吸毒人员的安置帮教工作。

【案例二】原告张某与余某都是育红小学四年级学生。一天下午放学后，二人在村边做游戏，余某在前面跑，张某在后面追。在奔跑中，张某手里的柳条失手打在了余某的头上，引起争吵，并发展到挥拳相向，由于余某年龄较小，身体也瘦小，在互殴中吃了

---

① 例如，据兰州市小稍门社区的粗略统计，该社区所受理的案件大约有80%以上的调解率，这些社区调解解纷的成功建立在调解员艰苦劳动的基础上，同时也意味着回族社区调解制度有继续存在与进一步完善的必要性。

亏。余某心中气不过，为了泄愤，当晚到村中小卖部买了火柴，偷偷跑到张家，将张家的柴垛点燃。火烧着了张家的麦垛，将麦垛和一部分财产烧毁，损失达 2000 多元。事情发生后，张某监护人要求余某的监护人赔偿损失，但对方拒绝赔偿，张某监护人便向某社区调委会要求余某法定代理人赔偿自己的全部损失。社区人民调解主持人先由双方简述事由及解决经过，再由双方当事人陪同进行现场调查，在此基础上双方当事人张某监护人和余某法定代理人进行辩论和平等协商，最后由双方当事人提出调解请求并签订调解协议书。

从上述二个案例来看，社区人民调解的程序一般按下列步骤进行：主持人简述事由及调解经过；双方当事人进行陈述；当场调查；双方当事人辩论；双方当事人提出调解请求，提供证据；当场征询双方当事人的意见；双方当事人平等协商；双方当事人签订调解协议书。这种程序比较民主，特别是有关社区居民的广泛参与将调解过程置于社会公众的监督下，充分反映了社区居民的心声，调动了社区居民的主观能动性，使他们自助、自主。

社区人民调解制度解决回族民间纠纷的运行特征有：一是社区人民调解的非专业化。社区人民调解的非专业化成为解决复杂纠纷时缺乏权威的诠释和理由。非专业化指的是社区人民调解员缺乏解纷所需的相关专业知识。在社会分工越来越细、与纠纷有关的专业知识越来越复杂的今天，很多社区人民调解员在处理纠纷时知识过于陈旧，感到力不从心，但更重要的在于法律知识与法律素养上的缺乏使社区人民调解员更是有心无力。在这种情势下回族纠纷当事人若要解决复杂、困难的纠纷，往往避开社区人民调解而直接求助于诉讼手段。二是社区人民调解的非程序化。非程序化是相对于司法诉讼程序而言的，表现在社区人民调解处理纠纷时无法让当事人感觉到纠纷处理的过程性，过于和顺、强调非对抗性的社区人民调解过程有时在回族社区群众的心目中逐渐成为无原则的、漫无边际调和的代名词。解纷的同时，人们也发现，由于过分强调调解的结果，从而忽视调解的过程，使整个社区人民调解过程变得拖沓冗长，丧失效率，但效率本身是社区人民调解优于司法诉讼的特点，也是令纠纷当事人仪宜的原因，但没有了程序保障的社区人民调解，是以牺牲效率为代价的。

目前回族社区人民调解员队伍的整体素质不高表现为文化水平较低、法律知识较少等。导致这一问题的原因是多方面的，而目前有两个方面的原因更应引起注意：一是立法上对担任社区人民调解员的条件规定过低，且过于笼统。二是选拔高素质的人员担任社区人民调解员有很大的难度。有时即使有符合条件的可供选拔的人员，他们往往也会因为社区人民调解员待遇低或担心自己的收入而拒绝从事此项工作。① 这就造成了一些地区社区人民调解组织不健全，调解员队伍文化水平不高，政策、法律知识水平较低等问题的存在较为突出，这种状况极大地限制了社区人民调解事业的发展。

随着社会的发展，新的矛盾纠纷不断出现，而法律总是带有一定滞后性的。由于司法权是国家权力，其行使要受诸多限制，所以司法权介入的领域是有限的。当新的纠纷出现，而司法又无法解决时，必须有另外解决纠纷的途径，否则，这些矛盾纠纷可能会转化为影响社会稳定的因素。实践中出现的上访等现象，多是因纠纷解决渠道不畅所导致的。通过调查分析，社区人民调解解决回族民间纠纷存在的局限是明显的，但也是可以克服的。要使这一制度在当前构建和谐回族社会中发挥更加重要的作用，使其焕发新的生命力，就必须对其进行合理改造。为此，笔者提出以下措施对社区人民调解进行完善：

1. 加大社区人民调解解纷的宣传力度。宣传调解并非否定诉

---

① 也许更为重要的是，由于调解员的调解工作没有严格的时间限制，早至清晨，晚至半夜，任何时间都有可能进行调解，有时甚至会连续十几个小时进行疏导、调解，不能按时作息。调解员付出的时间、劳动很多，但国家给予他们的待遇比较低，影响了部分调解员的工作积极性。在这种状况下，调解工作的质量在相当程度上依靠调解员的工作责任心。

讼，而是引导人们理性地对待纠纷解决机制，树立正确的诉讼观念。首先，应宣传社区人民调解在国家政治和社会生活中的重要作用，使基层回族群众充分认识和了解社区人民调解在化解社会矛盾、维护社会稳定、保障经济发展等方面所起的重要作用。其次，应宣传社区人民调解在解决回族民间纠纷方面的优越性，使回族群众深入了解调解所具有的自愿、和解、简易的优点。这些社区人民调解所具有的优越性一旦为他们所知悉，在遇到矛盾纠纷时，就会理性地选择解决矛盾纠纷的途径。最后，要通过适当的法制宣传努力普及调解知识，使调解的原则、程序、调解协议的效力等相关知识为社区回族群众所知晓。只有通过广泛宣传社区人民调解的重要作用，才能提高回族群众解纷时适用社区人民调解的意识。

2. 立法对社区人民调解的规范。首先，为了弥补司法的不足，发挥社区人民调解的作用，应当进一步扩大社区人民调解的范围。从解决纠纷的性质方面，可以将社区人民调解的范围适当扩大到民事以外的其他纠纷。其次，设置调解前置程序。中国立法可以借鉴国外的做法，① 可以设想根据纠纷的标的，规定争议标的较小的纠纷必须先进行调解，根据案件的性质规定某些类型的纠纷（如家事纠纷）必须先进行调解，不进行调解不得进行诉讼。这样既可以减轻司法的压力，节省司法资源，也有利于稳定社会关系。

3. 为社区人民调解的发展提供充足的物质保障。为保证社区人民调解工作的顺利开展，国家应承担起对社区人民调解资金支持的责任。要从根本上解决社区人民调解运行难的问题，最好的办法是由政府投入，对社区人民调解的投入应当列入各级政府的财政预算。只有获得充足的物质保障，社区人民调解才能得到健康发展。国家的投入既要保证用于开展社区人民调解工作所需的必要的办公经费，教育培训经费等，又要保证调解员能够获得必要的津贴，通

---

① 目前世界上很多国家和地区性的法律都作出规定，将调解作为某些类型纠纷进入诉讼的必经程序，非经调解不得直接进入诉讼。如挪威《纠纷调解法》规定，除特殊重大纠纷外，所有的民事纠纷在向法院起诉以前，都必须经过调解委员会的调解。

过提高社区人民调解员的待遇，提高社区人民调解员调解的积极性。调解经费不易采取多渠道筹措的方法，因为多渠道筹措可能会出现因筹措不到经费而无法正常开展调解工作的情况，也可能会出现将社区人民调解变成一种盈利性活动的情况。

第二节　准司法的价值

准司法解纷制度的价值是其适用主体通过准司法解纷制度的具体司法运行实践使其成为适应纠纷双方解决矛盾争议的内在需要，从而形成纠纷解决的规范以体现人们对准司法解纷的制度创设期望。准司法解纷制度最核心的价值结构表现为秩序价值、运行价值和目的价值。自由与平等是准司法解纷制度的秩序价值，效率与效益是准司法解纷制度的运行价值，和谐与理性是准司法解纷制度的目的价值。独特的文化背景因素使准司法解纷制度在解决回族民间纠纷方面具有重要作用，能够充分显示准司法解纷制度的基本价值。"一方面，为了避免无政府主义和专制状态，人们总是期待法或权利的确立并希望它能够给我们的社会生活带来保障、稳定、秩序和安宁；另一方面，为了避免恶法之治，人们又总是希望法或权利能够符合我们自己的理想和生活态度，能够符合我们自己心中的理想模式。"[①] 应该说，准司法解纷制度的价值追求是多方面的，有正义、自由、效益、和谐、理性、文明、平等、人权等内容，符合人们对准司法解纷共同追求的目标。但如果从司法制度的创设角度来考查准司法解纷制度的立法预期，这些价值理念同时也是其他法律或司法制度的价值结构。本书认为只有秩序价值、运行价值和目的价值的结构体系才能反映该司法制度的创设理念。

---

① 刘日明：《法哲学》，复旦大学出版社 2005 年版，第 38—39 页。

一 自由与平等：准司法解纷制度的秩序价值

权利平等是平等的实质，使人能够享有同等使用权利的机会，对合法权利的要求，既要求实体上的平等，又要求程序上的平等。德国法学家考夫曼认为："社会正义、人权、人类尊严甚至责任及罪责皆根源于人类自己。"① 因而规范行为的制度设计也应沿此理念出发。纠纷的准司法解纷解决要求在处理形式上应完全平等地为纠纷双方所利用，保证双方能平等处分自身的合法权益，并对处理结果自愿按照双方合意执行。确立准司法解纷制度是为了尽可能保障回族民间纠纷当事人在纠纷解决方面的自由与平等，给予纠纷当事人在法律许可范围内尽可能的权利处分权，由回族当事人根据自由与平等的理念处分权益。"法学所关注的主要是社会生活中的自由，特别是社会政治生活、经济生活和文化生活中的自由，即在社会关系中可以按照自己的意志活动的权利。"② 准司法解纷赋予了双方自由解决纠纷的价值理念，这本质上体现了一种实体利益与程序利益之间的博弈平衡。

首先，准司法解纷意义上的平等是实体平等和程序平等在纠纷处理方面的具体表现。换言之，每个人都有完全平等地参加纠纷解决的权利，享有完全自由地选择此种处理纠纷方式的自主权，并按照文化背景和习惯的不同自由处分民事权利义务关系。只要纠纷解决的结果没有违反法律的禁止性规定，法律就予以支持。在适用准司法解纷制度解决纠纷的过程中，民事权利可以由争议双方根据利益的综合权衡而进行取舍和处分，能够充分体现国家的司法制度设计对公民自由、平等意愿的尊重。

其次，准司法解纷所追求的是民事权利处分权的平等，其特征在于回族民间纠纷当事人自由地处分自己的合法权利，使争议得到

---

① 考夫曼：《法律哲学》，刘幸义等译，法律出版社 2004 年版，第 332—333 页。
② 张文显：《法哲学范畴研究》，中国政法大学出版社 2001 年版，第 208—209 页。

及时解决。这种促使回族民间纠纷当事人自主解决纠纷的制度设计，体现的是一种当事人主义的理念。纠纷当事人就争议的问题可以自由、平等地约定解决的过程，使纠纷得到及时解决，因为只有纠纷双方才能够厘清争议的产生、发展过程，双方在权衡得失后在自由与平等基础上所达成的合意能充分体现他们的利益取向。与准司法解纷方式不同，司法解决方式将维护回族民间纠纷当事人合法权利的司法救济作为其存在目标，体现了司法方式解决纠纷权威性的价值取向。尽管立法者和司法者都尽力使司法解决方式达到满足程序合理与实体合理的应然状态，然而司法实践的复杂性以及司法解决方式自身的缺陷都使这一应然状态难以真正实现。换言之，司法是严格按照程序查证争议事实并在质证证据的基础上确定争议双方权利义务的过程。客观真实是司法的目标追求，为查明案件事实，往往需要付出高昂的程序成本。[①] 准司法解纷的根本出发点是使纠纷双方的权利与义务相统一并与其法律责任相符合，所以，制度设计越公正，人们对纠纷处理结果的未来可期待性就越强，利用该制度解决纠纷的积极性就越高，该制度的利用效率也就越高。这也意味着回族民间纠纷当事人一劳永逸地解决纠纷的机会越大。

最后，准司法解纷制度设计的一个重要目的就是维持社会秩序。秩序所包含的内容在准司法解纷的价值设计追求中是确定的，即采用平等的方式，自由选取准司法解纷作为解决纠纷的方式，保证纠纷双方拥有同等的权利处分权，从而使双方拥有低成本处理纠纷的权利的机会和可能。一方面，以体现人的主观能动性为目的的准司法解纷制度是促进和保证该制度价值实现的重要措施。准司法

---

① 比如一个争议标的不大的回族普通民间纠纷，事实本身并不复杂。但进入司法程序后，为了实现查明事实的司法价值需要，程序成本的消耗就不可避免。最终，即便是回族普通民间纠纷当事人一方胜诉，其所获得的最终实体利益也会因司法成本的付出而使通过司法救济所获得的实体利益遭损。通过司法解决方式获得救济的权威性，难以避免因付出过多的司法成本而致利用该权利救济方式的实践价值降低。与司法方式相比较，准司法解纷的根本要求是以最小的解纷成本获得最佳的纠纷解决结果，因此，增强纠纷解决制度的活动能力，改进纠纷解决程序，调动回族普通民间纠纷当事人利用准司法解决纠纷的积极性，就成为准司法解纷制度的最大特点。

解纷制度为纠纷的解决，实现社会和谐提供了制度保障，能够增强纠纷双方的主观能动性，调动其解决纠纷的积极性，同时带来司法效率的提高。准司法解纷以个体自决为基础，以法律作为纠纷解决的制度载体是促进纠纷自由、平等解决，真正实现司法制度维护社会秩序良好发展的保障，是一种能够降低程序成本而对民事权益纠纷提供平等处分权的纠纷解决机制。双方自决权是准司法解纷制度解决纠纷的基本点。自决权主要解决双方民事权利的处分问题，对民事权利的自由、平等处分，由回族民间纠纷当事人通过和平谈判进行实施。① 另一方面，设立准司法解纷制度的一个重要目的是充分实现回族民间纠纷当事人解决民事纠纷方式的选择权，满足部分不愿意进入司法的社会成员的需要，符合解决纠纷方式价值多元化的社会发展方向。现代法治社会应最大限度地保证纠纷主体对解决纠纷方式的选择在不违反国家法律禁止性规定的前提下得到实现，尊重社会成员的权利处分和解决纠纷方式的选择体现了争议主体利益多元化的追求。从法人类学的视角看，准司法解纷是司法外解决纠纷方式的一种，又以双方自决权作为纠纷解决的核心要素。由于独特的传统文化背景，普通群众对于司法解决纠纷方式所体现出的高成本性和繁琐性感触较深，因而"厌讼"情绪相对较重。纠纷双方对民事权利的自由处分旨在平息、化解矛盾，使双方获得自己能够获得的预期利益，因此准司法解纷不需要严格的程序步骤和事实调查，也不需要纠纷双方查明事实真相。更为重要的是，准司法解纷的处理结果是否完全符合客观真实和实体法规并不为回族民间纠纷双方当事人所刻意追求，因此可以节约大量程序成本以保障普通群众对实际利益的追求。

---

① 准司法解纷所体现的自由、平等理念是准司法解纷制度解决纠纷的价值核心。准司法解纷制度的客体是民事纠纷，纠纷解决为该制度的关注点，将保障纠纷解决和维护社会稳定作为其制度设计的目标，是基本宪政原则的制度化、具体化表现，也是对传统文化的彰显与发扬。

二　效率与效益：准司法解纷制度的运行价值

效率价值是指以一定的司法资源①投入换取尽可能多的纠纷案件的处理并加速纠纷解决程序的运转，而效益价值要求解纷程序所处理的案件必须做到实体公正与程序公正的统一，确保实体利益的实现。准司法解纷制度的效益与效率价值是社会法制进化进程中引导和体现司法公正，并使效率与效益达到理想配置的司法目标。②因而，准司法解纷制度是司法效益与效率的统一：一方面，纠纷作为一种消极的社会现象，解决纠纷需要投入社会资源用于消除冲突，解决纠纷。对于国家而言，为解决纠纷，必须建立相应的司法机构如审判机关、检察机关、公安机关，并培养大批的审判人员、检察官、警察执行解决纠纷职能。另一方面对于个人而言，则要聘请律师，花费时间并缴纳相关成本费用。由于回族民间纠纷当事人在纠纷解决过程中选择纠纷解决方式以减少成本投入为基本价值取向，相对而言，程序的迅速、便利可以产生成本利益，因而，在公平的基础上确保效率的提高和效益的获取是准司法解纷制度设立的又一目标。"什么是权利？康德认为，首先，权利涉及的只是一个人与另一个人的，外在和实践的关系，只要他们能够通过行动即时或非及时地互相影响；其次，权利只表示一个人的自由行动与其他人行动的关系；再次，从个人之间自愿（Voluntary）行动的相互关系来看，权利概念包含着交易的形式，如果一个人的自愿选择或意志的行动能够按照普遍法则与其他人的自由相协调，就是自由的

----

①　当前，法院受理的纠纷案件不断增多使司法机关的压力加大，造成案件的大量积压，为此，提高司法效率，争取以尽量少的时间消耗和物质投入来换取尽可能多的纠纷案件的处理便成为每一个国家在构造纠纷司法制度、设置纠纷司法程序时必须考虑的一个重要因素，但实体利益的获取与司法效率的提高是无法解决的矛盾。

②　不仅如此，在司法实践中，利用准司法解纷制度的回族普通民间纠纷当事人不在于寻求法律上客观真实的需要，而在于把节约成本核算放在第一位，并为此不惜降低达到司法手段解决争议的实体权利。其实，从中国普通民众的传统解决纠纷理念视角出发，上述的效率与效益是其实现实体利益的基础。如果在实现过程中缺乏效率、效益，只能使预期的实体利益遭到贬损。

行动。"① 准司法解纷制度解决回族民间纠纷有回族民间纠纷当事人的双方合意这一前提要件做为保障，而且准司法解纷协议也无强制性，相应地在权利处分方面就有了更大的自由，对纠纷解决方案合理性的要求也可以相对降低，从而使成本付出的削减成为可能。

司法成本或者说纠纷解决成本是回族群众选择普通民间纠纷解决方式并考虑其效率和效益价值的重要因素。一般来讲，他们所关注的纠纷解决成本表现在以下几个方面：首先是在起诉前所直接耗费的成本费用，譬如司法费的缴纳；其次是证据鉴定和案件执行所要支付的费用，以及回族民间纠纷当事人及其他司法参与人为参加司法而支付的费用，其中包括聘请律师的费用，参与司法期间的差旅费、住宿费、误工费等。通过以上的成本分析，可以看出司法价值对于公正价值与效率、效益价值追求的一致性，但这二者又是一对矛盾体，无法达到均衡。更为重要的是，在司法活动中，由于人的认识能力的有限性或受司法程序的限制，错误司法成本不可避免。换言之，彻底消除司法成本是不可能实现的，问题在于如何使所耗费的量降到最小。② 因此，为节省司法过程的成本耗费，国外在设立纠纷解决制度时都力求简捷便利，将解决程序中的许多具体环节作简化处理。当然，这种简化也必须以不妨碍司法公正为前提。从准司法解纷的效力和履行方面看，只要回族民间纠纷当事人自愿接受，准司法解纷协议达成后自愿履行的，即可产生与生效判决类似的终局效力，从而减少司法程序的成本付出。由于回族民间纠纷当事人自愿接受准司法解纷解决方案，因而协议也就会得到自愿履行，减少了在协议履行方面的风险和成本。与有拘束力的判决

---

① 张乃根：《西方法哲学史纲》，中国政法大学出版社 1997 年版，第 156—157 页。

② 在通常情况下，为节省司法程序中成本的耗费，中国一般都通过提高审判机关的工作效率和简化纠纷司法程序的途径来实现的，但是，司法的有效率进行必须以不妨碍司法的公正价值为前提，否则，再高的司法效率，如果没有对案件处理的实体效益，由此产生的公正是没有任何意义的。而且，司法程序设计愈繁琐、复杂，司法中所受的限制性因素则愈多，司法过程中的成本消耗也就愈大（参见傅郁林《诉讼费用的性质与诉讼成本的承担》，载《北大法律评论》2001 年第 4 卷第 1 辑）。

相比较，准司法解纷同时也赋予了回族民间纠纷当事人拒绝履行协议的权利，因而它不同于司法解决程序方式，在程序方面没有太多限制，从而使纠纷解决成本降到最小。司法的权威性要求有严格的程序保障来保证司法参与者的司法权利，因而大量的司法成本用于程序保障投入，而准司法解纷则不需要太多程序限制，准司法解纷员的居中准司法解纷使纠纷直接进入实体解决，其效率和效益是回族民间纠纷当事人对自己想要达到的纠纷解决结果和愿意付出的成本进行权衡的基础上，通过纠纷处理过程的自决权和民事权利的处分权而实现的，因而与审判程序相比较，便利性是准司法解纷的程序优势，准司法解纷为减少法院讼累提供了最廉价的纠纷解决途径。

民事纠纷解决程序设计中最重要的原则——意思自治原则是准司法解纷的集中体现，使得效率与效益都可以得到较好实现。[①]在处理纠纷的过程中，它允许回族民间纠纷当事人自愿选择是否以准司法解纷方式来解决纠纷，有些相对于司法程序而言不太合理的程序规定，却决定了准司法纠纷解决方式的有效性。首先，双方合意表明回族民间纠纷当事人双方对准司法解纷方式的认同，为有效解决纠纷奠定了一个良好的基础。在准司法纠纷解决方式的选择上，由回族民间纠纷当事人自由决定，促进了纠纷的顺利解决。其次，回族民间纠纷当事人自己挑选所信赖的解纷人员，使准司法解纷结果的接受性成为可能。制度设计为纠纷的解决和结果的认同起到了良好的作用。也正是在双方合意的选择中，准司法解纷制度达到了它的设计目的，因而在效益价值方

---

① 法律制度的效率如果没有司法实践进行确认，则达不到立法者所预期的效果。准司法解纷程序表现为程序便捷、方式灵活，是否选择准司法解纷方式解决纠纷由回族普通民间纠纷当事人意思自治决定，没有严格的举证期限，但在保证效率的效果上，却有着司法程序无法比拟的优点。因为效率是否达到理想效果，由处理结果是否为回族普通民间纠纷当事人所承认和接受为根本点（相关内容参见汪建成、孙远《论司法的权威与权威的司法》，载《法学评论》2001 年第 4 期）。

面，也体现出其自有的优越性。① 它的效益价值还体现在可以减轻司法解纷方式的压力上，这对国家的司法资源也是一种节省。因而通过准司法途径迅速解决回族民间纠纷对于维护回族经济活动运行的速度和质量，无疑大有裨益。

三 和谐与理性：准司法解纷制度的目的价值

和谐与理性也是准司法解纷制度的基本价值之一。和谐与理性是人类一切活动的必要前提，同时，也是设立准司法解纷制度的基本目标。准司法解纷制度的职能不仅要求实现其秩序价值和运行价值，而且还要致力于其目的价值的实现。准司法解纷制度首先是一种规范，而规范的实现就意味着和谐与理性法治秩序的形成。一方面，和谐与理性作为一种司法制度体现了准司法解纷制度的规范作用，显示出准司法解纷制度的司法功能所具备的规范性，为人们的行为提供了行为规则，使人们的行为有序化，指引人们在纠纷解决过程中进行理性思考。另一方面，和谐与理性为人们行为所提供的规则是相对固定的模式，人们可依此来预测自己的行为是否符合规则要求，也可据此对他人行为进行评价。与司法不同，准司法解纷制度通过特有的规范方式所建立起来的和谐与理性是双方合意基础之上的和谐与理性，符合纠纷和平解决的价值追求。尤其是当纠纷在涉及地区特殊习惯和复杂的人际关系时，准司法解纷所达成的协议往往比判决更为合理，也更为大众所接受。而且，司法②的复杂程序以及高昂的成本决定了它无法对群众之间纠纷的法人类学背景予以综合考察和评估，只能局限于有限的法律审查。同时，在纠纷

---

① 现代社会竞争激烈、生活节奏加快，人们都在寻求便捷的方式来解决纠纷。准司法解纷制度没有司法制度冗长繁琐的程序，可以最快的速度解决纠纷。同时，双方合意及处理结果的可接受性，使得回族普通民间纠纷当事人愿意彻底解决纠纷，不至于产生司法中经常出现的纠纷当事人反复申诉现象，也不至于产生现今普遍存在的执行难问题。

② 司法为人们解决纠纷所提供的法律规则具有强制性，任何有违反法律规范的行为或与法律强制性处理理念相背离的矛盾都会被现行法律的规范性所限制，使社会正常秩序得以维护和保障（参见汪建成、孙远《论司法的权威与权威的司法》，载《法学评论》2001 年第 4 期）。

解决时，除非缺乏可适用的确定性规范，适用现有法律规范作为处理的标准是最符合效益原则的，因而造成许多纠纷处理的不彻底性。所以，在选择准司法解决纠纷时，回族民间纠纷当事人可以依据自己的文化价值取向，在不违反国家法律禁止性规范的前提下坚持自己基本权利的同时，根据实际的情况进行权衡比较，合理处分民事权利，或以权利换取更为重要的人际关系利益。因为在民事纠纷的处理中，法律与情感并不能相统一，单纯根据法律规范衡量权利处分有时难以作出合情合理的判定。"依法准司法解纷所要解决的，是准司法解纷活动的根据问题，这种根据就是国家的法律、政策和社会公德。"[①] 准司法解纷所适用的解决纠纷规范，除国家法律以外，通常也适用一些回族民间纠纷当事人共同认同的道德规范、公序良俗、地方或团体规范及惯例等，但其适用的条件是不违背法律的基本原则，不违背现行实体法强制性、禁止性的规定。

人们都期望行为权利和利益的相互调适，这就要求通过制度确立人们的行为规则模式，和谐与理性是人们在社会生活中处理纠纷过程的价值理念，是人们相互作用的状态和结果，给予社会生活极大的有序性和稳定性。准司法解纷制度也许并不能体现出法的所有价值内涵，但纠纷的解决却不能不追求社会的和谐发展以及在此基础上解决纠纷的理性。准司法解纷是消除社会无序状态或预防无序状态的常用手段，现代准司法解纷制度在建立和维护社会和谐与权利处分权理性的过程中已成为纠纷解决模式的目标追求。准司法解纷制度的和谐与理性是在制度规范、制度设计基础上所形成的和谐与理性，除了必须有规则体系存在之外，还必须以国家权威纠纷解决方式的存在为保障。作为一种重要的回族民间纠纷解决手段，准司法解纷制度有着司法方式不可替代的作用，准司法解纷可以抑制回族民间纠纷当事人之间的对立，促使相互理解，促使回族民间纠

---

① 朱景文主编：《法社会学》，中国人民大学出版社 2005 年版，第 148—149 页。

纷双方当事人的关系融和，有利于社会关系的协调和延续。① 准司法解纷这种解决民事纠纷的优越性，曾经为中国传统所推崇，缓解了法院压力，其低廉的成本和良好的社会效益之间所形成的高效率与效益，正是纠纷解决的迫切需求，也是中国建设社会主义和谐社会的基本要求。因为裁判之后，纠纷双方仍要在现实社会中共同生活，准司法解纷制度的低成本、高效益易于为群众所接受和遵行，便于更好地维护社会正常秩序。

从准司法解纷制度的秩序价值、目的价值、运行价值三者的关系来看，秩序价值应当是目的价值和运行价值的前提，目的价值和运行价值是秩序价值的本质追求，秩序价值体现了目的价值和运行价值最根本的需求。② 准司法解纷制度确立的主要目的就是追求运行价值和目的价值。没有运行价值，准司法解纷制度就无创设基础；没有目的价值，准司法解纷制度就会失去良好社会秩序的追求。首先，目的价值有利于满足纠纷解决主体的心理需要，有利于创设和维护良好的运行价值。目的价值若不能满足秩序价值的要求，那么从纠纷解决的角度来看，它就无法为纠纷双方提供运行价值，基本价值也不可能单纯追求运行价值，因此，目的价值是基本价值的本质追求。其次，运行价值有利于纠纷解决，也有利于创造安定的社会环境，有利于社会的有序与稳定。目的价值包含了对运行价值的追求并推进运行价值的建立，运行价值也是秩序价值的追求。最后，目的价值和运行价值是秩序价值的共同理想和目标，秩序价值的目的应是创设一种目的价值和运行价值和谐相处的应然价值体系。回族民间纠纷的特殊性表现在纠纷双方均为"生于斯、长

---

① 与现代社会的人际关系不同，中国回族聚居地区将在相当长的时期内保留"熟人社会"的基本形态，司法的高度对抗性容易造成回族群众人际关系的彻底破裂，不利于和谐回族社区的建设，而准司法解纷可以在一定程度上满足群众之间纠纷解决的要求。

② 这种回族普通民间纠纷视阈下的价值分析对准司法解纷制度的立法启示有如下几方面：首先，准司法解纷制度的秩序价值要求制度立法应以双方自由、平等地接受该制度规范为前提；其次，运行价值要求准司法解纷立法必须以纠纷解决的高效性和低成本性为导向；最后，目的价值要求准司法解纷制度的创制目的是建构和谐与理性的社会秩序，但更需要纠纷双方对纠纷的产生和解决的规则模式有充分认知，从而减少纠纷解决方式选择的恣意性。

于斯"的群众，因而回族民间纠纷的解决应考虑其生长的文化环境因素。国家权威性的司法解决纠纷方式并非是有效维持社会秩序的唯一手段，社会矛盾和纠纷的复杂性决定了地区整体法治秩序的构建和维持必须以回族民间纠纷合理解决为基础。只有在维护国家法制统一的前提下，同时又兼顾地区的特殊性，才能对回族民间纠纷进行有效处理。

四　政府行政职能机关的实证分析

特定行政机关或机构所主持的纠纷解决方式也是回族民间纠纷解决的主要方式之一，是行政机关当然的职能。① 新中国成立后，在大政府、小社会和"政府包办一切"的传统思想主导下，解决政府在其辖区范围内管理活动中所发生的争议和纠纷一直是政府组成部门的责任。尤其在民族地区，传统文化的影响还很大，改革开放前所形成的"公家包办一切"的思想意识还不同程度地存在着，国家的司法制度也没有充分深入到少数民族地区，政府机构在回族民间纠纷的解决方面仍然发挥着重要的解纷作用。② 按照中国的相关法律法规，行政机关在法律、法规的授权以及有权机关的委托下，

---

① 依据中国有关的法律法规，国家行政职能机关和机构解决回族普通民间纠纷主要有以下几种情况：(1) 依据中国《治安管理处罚条例》的相关规定，公安机关对涉及人身或财产的损害赔偿纠纷具有"调处"权，如因打架斗殴、食品卫生、环境保护、交通事故等致使人身、财产损害的侵权损害赔偿纠纷；(2) 依据有关法律法规的规定，一些专门的行政机关对当事人之间的财产所有权、使用权纠纷具有裁决权，如可以对当事人因土地、森林、水面、滩涂等自然资源的权属纠纷作出裁决；(3) 依据司法部发布的《调解委员会组织条例》和《民间纠纷解决办法》，公民之间发生的有关人身、财产权益其他日常生活中发生的民间纠纷，经调解委员会调解未果的，任何一方当事人都可以请求基层人民政府解决。

② 行政职能机关调解的性质可以概括如下：(1) 行政职能机关调解是行政主体履行行政职责、承担公务的一种形式，是一种行政行为；(2) 行政职能机关调解原则上不以设立、变更或消灭行政法律关系为目的，原则上不是具体行政行为，除治安行政职能机关调解和劳动仲裁调解以外；(3) 行政职能机关调解虽不产生法律效果，但将当事人之间的纠纷不同程度地加以解决，所以其又具有一定的事实效果，是一种行政事实行为；(4) 作为一种非强制性行政行为，行政职能机关调解行为虽不具有强制力，但其背后的权力色彩不应被忽视；(5) 行政职能机关调解是行政司法行为的一种，但此种定性的研究价值有待探讨（参见方世荣《行政法与行政诉讼法》，中国政法大学出版社 2007 年版）。

有权对发生在其职权管理范围内的纠纷进行解决。依据不同的性质，行政机关的纠纷解决方式主要有政府行政职能机关和行政裁决。对于回族聚居区的社区或民族乡有权解决或处理回族民间纠纷的政府附属或派出机构主要有：

（一）政府司法行政机关的派出职能机构

司法部颁布的《关于乡镇法律服务所的暂行规定》对法律服务所的性质并未作规定，只规定乡镇法律服务所的建立由乡镇人民政府根据本地区经济和社会发展的需要决定，并经县（市、区）司法局批准。乡镇法律服务所受乡镇人民政府领导和县（市、区）司法局指导，由司法助理员（司法办公室）管理。司法所是基层的司法行政机构，从性质上说，它是县区司法局在乡镇人民政府（街道办事处）的派出机构，是乡镇人民政府（街道办事处）管理司法行政工作的工作部门，在县区司法局和乡镇人民政府（街道办事处）的领导下工作。依据司法部发布的《关于加强司法所建设的意见》的规定，司法所在解决回族民间纠纷方面的作用主要体现为指导、管理调解工作，参与重大疑难回族民间纠纷调解工作；代表街道、乡镇人民政府解决回族民间纠纷。此外，司法所还要指导、管理基层法律服务工作，如指导和管理法律服务所的工作。① 法律服务所作为司法机关和机构的延伸与基层人民政府的工作部门，具有较强的行政性。根据上述两个有关司法所和法律服务所的行政规章的规定，在街道、乡镇，司法所和法律服务所通常是"一套人马、两块牌子"的体制，这实际上强化了法律服务所的行政色彩。所以本书将其视为行政机关解决回族民间纠纷的主体之一。经过在临夏市的实地调研，法律服务所在解决回族民间纠纷上的作用主要体现在以下几个方面：（1）根据当事人的申请，调解在生产、经营过程中发生的与生产、经营有直接关系的纠纷，如争水、争田、争农机具纠

---

① 最大的区别是一个收费（指法律服务所），一个不收费（指司法所）。对于一些经济比较困难，难以承担调解费用的当事人，在处理纠纷时就以司法所的名义调解，反之就以法律服务所的名义调解。

纷，经济合同纠纷等。调解这类纠纷属法律服务性质，与协助司法助理员调解疑难回族民间纠纷不一样。（2）协助司法助理员调解疑难回族民间纠纷，指导、管理本地区调解工作及其他司法行政工作。在处理回族民间纠纷上，司法所主要调解的是日常生活中所发生的纠纷，法律服务所主要调解的是生产经营过程中所发生的纠纷。

【案例一】张某在主干道边上开了一家小饭馆，其主要是面向上班族供应早餐的。张某称，两日前的早晨，她去开小卖部的贾某家中购买作料。贾某趁早晨无人找给其 50 元钱，经银行鉴定系为假钞并被没收。贾某则称假钞并非自己所给，矢口否认拥有假钞的事实。此案发生了，按往常的惯例要由派出所进行处理，而当下由于司法所的成立，类似非刑事案件，派出所一般会建议当事人去司法所进行处理。有时即使当事人去找派出所调解也会被移送至司法所。张某第二日下午 3 点到司法所申请处理。张某提出的赔偿要求是 100 元。对于张某所提及的诉求，司法所认定证据并不确凿，因为她无法证明是由贾某所致，且邻居也不愿意证明。邻居只是证明听到买东西的声音，其他的并没有见到。由此对于事实的认定出现了问题。而对于贾某而言他自知对己有利，便比较坚决地认为此事与己无关。司法所将调解未果的无奈告知了贾某之子。贾某之子是机关工作人员，其子只愿出钱息事宁人。最后以 100 元的赔偿了结了此案。此案调解的胜利不仅仅是司法所的成功，而且是由人情、面子、家丑不可外扬等诸多因素所促成的。

在笔者所调查的临夏市西关街道办事处，司法所成立于 2005 年 8 月，是全市（12 个乡镇）8 个司法所中的一个。全所现有工作人员 4 人，其中正式的法律服务工作人员 3 名。该所隶属于西关街道办事处，含 12 个社区。司法所除了提供基层的法律服务事务以外，还是街道人民调解委员会的组成部分。司法所的主要工作有：担任街道的法律顾问；代理诉讼法律事务；参与调解各类民事纠纷；办理见证、公证事务；解答法律咨询，代写法律文书等。经过努力，笔者得到了以下几个月关于调解的数据：从 2005 年 7 月至 2006 年 3 月的三个季度中，调解案件总数为 67 件，其中，2005 年 7—9 月：24 件；9—12 月：8 件；2006 年 1—3 月：15 件。在 53 件调解案件中有 8 件转为诉讼案件。2006 年 1—5 月共发生纠纷 34 起，其中人身损害赔偿纠纷 3 起，财产赔偿纠纷 7 起，生产经营纠纷 4 起，家庭纠纷 4 起，宅基地纠纷 5 起，相邻纠纷 4 起，征地纠纷 2 起，其他纠纷 5 起。所发生的 34 起纠纷中，街道调解 8 起（含派出所 3 起），社区调解 26 起。自 2005 年司法所成立到 2008 年 5 月，该所提供法律服务 76 起，其中诉讼案件代理 12 起，见证 1 起，法律援助 2 起；参与纠纷调解 80 起，其中有关赔偿类纠纷 16 起，婚姻家庭 12 起，合同关系类 1 起，生产经营类 1 起等（具体见下图）。

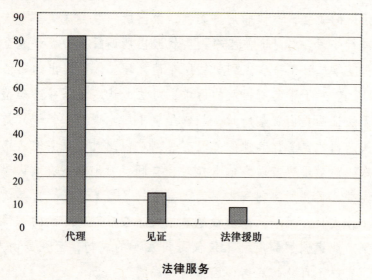

法律服务

　　在对上述数字进行分析时我们发现一些现象：（1）不论是提供的法律服务还是参与的人民调解，2007 年司法所的工作量均比 2005 年同期有所增长，尤其是案件代理增多，大多以农民为当事人。（2）代理案件中有 6 件当事人并非该本街道人，而是来自其他乡镇。（3）从卷宗上看，近年农村离婚案件增多。尤其因为一方外出打工，感情出轨；或因两地分居造成感情不和继而破坏双方的婚

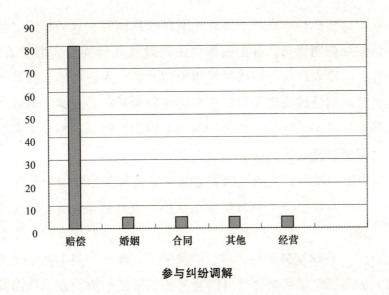

参与纠纷调解

姻家庭关系，导致离婚。同时家庭暴力也是离婚案件中多由女性提出离婚请求的主要原因。（4）从司法所参与的人民调解与提供的法律服务数量上看，纠纷的调解占比例较大。将法律服务诸项工作放在一起来看，调解仍是居民解决问题的首选。（5）纠纷类型以人身伤害赔偿居多，财产损害赔偿与之通常相伴而生，互为因果。因此一般的赔偿纠纷的调处结果，双方当事人之间既有人身伤害赔偿又有财产损害赔偿，但金额不大。（6）2007 年与 2006 年同期相比，调解纠纷数量有所下降，但矛盾复杂性增强。居民在纠纷中的利益之争表现得更加强烈，争执也更容易激化，因此调处的难度增强。（7）当事人在找对方当事人商谈解决争端未果的情况下，到街道求助，而不是到司法所寻求法律服务，用诉讼途径解决问题。

　　尽管国家有关的法律法规对两所的职责都有所规定，但是在基层，这两个机构在处理回族民间纠纷、所依据的法律规定以及处理纠纷的方式、方法上却区别不大。司法所和法律服务所的调解是在国家的行政机构和国家行政官员的主持下进行的处理回族民间纠纷的方式，借助国家这一背景，要达成调解协议一般不成问题，在处理过程和协议内容中因地制宜地反映当地民间习惯规则的要求也不难。由于这些机构本身并不具有强制执行其调解协议的权力，也不能申请法院强制执行，甚至依据司法部对《调解委员会组织条例》的解释，当事人就同一回族民间纠纷的诉讼行为还可以直接导致基层人民政府的处理决定失效。在与司法所所长的访谈中，笔者也深深地体会到了基层法律工作者同时面对国家法律的严格要求和民间社会无限复杂性时的困惑。

从以上司法所具体的法律服务与参与调解工作中所反映出的问题中，可以发现：（1）回族群众虽然能够主动到司法所寻求法律帮助，但其对整个事件的叙述过程显示，回族群众对法律的认识仍然肤浅；（2）法律援助案件不多，法律服务工作者一般不会主动告知当事人如果满足某些条件就可以通过法律援助解决问题，从而减免代理费用，这与目前司法所自收自支、自我发展的生存状态有关；（3）矛盾纠纷的调处秉持和为贵的原则，调解人员基于维护稳定的目的，不愿当事人双方之间的矛盾扩大化；（4）因为土地拆迁而产生的纠纷不易调解，问题比较复杂，而且没有相应的法律法规与之配合，使得不论调解还是司法程序上对此的解决都无法令人满意；（5）基层法律服务工作人员素质和业务水平参差不齐，有些基层所的工作根本无法开展；（6）普法宣传形式多样灵活，但是工作表面化，不够深入；（7）各项工作的经费不充足，直接导致普法宣传不能深入；（8）在代理的有些案件中存在较强的行政干预色彩，给基层法律服务工作者的服务带来困难，影响案件的处理。

从所存在的问题来看，司法所和法律服务所的试图弥合国家法和民间习惯规则的种种努力可能会因为协议的不能真正实现而付诸东流。① 司法所或法律服务所在解决纠纷时，尽管按规定在处理回

---

① 这其中就包括一些民族习惯规则的内容。在解决纠纷的方式、方法上，司法所或法律服务所通常是被动介入纠纷解决的，除非是涉及土地、山林、水源方面大的纠纷或群众性纠纷。基本上大部分案件严格来说都要求当事人到司法所解决，这主要是出于便利的考虑。在客观上起到了加强司法所和法律服务所权威性的作用，也为司法所和法律服务所运用国家法律提供了适宜的场域。

族民间纠纷时，必须以事实、法律、法规、规章和政策为依据及工作的根本出发点，但在实践中由于司法所和法律服务所都不具有行政处罚权，对回族民间纠纷的处理方式也仅限于调解，因此，为使调解协议得以达成和执行，司法所和法律服务所在调解时会较为认真地听取双方的意见和要求，并尽量在符合法律、政策的大原则下，在所提出的解决方案中体现双方的意见和要求。作为基层政府的一个工作部门，司法所除了解决回族民间纠纷外通常还要参加基层政府的中心工作，调解回族民间纠纷仅是其众多工作中的一部分。司法所和法律服务所一般不主动去发现纠纷，并介入纠纷的解决，它把这个任务交给了由其指导的社区调解组织。只有当社区调解组织不能解决纠纷时才由其介入，当然，当事人也可以直接将纠纷提到司法所或法律服务所来处理。

（二）政府的基层组织或协调机构

在笔者所调查的临夏市，除了上述两个解纷机构外，在街道一级还有下列几个行政机构会涉及回族民间纠纷的解决事宜：第一，街道办事处或乡人民政府。街道办事处、乡人民政府一般负责跨行政辖区回族民间纠纷的处理或较复杂回族民间纠纷的处理。除了进行调解外，它还可以作出行政处理决定，但不能对当事人进行人身或财产上的处罚。第二，受司法局指导的社会矛盾调处中心。社会矛盾调处中心主要是由街道或乡镇一级有关部门、机构的领导组成。矛盾调处中心是一个非常设机构，由多名成员组成，其中少数民族不少于三分之一，成员来自政府、司法所、派出所、派出法庭等部门，负责人是市人民法院的派出法庭负责人。社会矛盾调处中心主要负责涉及面较广，牵扯几个部门的回族民间纠纷，这类纠纷较为复杂，单靠一两个部门不能很好地处理，需要各部门相互协调。第三，相关机关的派出机构，如派出所等。这些部门主要负责调解当事人主动提起的与其职权相关的回族民间纠纷。它们在处理纠纷的方式、方法方面与司法所基本一致。① 就所调查到的情况看，国家的行政力量在中国回族地区民间纠纷解决中的重要作用和地位是不可忽视的。行政力量的重要作用首先体现在与其他解纷制度的相互关系中。这种作用主要体现在政府行政职能机关对于其他调解纠纷的有益促动方面。

【案例二】张某和孙某两家承包的责任田正好相邻，张某耕种自家土地时必须经过孙某的田地。多年来，每次张某经过孙某的土地时，孙某都默许了。但是，2002 年 5 月，两家因一点琐事发生矛盾，大吵了一场，自此结下了怨恨，两家互不理睬。孙某不再同意张某从他的地块通过，否则，张某通行一次就要向孙某交通行费。张某当然不干了，坚持不交通行费，为此，孙某坚决不让张某通行。到了耕作的季节，眼看着不能耕作，来年的收成就成问题了，这下张某急了。多次与孙某协商未果，在万般无奈之下张某将孙某告到乡司法所，请求政府司法助理员主持公道。但司法助理员仅从道德层面进行调解，双方不服，不得已，司法助理员又翻开法律文件让双方过目，以证明自己说的是正确的。随后双方同意调解解决纠纷。

在该案例中，调解干部对国家法律和政策的宣传、解释和强调也从另外一个方面说明单靠本地原有的习惯规则有时是不足以解决回族民间纠纷的，某些回族民间纠纷的解决需要国家法律制度直接或间接地介入。行政机构的存在正可以从这两方面满足回族民间纠纷解决的要求。该案例对于政府行政职能机关解决回族民间纠纷有如下启示：首先，政府行政职能机关作为解决回族民间纠纷的一种方式是非常灵活的，它既可以以一种非常民主的方式解决纠纷，在调解过程中和结果中为当事人的意志和习惯规则留下足够的空间，

① 司法所和法律服务所面临的问题这些机构也存在，只是程度不同。如派出所就好一些，这个机构具有一定的行政处罚权，因此由它们所处理的纠纷在达成协议和执行上较其他机构便利，可以行政处罚为可能的不利后果，要求（强制）当事人尽快达成协议，并严格履行协议。在乡、街道一级政府，也就只有这两个部门能够基本独立地解决自己分内的回族普通民间纠纷，而不需把纠纷提交给政府解决。

也可以以一种非常原则的方式，即行政裁决的方式解决纠纷，在处理过程和结果中尽量体现国家法律的要求。政府行政职能机关较之行政裁决更容易实现国家法和民间法的互动磨合，是行政机关解决发生在回族民间中纠纷的较为理想的方式。行政裁决是后盾，有这一个刚性的解纷方式在手，政府行政职能机关会更容易解纷成功。在政府行政职能机关解纷失败后，行政裁决还可以对纠纷的解决发挥直接的作用，直接用来解决回族民间纠纷。其次，政府行政职能机关解决回族民间纠纷的主体灵活机动，往往会根据案件具体情况的不同，介入纠纷解决中的行政机关会采取不同方法。但是，一旦要作出具体的处理决定，则只能以行使相关职权的机关的名义作出。其他机关（如妇联、信访办等）在纠纷解决中的作用很微妙，严格地说，它们不是解纷主体，而是增强解纷主体权威性的力量，但这在国家法律的影响力还很有限的少数民族地区是非常重要的。

第三节　准司法的功能拓展

功能是有特定结构的事物或系统在内部和外部的联系与关系中所表现出来的特性和能力。"应当从社会现象对社会环境的关系来评价社会的有用价值，即我们所说的社会现象的功能。"[①]或者说，"法律是功能性的"。[②]法律作为一种社会现象与社会有机体之间发生联系的状态，表明了法律对社会的一种适应性，这种相适应的地方就是法律的功能。法律功能实现于社会之中，法律对社会影响的程度，在一定程度上取决于法律功能的状态和结果。法院已经或正在成为现代社会解决冲突和纠纷的主要场合，因此大量的案件潮水般地涌进法院。法院负担过重成为很多国家法院系统所面临的最大

---

①　邓正来：《自由与秩序——哈耶克社会理论研究》，江西教育出版社 1998 年版，第21—29 页。

②　［美］波斯纳：《法理学问题》，朱苏力译，中国政法大学出版社 1994 年版，第 578 页。

问题。① 为了应对近年来的案件危机，西方各国纷纷对纠纷解决机制进行了改革，在法院内或法院外设置各种官方的或民间的替代诉讼的纠纷解决机构或纠纷解决措施，对纠纷进行过滤，以减少诉讼的压力。从而各种准司法手段得到前所未有的鼓励和重视。准司法作为一项司法制度，最重要的功能就是解决纠纷，其有效性取决于它能够在多大程度上发挥这一功能，因而，当前应当通过完善准司法的制度设计，有效地发挥其解决回族民间纠纷的社会功能的作用。

政府行政职能机关成本是纠纷当事人在解决纠纷过程中的各种费用支出的总称，也即社会维持政府行政职能机关本身所支付的成本和直接参加准司法过程的当事者、第三者所支付的成本。前者如国家设立准司法组织和维持政府行政职能机关所需的人员和物质方面的费用，以及准司法解纷过程中的时间耗费。后者主要是回族民间纠纷当事人在准司法的过程中所花费的与回族民间纠纷解决有关的各项支出和时间的耗费。考察政府行政职能机关的社会功能应以前者为中心，但是二者之间存在着相互影响和相互转化的关系，所以对于后者也不容忽视。因此，降低交易成本最有效的方法便是尽量减少外在成本。② 政府行政职能机关成本是回族民间纠纷当事人

---

① 在美国，1960 年联邦地方法院受理的案件数是 8 万件，1983 年便达到 28 万件，增长率为 250%；联邦上诉法院的受理案件数则从 1960 年的 3765 件增至 1983 年的 29580 件，增长率为 686%。据法国司法部对 1975—1995 年 20 年间法国法院民事诉讼受案状况的统计，一审民事和商事案件增长了 122%，积案增长 300%。中国台湾地区也同样面临此类问题。根据台湾"司法院"的一份报告，1994—1997 年 4 年间，"最高法院"受理案件数从 16203 件增至 20310 件，"高等法院"及其分院自 89416 件增至 94429 件，"地方法院"案件数变化最为惊人，从 1895676 件增至 3025710 件，增长率近 60%。据统计，1988—1997 年 10 年间，台湾民事案件受理总数增加几乎两倍。中国人民法院近年来的案件负担状况也令人担忧：从 1990—2001 年，人民法院总受案数全面持续上涨，从 321 万件上升到 594 万件，增长近一倍，其中尤以民事经济案件上升最快。人民法院的积案问题也很严重，至 1998 年 12 月底，有未结案件 37.9 万件，1999 年有 37.6 万件（转引自李道刚《美国法院建立调解制度的历史尝试》，载《甘肃政法学院学报》2006 年第 7 期）。

② 根据商品经济社会的成本公式，社会成本由私人成本和外在成本构成，我们可以通过减少私人成本和外在成本的方法来降低社会成本。节约交易成本是法律的重要功能，其实质就是在市场交易主体从事权利交易必然会耗费一定的私人成本的前提下，通过某种制度安排，消除基于市场交易和当事人的原因而产生的各种外在成本和不确定性，从而使私人成本接近于社会成本，个人收益率接近于社会收益率（参见道格拉斯·G.拜尔等《法律的博弈分析》，严旭阳译，法律出版社 1999 年版）。

之间围绕达成准司法协议而合作的成本，是当事人为追求合作而付出的一种代价。与此相比，司法成本则是依法强加于当事人的一种外在成本，因为当事人的消极和被动承担，而不易被"内部化"为当事人的私人成本，往往需要依法强制执行，从而增加了胜诉当事人和法院的成本。与司法相比，政府行政职能机关中的当事人可以跨越复杂的诉讼程序的限制，直接就回族民间纠纷的争执点展开讨论。由于准司法的目的是寻求满意的解决，因而可以避免在细微的事实问题上投入不必要的资源。

司法依据法律规范对争议双方的权利义务关系进行裁判，因此通过审判得出一个争讼双方一致赞同的结论几乎是不可能的。这种正确和错误的泾渭分明的判决结论，很可能表现为对抗一方的强制结论，导致回族诉讼当事人之间的关系难以或不可能再维持下去。而且，这种终局性裁决与法院试图恢复的社会关系相比，只能引起同样多甚或更多的社会问题，由于法官只是依据法律刻板地裁决双方的权利义务关系，因而排除了本来应该从回族民间纠纷的背景、当事者间的人际关系等回族民间纠纷整体性质出发寻找符合当事人需要的恰当解决回族民间纠纷的可能性。诉讼强调权利排他的绝对属性，常常导致回族当事者之间发生不必要的感情对立。法院的判决在许多情况下并不能使回族民间纠纷得到真正的解决，有时反而还会加剧当事人之间的冲突和对立。① 政府行政职能机关和谐人际关系的功能体现于准司法的过程和结果之中。从过程来看，一个由政府行政职能机关创造、提供的令当事人平等自由地进行对话的场合，可以使某些令回族民间纠纷复杂化的感情因素被一定程度地消解，使当事人双方通过情感的充分交流，更客观地考虑对方的主

---

① 与审判不同，行政调解往往意味着回族普通民间纠纷当事人在争取自己权利方面的相互妥协，某种程度的忍让是和睦交往的一个绝对的前提。准司法的过程实际上也是当事人双方互相沟通、交流的过程，准司法的功能就在于促使回族普通民间纠纷当事人通过互谅修复已经受到破坏的人际关系的和谐，并防止这种破坏发展到更为严重的程度，使人们重新成为友好睦邻、亲密的合作者或感情融洽的同事。

张，从而为一种双方都能满意接受的回族民间纠纷解决方案的获得提供平台。在政府行政职能机关的主持下，当事人之间达成的协议是回族当事人权利自由处分的结果。司法追求的是严格合法前提下的对回族民间纠纷的正确解决，它只关注案件中那些具有法律意义的问题。由于司法严格地受当事人起诉范围的制约，这决定了司法是一种被动的回族民间纠纷解决方式，仅解决回族民间纠纷的法律问题。而在社会意义上，该回族民间纠纷能够在多大程度上得到根本解决，仍然不可预知。与判决不同，政府行政职能机关所要寻求的是一种对回族民间纠纷法律因素，也包括其他物质的、精神的各种因素权衡基础上对回族民间纠纷的妥当解决。对于特定社会环境中的群体，政府行政职能机关对于人际关系的调整具有相当重要的意义，因为它可以促进社会的安定，从中国的传统来看，具有一定的渊源性。① 因而，中国的行政管理在本质上是属于准司法性的，是一种着重于恢复当事人之间关系的解纷方式。

① 中国古代各朝封建政权都将维护社会的稳定作为优先考虑的目标，因而除了宗族调处、邻里调处等诉讼外方式盛行以外，即使是官府也尽量运用调处的准司法方式化解争讼。在民主革命时期，陕甘宁等革命根据地的法院普遍采用准司法方式处理回族普通民间纠纷，除了为与旧式的司法制度相区别这一政治目的外，其关键的原因还在于它有利于保持人民内部的团结，这对于处在强敌包围之中的革命政权来说是至关重要的。新中国成立以后，中国也一直将维护社会稳定和人民团结放在十分重要的位置（强世功：《权力的组织网络与法律的治理化——马锡五审判方式与中国法律的新传统》，载《中国法学》2007 年第 5 期）。

第四章

自 组 织 层 级

——以清真寺为例

　　纠纷是人类在社会经济发展中不可避免地必然存在的负面社会现象。回族民间纠纷指回族群众之间因参加社会活动或进行物质交换所发生的利益冲突。[①] 一般地，回族普通民间纠纷的解决途径有：司法途径；准司法途径；乡土解决途径。虽然从回族聚居社区适用频率的实践层面看，除司法途径外，当前回族群众求助于准司法的解决纠纷途径要远高于其他途径，但清真寺调解的解纷途径也是客观存在的。这是由于，"乡土社会秩序的维持，有很多方面和现代社会秩序的维持是不相同的"。[②] 纠纷已成为当前回族社区中较为常态化的利益冲突形式，而清真寺作为介于国家与回族社会之间宗教教育和日常生活的服务性组织，在解决回族普通民间纠纷中扮演着重要角色，以清真寺为基本载体的清真寺调解解纷途径已构成回族

---

　　① 依据回族民间纠纷的表现形式及其对社会秩序影响程度的不同，将回族的民间纠纷区分为回族普通民间纠纷与回族特殊民间纠纷。回族普通民间纠纷是指发生在回族社区成员或组织之间，社会危害性较小，所采取的冲突方式较为和缓、社会影响较轻的一类民间纠纷，这类纠纷在回族社区的发生与存在具有客观性和长期性，不对社会正常秩序的维护构成严重的障碍，对于政府管理和运行也不形成根本性限制。回族特殊民间纠纷是指发生于回族成员间基于对伊斯兰教义的不同理解而引发的教派之争，此类纠纷具有一定的群体性特征，但此类纠纷的发生数量以及纠纷所形成的负面影响与回族社区的社会稳定具有一定的关联性，因而谓之"特殊"。

　　② 费孝通：《乡土中国　生育制度》，北京大学出版社 1998 年版，第 49 页。

社区多元化社会纠纷解决机制不可或缺的组成部分。① 清真寺调解纠纷方式的简便性、灵活性成为其介入纠纷解决并发挥作用的主要形式。"伊斯兰认为对他人之间的矛盾和纠纷不能视而不见,置若罔闻,应当积极主动地出面调解,以平息纠纷,缓和冲突。《古兰经》生动的文词说明排难解纷的回赐:'他们的秘密谈话,大半是无益的;劝人施舍,或命人为善,或劝人和解者〔秘密的谈话〕除外。谁为安拉的喜悦而做此事,我将赏赐谁重大的报酬。'(4:114)意思是说,人们为着解救贫困、劝人戒恶和化解矛盾,在一起商讨策略,不但不属于背谈非议被禁止的行为,而且将获得安拉的丰厚报酬。"② 因此,通过清真寺及其纠纷解决途径的研究,对于构建和谐稳定的回族社区秩序无疑具有重大的社会现实意义。涉及国家行政管理部门的事务,清真寺采取的主要方式是向当地伊协或有关行政管理部门口头反映情况或书面提出申请,而对于受理的回族普通民间纠纷问题,在一般情况下,由清真寺(包括寺管会成员、阿訇、社会威望人士)对纠纷进行居间调解或由伊协出面协助调解。但如何受理纠纷并进行调解,实践中并无成文规定。解纷途径的价值不只在于对其用文字进行固定从而形成制度,更重要的是应从实证层面对其运行进行功能审视,因为仅对解纷机制进行文化的或制度的分析只能获得印象和抽象的解读。然而,要全面获得清真寺在回族聚居社区纠纷解决体系中运行、功能、作用的理解,必须结合具体的田野实证资料进行分析。因此,本书将通过对清真寺调解解决回族普通民间纠纷过程完整的田野调查并结合其他实证材料,深入考察清真寺在纠纷解决中的职能及其社会效益。

---

① 清真寺是回族举行宗教活动的场所,其主要职能大体可分为三类:一是协助有关行政机关对回族群众的宗教活动进行日常管理。比如,接受有关行政部门对宗教活动的监督、检查。二是通过自身活动维护回族信仰宗教和进行宗教活动的合法权益。比如,就有关回族合法权益的问题,向有关行政部门或伊协反映并提出建议或者损害回族合法权益的行为,支持回族进行申诉。三是对回族普通民间纠纷的争议进行受理,并对争议事项进行调解。这种清真寺调解纠纷的功能,在绕寺而居的回族社区里是普遍存在的,只是在不同地域环境下,作用的认可度存在差异性而已,用一句在调研过程中一位阿訇的话来说就是:"教门越好(信仰越深)的教众,清真寺的调解作用就越好。"

② 马贤、马效智:《伊斯兰伦理学》,宗教文化出版社 2005 年版,第 250 页。

第一节　清真寺解决纠纷的生成机理

回族普通民间纠纷的内容具有一定的社会性，主要体现在纠纷主体实体利益的内容方面，如维护民事权利等。由于回族普通民间纠纷多数针对具体的实体利益纷争，因而争议双方当事人通常是自然人或组织，但纠纷结构中的一方或双方也可能是多个主体。一方面，纠纷主体对实体利益的内容追求具有差异性，致使各种纠纷主体根据纠纷内容的不同所采取的解纷途径有所不同。但另一方面，纠纷主体也并不排斥与他人一起共同参与某种纠纷的解决，并求助于共同认可的权威以满足自己的实体利益追求。只是不同纠纷主体在价值取向上有较大的差异性，这主要是针对回族普通民间纠纷的涵盖内容而定的。总体上讲，这种清真寺特色的调解有如下属性：

第一，调解对象实体利益的特殊性。部分回族普通民间纠纷通常难以在司法程序中得到解决。由于纠纷主体的实体利益对象是回族成员，因而求助于清真寺调解有其必然性。在清真寺调解纠纷的过程中，纠纷主体往往借助于清真寺与社会成员及宗教组织之间的内在联系表达自己的实体利益，因而较之向司法机构提出的实体利益更为直接。应该注意的是，回族普通民间纠纷中的某些诉求无法按照现行法律进行处置，或者按照现行法律得不到满意的处理结果，如涉及民族、宗教等特征性问题的纠纷。即便某些以经济利益为内容的纠纷可以提起诉讼，由于涉及某些具体的民族利益问题而在法律上难以作出是非评价。此外，有些回族纠纷主体的实体利益尽管具有一定的合理性，但依据现行法律根本不可能得到司法的支持。① 换言之，根据现

---

① 回族群众适用清真寺调解途径在某种程度上缘于特定纠纷主体对清真寺解纷方式的低成本性追求，纠纷主体缺少必要的司法解纷成本（如诉讼费、仲裁费、聘请律师费）是这类纠纷未能完全进入司法机构解决的主要原因之一。在回族普通民间纠纷的清真寺调解解决过程中，清真寺不仅有能力居中协调，而且在许多情况下还能够通过解纷过程不同程度地满足纠纷主体的低成本解纷需求，这是司法解纷途径所不具备的优势行为（包括动用宗教资源）。

有法律规定解决所获得的处理结果并非纠纷双方的实际要求。

第二，调解客体产生的复杂性。纠纷作为调解主体的作用对象，其发生背景越复杂，主体作用的发挥就越有限。回族普通民间纠纷是个体或群体利益矛盾的集中反映。社会个体或群体在社会交往与商品交换过程中所产生的矛盾与冲突是导致纠纷的基本原因。因此，回族普通民间纠纷在一定程度上是回族社会各阶层成员之间的矛盾与冲突的现实表现。回族个体或各群体之间经济地位和社会地位的差异性决定了相互之间不可避免地会出现矛盾和冲突，以各种不同内容以及不同形式[①]所表现出来的回族普通民间纠纷，正是这种矛盾和冲突在价值取向上的具体体现。

回族普通民间纠纷所涉及的纠纷性质都不严重，一般来说纠纷性质越严重，双方矛盾的可调解性就越小，因而处理难度也越高，当事人一般更倾向于直接通过诉讼等国家正式解纷方式解决。回族群众之所以选择清真寺调解解决普通民间纠纷，一个很重要的原因是与纠纷处理过程相伴随必须要求宗教专职人员参与调解。

【案例一】[②]一名阿訇与另一人系朋友、邻居。几年前，阿訇以5万元把朋友借住的一处房产卖给了对方。但近几年房产升值了，估价14万元。卖方反悔。声称房子不是卖给对方的，是租给对方的，5万元为租金。双方为此纠纷诉至法院。因取证困难，经审理未果，却耗费了大量的人力物力。双方关系也变得极为糟糕。后到清真老华寺请阿訇调解。阿訇从教义方面对双方进行调解。对卖方说："你身为一名阿訇，是教门中人。整天给别人讲经布道，劝人向善，公平交易。你自己怎么能出尔反尔呢？"说的卖方，也就是这位阿訇低下了头，不说话了。阿訇又对买方说："他这么做固然不对。但换作你的话，你想想，看着很短的时间内，房子一下子增

---

① 在有些情况下，回族普通民间纠纷主体的一方通常是弱势、劣势阶层或群体中的成员，而另一方则一般为相对强势地位的社会成员，这类纠纷已成为回族社区不同经济和社会阶层的个体或群体之间利益冲突的组成部分。

② 按照学术惯例，为尊重被访者的隐私权，本书已对出现的人名作了技术处理。

值了好几倍。别人转眼间赚大钱，你心里肯定也不舒服，是不是？大家都是回民，都是回族，怎么能为这件事伤了和气呢？"买方也不吭气了。经阿訇调解，买方补偿了卖方几万元，双方和解。继续做好邻居、好朋友。

纠纷双方矛盾越复杂，对纠纷调解人的人文素质要求也就越高，因而，宗教人员对于教义的理解也必须深刻。"《古兰经》是一部宗教经典，其中有若干关于法律的规定，这已被世界公认。"① 在特定回族群体看来，运用这些规范处理纠纷，其结果的公正性更强，这就是为什么清真寺调解解纷中往往都有"门宦"的教主（通常被尊称为"老人家"）或阿訇（主要是格底目教派）参与的原因。对于这些一般性的普通民间纠纷，在一般情况下回族群众需要考虑纠纷解决的效率问题，宗教专职人员参与纠纷的解决，可以充分提高纠纷解决的效率。宗教专职人员的价值偏好能够影响纠纷当事人双方对实体利益的取舍，这对于仍处于传统社会的回族社区群众解决纠纷具有重要意义。对这些纠纷，回族当事人寻求司法解纷既不经济也不方便。故从便于回族接近和利用的角度看，清真寺解决纠纷过程的宗教专职人员的参与性，是清真寺调解、解纷的重要特点。结合相关研究，可以发现清真寺解纷在运作机理方面存在相对明显的几个特征。

一　清真寺调解、解纷过程的非程序化

从纠纷的处理看，清真寺调解纠纷的重点在于解决纠纷的实体争议，因而整个调解解决纠纷运作过程的非程序化②现象明显。按照与司法救济程序规范化、固定化的方式实施确定纠纷双方权利义务关系的司法行为相比较，清真寺调解的非程序化指调解行为运作过程没有强制性的规范对其进行限制，也即清真寺调解的运行程序具有较强的

---

① 夏勇：《法治源流》，社会科学文献出版社 2004 年版，第 232 页。
② 但程序在司法救济解纷中具有举足轻重的地位。正是通过对程序的有效限制，纠纷双方当事人才能根据法律的规定，在诉讼解纷活动中实现平等对抗并进行理性交涉，法官才能自觉约束和控制司法权的行使以防止权利的失衡与司法权力的滥用。

随意性。不止如下案例，本书所涉及的案例都有这个特征。

【案例二】基于城市建设的需要，某寺的后面要盖高层住宅。一些回族群众认为高层住宅遮住了太阳光，因而，为采光权的问题集体上访，不断到政府机关闹事。虽然政府认为建高层住宅是合理的，但如请强制机构来处理纠纷，不但会激化矛盾，而且于事无补。随后，市政府委托某寺阿訇解决这个难题。该寺阿訇利用周五聚礼讲卧尔兹时给大家讲道理，又将市政府的城市建设规划和已出台的相关法规对大家进行解释，使回族群众理解市政府的行为。为配合清真寺的努力，市政府具体职能部门又分别与各寺阿訇和一些回族群众座谈、调解纠纷。最后，建筑工程得以顺利进行，家庭采光受到影响的回族群众也得到了相应赔偿。事情得到圆满解决。

在本案例中，清真寺受理纠纷是基于回族教众的诉求，调解的地点即清真寺的办公室。清真寺的调解者以解决纠纷当事人实体利益为导向的调解思路以及在此指导之下非程序化的运作途径表现得尤为突出。在清真寺调解中没有诉讼中必须的权利告知程序，没有律师参与，只是通过非常宽松、随意的谈话形式展开。实际上，不只是上述个案，几乎对所有纠纷（极个别复杂、影响广泛的案件除外），清真寺都像上文描述的那样通过非程序化的途径进行调解。

二 解纷无规范性成文依据

在规范性方面，清真寺的调解与人民调解存在很大不同，《人民调解法》对人民调解的相关步骤、方式、方法等作出了较明确的规定，人民调解组织和人民调解员在调处纠纷过程中，其规范化特征相对明显。在清真寺调解解决纠纷的实际运行中清真寺对如何进行调解，在调解中需遵循哪些步骤，应采用何种调解方式和调解方法没有任何成文规定，只在清真寺具体处理和应对纠纷当事人时，在双方自愿、合理、公正的基础上，对争议事项进行处理。这可以和诉讼的解纷方式比较得出结论，下面的案例即先由法院解决，但司法的规范化并不能解决问题，最后仍然由清真寺的宗教人员出面协调处理。

【案例三】某社区张某因家庭人口增多，经土地管理部门批准，在原来宅基地基础上盖三层楼。在修建过程中，他的邻居李某因采光权问题与他产生纠纷，因言语不和，双方均无法作出让步。为了出一口气，李某诉至法院。由于是民事相邻权案件，法院对纠纷双方先期进行了调解，但双方争议太大，调解也失败了。法官在本该进行判决结案时，考虑到双方是邻居，日后还要继续生活在一个地方，因此便邀请寺坊阿訇参与纠纷调解。经阿訇对双方的纠纷进行调解，张某和李某也认识到世代相邻的人际关系协调问题，互相作了让步。后李某撤诉。

不可否认的是，由于缺乏成文规范，清真寺调解在对回族普通民间纠纷的解纷实践中表现出明显的纠纷处理过程的随意性。或许，这也是"司法万能论"支持者所指出的"硬伤"。但是，回族的清真寺调解解纷所依据的习俗惯例①是在当地的地域环境、特定文化环境、特定群体范围内自发形成的，为一定时期内特定群体普遍认可和严格践行，是具有相对规范性的行为准则，如果能够解决纠纷并实现社区和谐，我们就不应该忽视其存在。

三　解纷成本充分降低

国家权威性的司法纠纷处理方式程序化的直接后果是处理纠纷步骤的繁琐及时间延长，导致解纷成本特别是时间成本增大，这对具有实现实体正义和程序正义双重责任的司法解纷不可以避免，但可能与回族普通民间纠纷的当事人对纠纷的解决目标并不完全适配。

【案例四】某社区有兄弟两人因家族公司债务产生纠纷，调解

---

① 这些习俗惯例，虽然大多无文字对这些规范进行固定，但经过历史的传统文化积淀，其基本内容符合特定回族群体的意志，并对回族基层社区的交换和秩序形成了乡土权威。

无效后，纠纷进入诉讼程序。由于纠纷本身标的很高，打官司共花去律师费、诉讼费等十几万。虽然经过了繁琐的一审、二审程序，但兄弟双方都不服气，致使判决结果执行不下去，官司旷日持久。后经人提议，兄弟放弃了司法的解决纠纷方式，两人邀请了十个清真寺的阿訇共同参与调解纠纷。在调解过程中，十个清真寺的阿訇们先对纠纷产生的大致过程进行了梳理，最后从伊斯兰教义的角度对兄弟二人的公司债务纠纷进行了评析，认为在公司债务面前，兄弟二人应该互相支持，共同应对，不应该相互拆台。最后，在阿訇的主持下，和平解决了此事。兄弟二人后悔地对阿訇们说自己不该打官司，在诉讼中既伤了兄弟间的和气，又花费了许多钱，花掉的十几万本可以做许多善事，如捐资助学等。

"有效的权利界定和分配是能使交易成本降至最低的界定和分配。"① 这种利益选择取向只有以经济学的理论来解释，经济学认为作为个体的人是理性的，而追求利益最大化则是理性的人基于成本与收益的比较所作出的选择，选择清真寺调解正是以回族群众的收益最大和成本最小为目标对其他纠纷的解决方式，尤其是在对司法救济进行成本、收益、实效的比较后所作出的筛选与决断。回族普通民间纠纷当事人在通常情况下以实体利益的实现为导向，程序并不在考虑之列。"以诉讼为形式的交易不会增加社会财富的总量。"② 在大多数回族群众看来，司法救济虽然在表面上可以实现正义，但这种正义除了较高的成本外，最后正义结果的不确定性也限制了对此类解纷方式的适用。清真寺调解不收取任何费用，调解结果的执行性和可靠性使回族解纷成本达到最小化，也使这一解纷资源得到了高效利用。

以上述案例为样本，这种回族的清真寺调解纠纷运行机理本质上与调解中争议双方解决实体利益问题的价值选择有关。在上述案

---

① 钱弘道：《法律的经济分析》，清华大学出版社 2006 年版，第 93 页。
② 贺海仁：《谁是纠纷的最终裁判者》，社会科学文献出版社 2007 年版，第 264 页。

例中，清真寺调解人员开始晓之以理，如在案例一中，老华寺阿訇向卖方解释有关伊斯兰教义的规定；进而动之以情，如要求买方为卖方想想；最后施之以压。这种调解形式所蕴涵的方式、方法充分体现了清真寺调解所采取的以教法服人的解纷技巧。值得关注的是，清真寺更多强调具体情况具体对待。清真寺调解、解纷的最终目的不在于区分纠纷的是非曲直，而在于纠纷的解决和消弭，即强调解决实体问题。清真寺在处理纠纷时更多关注如何在纠纷双方当事人之间关于争议事项达成共识，以达到尽快化解矛盾的目的，因此，情、理、教并用和不拘泥于程序限制是实现实体利益的关键。

第二节　清真寺解决纠纷的基本特征

"伊斯兰伦理具有和其他宗教伦理相似甚至更为强劲的心理调解功能，可以有效地净化人们的心灵，平衡人们的心理，引导人们去恶从善，提升社会的整体道德水平，促进中华各民族人心的凝聚，为治疗世界性的道德重创作出她一份独特的奉献。"[1] 回族传统文化的各个方面之间有着密切的联系，清真寺调解作为回族社会生活中的一种解纷规范体系和观念形态，与回族宗教信仰要素不可分割。"伊斯兰教有利于个人，无害于社会，这里由其信仰所决定的。"[2] 清真寺调解以回族社会为基础，是回族传统文化的产物，与回族政治、宗教、道德等一样同属于维护回族社会基础的组成部分。"伊斯兰法，就其本来意义而言，并非是由国家颁布的制约全体臣民的一种综合性法律，而主要是以宗教名义规定的只用于全体回族的神圣法律制度。"[3] 清真寺调解作为维护回族社会价值观念和秩序稳定的制度文化，是回族社会实现自我控制和保持自身社会稳定、发展的一种工具和手段。总体来说，清真寺调解具有以下基本特征。

---

① 马贤、马效智：《伊斯兰伦理学》，宗教文化出版社 2005 年版，第 10 页。
② 杨捷生：《伊斯兰伦理研究》，宗教文化出版社 2002 年版，第 208 页。
③ 张秉民：《伊斯兰法哲学》，宁夏人民出版社 2002 年版，第 19 页。

一 行为规范性

"一个教徒的道德品质、道德修养、道德面貌等等，一句话，他的道德状况如何，关系到他是否完全听命于真主，他的信仰是否虔诚、纯正，而他的道德状况又会在日常的宗教生活和世俗生活中表现出来。"① 一定的规范是特定群体社会关系良性运转的保障，行为规范维护的是社会秩序的平衡和稳定。清真寺调解的规范性是指在其他社会结构要素的共同作用下，表现出对具体的回族个人或回族群体的行为进行规范的必要性和有效性，是对伊斯兰教义中所蕴含的公平、正义、平等之价值观念践行的实际体现，其目的在于对具体的人或组织的行为进行调控。中国的回族总体上一直被直接纳入中央政权的直接行政管辖和国家制定法规范的约束之下，比较而言，清真寺调解的解纷方式仅处于一种非主流文化状态。但是，社会生活的复杂性和多样性使国家规范难以深入回族社会的每一个角落，因而，在回族的社会交往和商品交换的具体实践中，其特有的社会规范仍然发挥着独到的作用。清真寺调解的功能与一般国家规范的功能既有相同之处，又有不同之处。二者的相同之处主要在于它们都发挥着调整社会秩序的功能，不同之处在于，清真寺调解的适用对象有特定性。从秩序的视角看，作为社会控制手段的规范是多元化的，因为随着社会的发展与分化，人类的生活方式亦趋多样，由于商品交换和人际交往所产生的纠纷愈趋复杂，因而由规范调整的领域也更广泛，除了被制定来确保社会整体得以平稳有序进行的官方规范外，在社会生活的诸多方面也存在大量的非官方的规定。② 清真寺调解不具

---

① 金宜久：《伊斯兰教》，宗教文化出版社1997年版，第325页。

② 之所以形成这种格局，是因为不同文化背景的习惯、惯例有助于将复杂多变的社会生活发展趋势控制在合理稳定的范围之内。清真寺具有规范、宗教、道德的多重层面的文化特性，伊斯兰教义是回族共同意志的体现，依据教义而形成的道德标准与行为规范产生于回族在长期共同生产生活中反复的行为模式基础上，符合多数回族群众的意志。清真寺调解的目的是维护有利于民族个体或群体之间的社会关系和社会秩序，是一种带有浓厚自治色彩的乡土解纷形式。从性质上看，清真寺调解偏重于对回族具体行为的评价、指引、教育、调整和约束，对回族民众的社会秩序和个人行为均具有很广泛的规范力。

有国家司法的强制执行功能，其对回族社会的规范功能主要通过宗教信仰、解纷实践、行为评价的示范效应发挥作用。"伊斯兰教所鼓励的行善、施舍、济贫、亲爱友邻等道德规范，起着调节社会关系、缓和社会矛盾的作用。"[①] 清真寺调解传达的教义是传统回族社会中一种内控性的生活制度，是回族社区内人们用以辨别是非、审视自我言行、进行价值取向的重要标准。由于清真寺调解不需要国家强制力的威慑即能实现其自身存在的意义，所以能够在对行为的规范、约束中实现对社会秩序的直接调控。

二　行为导向性

清真寺调解把宗教、道德规范融合在一起，构成回族的行为规范，对回族民众的行为有导向和约束作用。这种导向功能首先通过宗教信仰来体现。而宗教信仰主要通过回族普通民间纠纷的双方当事人对伊斯兰教的教义理解而实现。规范和恢复回族之间的社会关系是清真寺调解的基础和根本，但这主要靠当事人双方对宗教教义的内心体验来维系。清真寺调解的过程主要在于满足回族对伊斯兰教教义的理解与尊重，使纠纷双方对实体利益争议的现实反映与个人理想信念中的宗教教义联系在一起，将自己的言行自觉地置于教义的监督之下。清真寺的调解过程把回族的精神理想和现实生活紧密地结合到了一起，让信仰成为一种现实的生活方式，使人们在现实生活（或者说纠纷解决）中找到了精神依托。清真寺调解不仅通过信仰规范确立了回族对宗教教义的义务和关系，还通过纠纷的解决确定了当事人之间的义务和权利，并将这种社会关系上升到宗教信仰的高度，以确保这些规范能被人们自觉地遵从。[②] 清真寺调解

---

① 金宜久：《伊斯兰教》，宗教文化出版社 1997 年版，第 56 页。

② 更重要的是，清真寺调解在指引回族遵守教义的同时避免违反国家规范法律，努力实现着清真寺调解对国家规范的补充、辅助和支持功能。清真寺调解培育了回族特有的规范心理和信仰观念，由此产生的价值观决定了对实体利益的价值判断和行为选择。与此同时，清真寺调解解决纠纷的过程明确了回族成员的权利、义务关系，在现实生活中起着积极的行为导向和秩序规范功能。

通过纠纷的解决结果对回族的行为产生影响，这既包括制裁违反规范的行为从而为回族成员起到惩戒作用，也对群体成员产生了行为示范作用。总之，清真寺调解对于回族的行为和社会生活秩序起着一定的控制作用，通过约束个体成员的行为而达到群体秩序的稳定与恢复。

三　规则的民族性

回族在中国形成具体的少数民族之前，既没有密切的血缘联系，又没有共同的居住区域，甚至没有共同的语言，但在与汉民族通婚及经济往来中没有被同化，却能不断吸收其他民族成分，不断发展壮大并最终形成了新的民族，这与伊斯兰教教义在回族等信仰伊斯兰教的少数民族形成过程中的整合作用密不可分。而且，中国回族在形成民族以来历经数百年的发展仍能在中国主流文化的引领和多民族文化的交流、融合之下不被同化，则与具有中国伊斯兰文化特色的清真寺文化的特殊凝聚力有直接关系。清真寺对回族而言，不仅是回族进行宗教活动的场所，而且规范着回族成员的社会行为，对于稳定社会秩序起着重要作用。伴随着回族的宗教信仰，伊斯兰教义已内化成为回族的一种自律心理①，清真寺调解文化对于增强回族凝聚力，保持民族文化传统起着重要作用。清真寺调解的这种规范文化聚合了回族的民族精神，巩固了回族的认同感。

四　传统的承继性

一个民族的传统文化总是依靠一定的形式才得以表现和被感受到。传统文化常见的表现形式有器物、艺术、规范、语言、文字等，在传统文化的表现形式中，民族规范文化的作用十分突出，不仅有记录传统文化的功能，还有向人们提供传统行为准则的功能。

---

①　这实际上是一种民族意识的具体表现，并通过规范、习俗、信仰等表现出来，体现为对宗教教义的虔诚、坚定而不容冒犯的最神圣的情感。

民族规范文化的内容涉及社会生活的方方面面，包容了民族规范文化①的基本方面。以伊斯兰教教法为内核的清真寺调解，是伊斯兰传统文化的重要组成部分。"宗教法律是宗教组织为了巩固和维护其信仰秩序，以宗教教义为依据判定和履行的强制性规范。"② 一方面，清真寺调解本身就是一种制度性的文化，它以权利、义务为核心将伊斯兰教教法特有的强制性和威慑力所形成的伊斯兰规范文化固化为一种回族成员思想上理解和行动中实践的行为准则。另一方面，清真寺调解把抽象的内心体验转换为现实"规范"的强制性，履行着伊斯兰文化的传承功能，维系着回族民族的延续、发展过程。"伊斯兰教法带有神圣性、强制性、永恒性。其神圣性不是来自理性判断或功利主义的需要，而是出于虔诚的宗教信仰和宗教情感即相信宇宙万物皆为安拉所创造、所安排。"③

第三节　清真寺解决纠纷的适用规范

与准司法等非司法审判的调解类似，清真寺调解也要策略性地运用各种纠纷双方所能接受的规范。从前文案例中，应该可以得出清真寺对以下具体规范的运用：首先，运用道德规范对双方进行层面上的劝说。其次，根据回族宗教教法对教众的基本行为规范要求双方互谅互让，必要时提出兼顾各方利益的解决方案。关于伊斯兰教法的作用，吴云贵先生作过深入的研究。吴先生认为："伊斯兰教是两世兼重的宗教，而尤为重视现实的人生世界。它力图根据时代和外部环境的变迁，不断地增强自身的活力，因而至今仍然生机勃勃。它对当今人类生活的影响涉及政治、经济、法律、教育、思想意识、伦

---

① 回族的规范文化与人类社会的其他文化一样，其发展具有历史的连续性，清真寺调解通过自身的解纷过程将回族历史上所创造的优秀文化精神传统加以保存，然后不断延续和传承，从而使清真寺调解的发展具有文化发展的承接性。不仅如此，通过清真寺调解的运行还可以使清真寺调解解决回族民间纠纷的实践行为得到有效完善，促进回族社会的和谐发展与进步。

② 胡春风：《宗教与社会》，上海科学普及出版社 2004 年版，第 94 页。

③ 同上书，第 97 页。

理道德、民俗习尚各个领域，故此国外有些回族学者常以'理想的社会制度'、'完美的生活方式'来描述伊斯兰教信仰，强调其丰富的内涵。伊斯兰教之所以具有如此广泛的影响，概因它是一种源远流长、千姿百态的宗教文化，而它的核心内容之一便是以认主独一为基础，包罗万象的伊斯兰教法。"① 除此之外，他还认为："伊斯兰教法以宗教教法为基础，又是教义信仰的行为方式上的集中体现，基本上是属于宗教伦理性质的；其根本宗旨可以概括为'命人行善，止人作恶'。它是回族民众待人接物、持身律己的行为准则，所以常被称为'私法'。但由于'尊礼守法'的观念是以宗教信仰为前提的，以服从主命为出发点，因而更具有恒定性，历史上即使为之提供政治庇护的伊斯兰政权已被推翻，回族大众仍对主命坚信不疑，严守伊斯兰教法。"② 在纠纷处理过程中，清真寺没有调查纠纷本身的证据问题——双方在法律上的责任是不一样的，其关注的重心在于纠纷能否得到妥善解决，双方当事人对此是否满意。

上述有些规范的运用可能在不同的纠纷调解中都存在，只是在表现形式上或使用角度上存在着差别而已，清真寺为解决纠纷所依靠的这些规范体现了调解者对可能不接受调解方案的一方当事人的心理压力，为达成纠纷解决的目的，清真寺在实践中大致会运用如下一些规范。

一 宗教规范

《古兰经》是最主要的规范。"它（《古兰经》）包括了宗教义务、民商贸易、犯罪刑罚、婚姻家庭与继承、战争与和平、回族、非回族以及奴隶的地位，等等。它不仅包括严格意义的法律规定，还涉及人们生活习惯的某些细节，它不仅规范人们的外部行为，还突出强调人们的道德内修，劝导人们行善、公正、节制、宽恕和互

---

① 吴云贵：《真主的法度——伊斯兰教法》，中国社会科学出版社 1994 年版，前言第 1 页。
② 同上书，前言第 5 页。

助。"① 还有，"宗教和道德的关系表现为道德的宗教化和宗教的道德化"。② 清真寺具有借助宗教权威人员的基础优势，这是其利用现实条件调解回族普通民间纠纷而形成的一种便捷、高效的解纷途径。在有着信仰伊斯兰教传统的中国回族社会，社会生活中清真寺对其的影响和控制最为彻底，加之又拥有以宗教权威人员为依托的宗教活动，对纠纷双方容易形成最为直接的威慑。除进行日常宗教活动外，清真寺可就有关回族合法权益的问题，向有关部门反映、查询，提出建议，这一职能成就了清真寺借助宗教资源解纷的合理性。清真寺无论在设立过程、经费来源等方面，还是在处理回族普通民间纠纷的过程中，都与宗教规范特别是宗教权威人员的威信存在着密不可分的关系，实际上已成为回族宗教活动的主要载体。"从理想的层面讲，法律要得到人们自觉的遵守，它就需为人们所信奉，宗教法正是这样典型的信仰之法。"③ 既然与宗教相关，当然清真寺解纷首先须借助教法的力量。"宗教对道德的最根本的影响在于道德的基本准则以宗教的形式出现，宗教为行为道德判定提供了终极性的善恶依据。"④ 在实践中，由于宗教权威人员主要在清真寺从事宗教活动，而且宗教权威人员的日常办事机构也都设于此，故清真寺借助最多的解纷权威资源就是宗教权威人员（如格底目教派的阿訇）。清真寺是宗教权威人员进行宗教活动的主要场所，这样，两者在许多方面就融为一体。事实上，尽管在某些情况下，清真寺与宗教权威人员是两个相对独立的主体（如门宦教派的教主），但清真寺的权威性已包容于宗教权威人员的权威性之中，可以说，宗教权威人员已成为清真寺调处纠纷的主体。⑤ 因此，当居于优势

---

① 高鸿钧：《伊斯兰法：传统与现代化》，清华大学出版社 2009 年版，第 15 页。
② 胡春风：《宗教与社会》，上海科学普及出版社 2004 年版，第 91 页。
③ 高鸿钧：《伊斯兰法：传统与现代化》，第 19 页。
④ 胡春风：《宗教与社会》，第 181 页。
⑤ 在某些情况下，清真寺日常管理机构（如寺管会）在无法解决回族普通民间纠纷时，可向宗教权威人员反映情况、提出建议，由于清真寺与宗教权威人员的特定关联关系，清真寺日常管理机构的意见、建议往往会成为后者进行纠纷调解的主要参考。

地位的纠纷一方不愿协商解决时，宗教权威人员常借助其权威使其接受调解方案。前述纠纷中双方最终接受清真寺的调解建议，正是上述解纷运作的实际效果。

二 道德规范

清真寺对损害回族成员合法权益或社会公共利益的行为，具有通过适当途径予以揭露、批评的职能。① "伊斯兰道德，是一种符合伊斯兰思想的价值形态和比较稳定的心理状态，是伊斯兰对伦理准则的基本态度。伊斯兰教法则指确保人们不偏离安拉所喜悦的正道的行为规范。"② 虽然中国正处于社会转型期，在市场经济条件下，每个人的价值取向都在发生着改变，但在现代的回族基层社会，道德规范对其行为的影响之广、作用之大，在某些场域甚至超过了国家权力。"在伊斯兰看来，道德和教法是一个完整的统一体，缺一不可。道德是教法的基础，教法是道德的保障。道德的作用在于净化人们的心灵促使主动扬善避恶，教法的作用在于约束人们的行为防止失范。"③ 回族的宗教信仰是确立其道德准则的基本前提，道德规范蕴含伊斯兰教的教义和渊源，对回族从事商品交换、社会行为中的权利义务进行道德评价以修身律己。对于发生矛盾冲突的纠纷双方，实体利益在某种意义上是其根本利益之所在，但当实体利益的获取与其在回族社会的道德评价相关时，纠纷双方对此就尤为重视。清真寺对道德规范的利用主要是借助公众评价。相比较而言，这种方式虽程序性有所欠缺，但由于道德评价自身影响力较大，因而得到更普遍的关注。事实上，借助道德评价的回族普通民间纠纷大多得到较圆满的解决，这也对清真寺借助道德评价处理回族普通民间纠纷的积极性有了进一步鼓励。但必须注意的是，"然而，教

---

① 在实践中，清真寺越来越注重对这一廉价、高效的社会资源的利用，一个典型的例证是清真寺阿訇在每周五的聚礼活动中均有"卧尔兹"的宣讲，从而教育教众规范自己的行为。

② 马贤、马效智：《伊斯兰伦理学》，宗教文化出版社 2005 年版，第 15 页。

③ 同上。

法与道德毕竟有所区别。首先，教法规定了回族在宗教生活中应予遵循或应予禁戒的条款。即规定何者是合法的，何者是非法的。对回族来说，这类条款具有一定的强制性和约束力，是教徒必须履行的一种宗教义务、社会职责。即便是在俗世生活中，教法的规定亦应贯彻始终；道德则不同，它是回族在宗教生活与俗世生活中，有关律己、待人、接物、处世的一整套行为准则和规范，这些行为准则和规范是伊斯兰教劝诫并鼓励教徒身体力行的，并不具有任何强制性和约束力"。①

三　习俗惯例

习俗惯例与道德既有相同之处，也有自身独立的品格。回族习俗文化传统是在社会实践中形成和发展起来的，与特定的生产、生活方式、政治制度、宗教信仰等密切相关。为了维护国家的稳定，历代的统治者在立法和司法实践中都十分重视这种文化传统差异性而分别采取不同形式进行国家法制的执行变通。由于源于回族群众的社会生活，贯穿着回族群众的心理和情感的习俗惯例往往能为回族成员提供一种行为模式，并为回族成员所自觉信仰和遵守，在回族地区其作用远远大于法律。经济文化的落后和恶劣的自然环境的影响使大部分回族的居住地区仍处于乡土社会之中，在商品交换中处理纠纷经常排斥国家法律的适用，纠纷解决的根据是回族的习俗惯例，这使其传统社会秩序得以维持，但同时也是对司法救济介入回族普通民间纠纷的一种补充。

第四节　清真寺解纷能力的调适

作为社会发展和经济运行过程中各种复杂要素相互对抗的综合结果，纠纷的成因极为复杂，因而对于特定纠纷解决方式的研究，

---

① 金宜久：《伊斯兰教》，中国社会科学出版社 2009 年版，第 265 页。

应该对产生特定纠纷的社会因素的基本特征进行整体分析。回族普通民间纠纷的发生及其解决，除了具有解决纠纷问题的共同性因素以外，最根本的问题还是要研究回族普通民间纠纷产生的根源，这有助于对回族普通民间纠纷的基本特征和对此类纠纷解决的适用途径及方式的研究，因而本书对于回族普通民间纠纷适用清真寺调解纠纷方式的成因探讨，将主要对这方面因素进行分析。

第一，文化传统是清真寺调解适用于回族普通民间纠纷的基础性原因。

首先，在社会转型中每个社会成员都不同程度上面临着多重文化的调适，但不同群体在此过程中对不同文化的适应性存在着较大差异，这种差异所造成的不同社会群体对各自文化背景及传统习惯的保留有所不同，进一步造成了特定社会群体对于本身文化传统维护的长期性。特定社会群体在经济转型中基于传统文化背景所产生的思想观念不能与新型文化类型调适，由于这种文化背景并非是在短时间内形成的，因而，这种传统文化意识保留还将进一步存在。当前，过高的解纷成本①使得思想观念无法适应主流文化的群体或者收入较少的社会群体难以接受解纷成本的改变，对国家正式解纷方式的不满转而形成对社会的抱怨或对另一部分解纷方式的适用甚

---

① 诉讼成本的负面影响已成为回族适用司法救济的障碍之一。"诉讼具有负价值，这一点隐含下述前提中，即错误成本与直接成本大于程序利益。尽管个别的原告能够获得损害赔偿和其他救济，从而从诉讼中受益，但全面地看，诉讼纯粹是一种损失。因此，从社会的立场或从潜在的原告或被告的立场来看，应避免打官司。法律体系和程序存在的理由在于它是一种较轻的邪恶，用法律来解决争执胜于血亲复仇、野蛮的犯罪与暴力。"（参见［美］迈克尔·D. 贝勒斯《法律的原则——一个规范的分析》，张文显译，第37页）"作为人类特定实践的诉讼，无论在客观上，还是在冲突主体以及统治者的主观认识中，都是一项能够产生一定效果，同时又需要支付一定代价的行为。"（参见柴发邦主编《体制改革与完善诉讼制度》，中国人民公安大学出版社1991年版，第72页）所谓诉讼成本是指诉讼运作整个动态过程所付出的代价，即诉讼主体实施诉讼行为所耗费的人力、物力和财力的总和。波斯纳认为诉讼成本主要包括两类：一是错误的司法判决的成本；二是诉讼制度运行的成本（直接成本）。后者包括公共成本（如法官薪金、陪审员和证人报酬、法庭设施）和私人成本（如法院收费、律师费用、专家费用）（参见［美］理查德·A. 波斯纳《法律的经济分析》，蒋兆康译，中国大百科全书出版社1997年版）。

而推崇。① 其次，也许更为重要的是，由于中国民众长期以来一直具有"厌讼"观念，这种观念差异并不是短时期内形成的，经济转型中的某些文化观念转换只为部分社会群体所适应。而少部分社会群体基于知识背景与经济背景不愿意利用司法等国家正式解纷方式解决他们的实体利益，这无疑加剧了部分社会群体对于司法解纷方式的边缘化。最后，在经济快速发展的过程中，不可避免地存在着部分地区发展缓慢甚至负发展的情况。经济的落后直接导致了部分社会群体对新型文化种类的观念抵制和消极适用，国家的"送法下乡"、"法制宣传"有时并不能从根本上解决司法主导的纠纷解决方式的传播。经济转型中存在的这些现象已成为回族较少应用国家正式解纷方式解决纠纷的直接导因，形成了回族群体对国家正式解纷方式的边缘化，而这正是促使回族群众在纠纷事实发生后较自然地使用清真寺调解方式解纷的主要因素之一。

第二，宗教信仰是回族使用清真寺调解的基本前提。

近年来，政府出台并实施了大量的民族政策，以推动或配合国家的改革开放在少数民族地区的实施，不少民族政策涉及少数民族的宗教问题。较为典型的实例是改革开放实施后的宗教信仰自由政策。回族群众由于历史的原因，大多从事一些小商品的经营或在工厂中从事体力劳动，但却具有信仰伊斯兰教的共同特点。社会主流意识形态的变化和相关政策的调整往往牵涉到部分社会成员的精神或物质价值取向，对于回族社区群众更是如此。因此，如果相关政策无法得到适用对象的认同，则无论这些政策如何正当和必要，也难以得到特定社会群体的整体认同。基层回族地区由于财政有限，常无法应对国家政策调整的成本，这导致部分群体在新的社会政策

---

① 当下司法公正的状况堪忧，因此，在考虑诉讼成本的时候，当事人与某些个别法官进行私下沟通的灰色费用决不是可以忽略不计的。有人将这类费用称为"寻租成本"，借助司法权力的寻租包括权力寻租和权力设租。前者如部分当事人凭借贿赂手段或行政干预谋求对其有利的判决，后者如法院自设名目的收费，审判人员的吃、拿等不检点的行为（参见周林彬、王烨《私力救济的经济分析》，载《中山大学法律评论》第一卷，法律出版社 2001 年版，第57—82 页）。

实施中所需要的观念和文化调适未能达到预期目标，从而形成特定社会群体成员与政策制定及实施者之间的矛盾。历史上传承的宗教文化对于广大回族群体并未因为社会文明的发展而发生断裂，相反，这种文化还在以其他方式延续和传承着。清真寺调解就是其中表现之一。"总而言之，《古兰经》作为伊斯兰教法的基础，其影响是极其广泛的。这里仅指出三方面的影响。首先，它确立了法自真主意志而出的神圣立法思想。穆罕默德时代，《古兰经》是作为真主的启示而为信仰者们接受的，凡属启示皆为必须遵行的主命，皆有法律的权威性和强制性，这种广义的立法思想后来使《古兰经》成为最根本的法源，法不过是宗教教义在行为方式上的具体体现。其次，宗教、道德、法律三位一体的观念。伊斯兰教具有上述三方面的内涵和功能，伊斯兰教法亦无例外。所以，后来形成的教法体系中固然包括大量属于社会立法的内容，但其中也包括不少属于信仰、宗教道德的内容，它们也都是'法'。第三，包罗万象的教法体系。由于《古兰经》律例内容广泛而又缺乏严谨的体系，后来在此基础上建立的教法体系也具有这样的特征，这也就是前文述及的诸法一体、各法律部门之间未予严格区别的根本原因所在。"①更为重要的是，作为伊斯兰文化最核心的部分，伊斯兰教教义对回族的思想观念和行为方式往往会比其他文化形式产生更为突出的作用，成为回族行为规范的终极依据。

第三，对国家正式解纷方式缺乏认同是回族群众选择清真寺调解的重要原因。

对司法解纷方式的权威性模式认同的形成，在客观上，回族需要更长的磨合时间，对解纷途径的选择也需要更多的实践积累。国家对于解纷模式选择权的导向在社会结构变迁的过程中，也发生着变化。面对高速发展中的主流法治文化和相对封闭的回族社区的社

---

① 吴云贵：《真主的法度——伊斯兰教法》，中国社会科学出版社 1994 年版，前言第 6 页。

会生活，基层的解纷机构不能完全适应这种不对称性。这种状况使得基层解纷机构在实施对回族社区社会纠纷的处理中出现了不少问题，集中体现在基层解纷机构对纠纷处理未能有效地应对回族群众的实体利益追求上。除了解纷机构对某些社会不和谐现象怠于履行自己的职责外，国家正式解纷机构处理结果执行力的不确定性也加剧了回族群众对此类解纷机构的适用率不高，回族适用清真寺调解解决纠纷也正是在这种背景下发生的。[①]

第四，文化的多元性导致回族适用解纷方式的多元化选择。

改革开放前，回族群众自我需求单一，个体权益意识较为淡薄，对社会管理的自觉性较高，因而纠纷较少发生。但市场经济条件下的商品交换和人际交往使这种状况发生了很大改变，导致回族群众社会成员对国家的依赖程度大大减弱。随着经济运行机制和社会保障的改变，政府对回族群众社会成员进行直接管理的约束机制减少，相互之间的联系日益松弛，[②] 但这也是文化多样性形成要素之一。文化背景的多样性使国家在纠纷解决方面的倡导力逐渐减弱，这使主流意识形态从整体上对特定社会群体成员选择纠纷解决途径的影响未发生根本性的变化，尤其是在涉及特定社会成员个别性的利益纠纷方面，国家层面所号召的解纷方式的实际成效已显现出较大的局限性。但这既可以看作是社会转型过程中必须面临的客观现实，也可以认为是转型后社会运作方式的应然状态。然而，正是国家对社会成员权威及控制力的减弱，导致国家对回族纠纷解决方式选择权的影响力明显降低。

通过上述分析，本书对这一回族民间纠纷解决途径的基本内容做了简单梳理，初步勾勒出了清真寺解纷机制的基本轮廓，但仅据

---

① 另外，部分基层解纷机构的部门滥用自己的司法权力，侵害部分社会成员的合法权益，导致群众对政府管理部门国家正式解纷机构的信任度下降。

② 以回族社区为例，现今居民的基本物质资源全部从市场中获得或自我供给，与改革开放前的计划经济情况大不相同，国家与回族社区个体的联系已局限于极少的内容，已从服务向管理转变。在有效社会管理机制尚未完全建立的情况下，国家在特定回族群体解决纠纷途径选择方面的影响力也显得有所不足。

此明确清真寺调解、解纷机制在回族社区的作用是不够的，应该在此基础上对其解纷功能做进一步的思考。

其一，清真寺的纠纷调解功能对构建回族和谐社区具有良好的促进作用。清真寺调解是历史赋予解决回族普通民间纠纷的珍贵遗产。清真寺调解纠纷职能主要通过受理回族诉求进行居间调解的方式实现。从实际运行的社会效果看，清真寺对该项职能的运用比较成功且在某种程度上富有成效，这得益于其在操作层面上的一些宗教信仰特色以及对根植于民间的传统文化的具体运用，这使清真寺解纷机制体现出很大的生命力。① 作为中国信教回族独特的自治资源，自党中央提出构建和谐社会以来，清真寺以构建和谐社会为目标，积极开展有助于构建和谐回族社区的活动。而且伊斯兰教本身所倡导的和谐人际关系，与和谐社会的初衷和预期目标是契合的。因此，在此背景下探寻多元化的回族普通民间纠纷解决机制成为社会发展的必然要求，清真寺调解这种民间解决回族纠纷机制就成为这方面的重要组成部分。实践已经表明，这种调解制度有其存在的文化基础，显示了处理特定范围内纠纷的功能，应在其已有实践的基础上进行系统、深入的研究，以期进一步加以改进和完善。

其二，清真寺在新的历史时期应及时对本身解纷角色进行调适。作为一元性社会制度结构中相对自治性的社会团体，清真寺为增强其在教众中的影响力，通过纠纷的调解过程，强调了对教众行为正当性的判断和评价，因而具备了解决回族普通民间纠纷的基础。在具体的解纷过程中，清真寺既要对国家正式的解纷权力资源进行补充，又要借助国家正式解纷途径所不具备的社会资源，这种存在状态使清真寺拥有了被教众广泛应用的便利。因而如何对其作出准确定位，使之既区别于依赖国家强制力的诉讼、行政调解、仲裁等国家公权力，又与已经固定化的人民调解制度协调发展，是值

---

① 中国正处于社会转型时期，国家的治理模式正发生着深刻的变革。"法律至上论"片面地将法律意识的提高等同于法院诉讼率，由于纠纷的日益激增，法院正面临着受案数量激增所引发的办案质量下降和法院终审后执行率下滑而被一些学者称之为"司法危机"的现象。

得认真思考的问题，这毕竟关系到清真寺解纷途径的未来发展。如前文所述，清真寺的社会角色具有宗教信仰与自组织的双重特性，这种属性在当前建设社会主义和谐社会的背景之下表现得尤为明显。清真寺已经成为国家管理回族日常宗教事务的媒介，是国家相关宗教政策上传下达的重要衔接点。首先，清真寺承担着政府职能部门与信教群众之间桥梁的职能，在建立社会主义和谐社会的进程中，清真寺的这种职能正在由被动应答向主动服务转变。基于此，回族社区也逐步把一些具备自治性质的社会管理职能交给清真寺代行，使清真寺发挥民间管理的自治作用。其次，清真寺的职业宗教人士也能以开展宗教活动为契机把党的民族宗教政策及时对教众宣讲，使信教群众充分领悟。与此同时，协调教众不同利益共同体的冲突也是其重要职能。最后，清真寺为回族的利益诉求提供了有序的表达方式。只要加强正面的引导，就可以发挥清真寺对回族群众行为规范的指向作用，以减少矛盾、纠纷的激化，维护社会秩序和社会稳定。更为重要的是，清真寺的这种解纷功能在未来发展中应纳入国家解纷体系中，为实现这一目标，需要一定的配套制度做保障，而这些在短期内是不可能一蹴而就的，需要加以培育和引导。

其三，清真寺调解应成为国家正式解纷体系的有益补充。在纠纷解决领域已呈现出多元化的基本态势，众多解纷机构为顺应社会的发展变化，根据纠纷的性质和特点逐步调整了自身的功能设置与定位，以期扩大在国家解纷体系中的影响。清真寺的职业宗教人员把教义与习俗惯例结合起来，引导回族群众和谐处世，不仅在维护社区安定、邻里和睦、家庭团结等方面起到了良好的作用，而且在调解宗教纠纷方面也做了大量的工作，产生了良好的社会影响。但作为一种特定领域内的纠纷解决制度，清真寺遵循的操作规程过于简单化。在程序公正理念逐步得到社会广泛认同的背景下，随着实践经验的日益积累，应制定和设计适应回族民众清真寺解纷需要的科学合理的操作程序，但应避免繁琐化。比如，基层法院逐步扩大适用简易程序审理案件的举措无疑对清真寺解纷机制具有较强的借鉴意义。为在纠纷解决机制工作中正确定位，清真寺应加强包括解纷程序在内的系列制度建设，以增强自身在广大回族教众中的影响力。在构建社会主义和谐社会的背景下，清真寺积极参与社会活动，加强与基层社区管理的互动与沟通，使其回族群众排解纠纷成为常态。回族宗教职业人员的权威性来自民间，属自发形成，对于社会管理中的某些特殊问题，政府部门需要宗教界人士出面与回族群众协调和沟通以预防纠纷的发生。因此，在认真贯彻党的民族宗教政策的同时，为了调动一切积极因素，应注意引导清真寺积极参与解决回族群众普通民间纠纷。

其四，清真寺调解解决回族纠纷的功能优化。需要明确的是，清真寺的解纷功能与解决回族普通民间纠纷问题虽然密切相关，但这毕竟是两个问题。即便不参与回族普通民间纠纷的解决，清真寺在现代回族社会中的地位仍不可或缺。它在引导回族群众理性地从事宗教活动、维护回族合法权益方面的作用是政府部门、其他社会组织及个人所不能替代的。更重要的是，清真寺作为基层政府联系广大回族群众的重要媒介，具有其他社会组织所不具备的纠纷解决功能与作用。清真寺调解有助于促进回族社区形成开放的、各解纷领域既相对区别又有机互动的解纷层级；既保证了回族教众的自治，又弥补了国家正式解纷形式能力之不足，从而形成政府与社会组织解纷合作的有机互动。① 作为一个宗教场所，清真寺是具有解纷作用的自治团体，这种功能使清真寺在构建社会主义和谐社会过程中的积极作用得以发挥。虽然树立以司法为主导的纠纷解决模式的权威性是必要的，但从纠纷性质和纠纷主体选择解纷方式的理性角度看，纠纷解决机制的多元化选择也是必然的。

行使司法权的国家机关，处理纠纷时居间裁判，其程序性、被

---

① 本书从纠纷解决机制角度对清真寺解纷历程的分析和评判，并不一定适用于清真寺其他职能作用的场域。清真寺作为回族基层社区多元化纠纷解决机制的一环，既受制于自身的角色变迁，也与社会中其他纠纷解决机制密不可分。但即便出现了足以取代清真寺纠纷解决机制的其他形式，清真寺自身仍有其独立的存在价值和发展空间。

动性、中立性是彰显其公正的必然要求，由此产生的不经济性也是无法避免的。回族群众对清真寺解纷的认可集中于其解决纠纷的经济性和执行力，这可通过与诉讼的比较得出结论。双方当事人对清真寺解决纠纷程序的评价主要着眼于时间成本、经济成本及调解者的中立性等方面，目的是达到实体正义，对于程序正义的需求不是特别强烈。清真寺调解的适用率在比较当事人对纠纷解决结果的满意度方面具有重要的评判价值。适用率高说明当事人对纠纷处理结果的满意度高；适用率低，说明当事人对纠纷处理结果的满意度低。清真寺调解以纠纷争议双方实体效益的合理解决为主要追求目标，是导致回族采纳清真寺调解解决矛盾冲突的主要因素。总之，清真寺所体现的民间纠纷解决方式是司法救济的有效补充。清真寺调解纠纷所依据的规范由特殊的民族习惯、规范不断演化而生成的对信教群众具有普遍效力的习俗惯例所组成，这些自律性的规范对构建和谐回族社区具有积极的秩序维护功能。

第五章

社会威望人士层级

　　司法与社会威望人士解纷方式的分工协作是保证社会稳定与正常秩序的重要条件。纠纷解决机制作为法治的核心环节，其合理配置对于维护社会秩序，促进社会和谐至关重要。纠纷的有效解决需要选择适当的解决方式，这不仅要求司法解纷体制权威性的建立，还要使司法与社会威望人士纠纷解决机制之间实现合理衔接，克服单一纠纷解决方式的弊端，发挥多元化纠纷解决机制的优势，使各类纠纷解决方式的作用得到体现。随着新中国人民政权组织在临夏地区的设立和发展，国家司法机关已成为解决当地纠纷的主导力量，不但可以直接介入当地纠纷的解决，而且对于民间一些非正式的解纷机制和方式也间接或直接地发挥着重要的影响。与此相适应，原有的社会威望人士的解纷方式和机制也发生了很大的变化。原有的一些社会威望解纷主体，如门宦教长完全退出了历史舞台，随着新政权的建立而失去了往日的威望地位，只对部分纠纷仍保留着发言权。那些直接与回族社会生活密切相关的组织和个人，如特定行业的威望人士由于获得群众的信任和支持而在解决回族普通纠纷方面起着越来越重要的作用。该类调解主体在法律、法规、规章、政策没有明确规定的情况下，依据特定社会群体所公认的规范对纠纷进行调解。这实际上就为民间的规范文化介入本应由司法控制的纠纷解决提供了渠道和依据。

第一节　社会威望人士解决纠纷的田野考察

社会威望人士的解纷方式与司法、准司法的解纷方式在功能上是类似的，都是解决纠纷的重要手段和方法，所适用的规范也主要代表的是特定范围内的全体群体成员的意志和利益，而非国家制定法所代表的全体人民的意志和利益。① 二者的严格区别在于，社会威望人士的纠纷解决方法大多是民间自然形成的解决社会成员间纷争的方式和机制，而非国家立法活动的创造，适用的也主要是那些只在特殊地域和社会关系中才有效的民间规则，而非国家的相关正式立法。回族在民族形成过程中逐渐产生了特定的习俗惯例，用来约束本民族或本坊教众的行为。尽管在不同的信教群体中，这些习俗惯例在内容和形式上有很大的差别，但也有很多相同或相似的地方。依据这些民族习俗惯例，由行业内有威望的人士依据习俗惯例对在社会生活或商品交换中出现的部分民事纠纷进行调解，调解不了或不服调解的再由司法解纷机制解决。或者，在某些情况下正好相反，司法会主动寻求威望人士的帮助，其调解过程具有浓郁的地方特色和民族特色。

【案例一】② 临夏市一所阿校的某职工几年前与一位相邻地区的丁姓回族进行了房产交易。交易发生时，房屋虽然也在增值，但没有 2007 年的上涨速度快。2007 年，丁姓回族要将阿校某职工买卖给他的房子卖掉，因为随着物价上涨，这房子比以前明显增值

---

① 按照棚濑孝雄对纠纷解决过程所作的理论划分，国家正式的纠纷解决方式更靠近"规范性"的纠纷解决和"决定性"的纠纷解决，其典型是人民法院的裁判；这里所列举的社会威望人士的纠纷解决方式更接近"状况性"的纠纷解决和"合意性"的纠纷解决，其典型是寺院所主持的纠纷解决和其他传统的威望人士所主持的纠纷解决，是正处在"状况性"与"规范性"，"合意性"与"决定性"之间的解决方式，同时具备了"合意性"与"决定性"、"状态性"与"规范性"的特征。这类纠纷解决方式兼具一定的原则性和灵活性，因此成为广大少数民族非常普及和实用的纠纷解决方式（参见 ［日］ 棚濑孝雄《纠纷的解决与审判制度》，王亚新译，中国政法大学出版社 1994 年版，第 24 页）。

② 本书按照人类学研究的惯例，对于案例中出现的地点、人名均已作技术处理。

了。因为纠纷双方是相邻关系，阿校某职工嫉妒丁姓回族赚了大钱，心中存在一种相对被剥夺感。阿校某职工不服气，以丁姓回族未告知房屋用途为由要求其赔偿。双方为此争执不下，导致原有的融洽人际关系出现裂痕，最后只得聘请已 80 高龄的某市阿语学校的董事长马姓大阿訇①进行调解。

在本纠纷调解之前倍哈阿訇先通过谈话了解纠纷的来龙去脉。在掌握了纠纷的基本情况后再对纠纷双方的争议进行梳理。当然，倍哈阿訇调解时先介绍依照国家法律应如何处理（当然更多的是介绍打官司可能会遇到的麻烦），依据民族习惯应如何处理，最后提出自己的处理建议供当事人参考。在接手两人的纠纷后，信哈阿訇分别与他们进行谈话。首先，马阿訇先找阿校职工了解情况，得知了双方的争议所在。他对阿校职工说："你作为一个阿訇，整天礼拜、念经、学习，对伊斯兰教义的理解应该比一般群众要高一些。在这个事情上，你既然已经把房产卖给别人，怎么能够因为贪财而出尔反尔呢？当时你明明是把房产自愿卖给人家的，怎么能因为现在房子涨价就后悔呢，这符合教义吗？"随后，马阿訇又找来丁姓人，对他说："当时他卖房子的时候，房价还比较低，卖给你也是好意。但是，咱们换个位置思考一下，如果是你卖房，当你看到当年低价卖出的房子如今涨了许多，你心里会舒服吗？我看你们互相让一下，你适当地给他补偿一下，大家握个手，说个色俩木，这事就算了断。"根据伊斯兰教义对双方进行了批评劝解，丁姓人赔偿了两千元。双方和好，现如今，仍为好朋友。了解完事例的处理过程，再来分析这种纠纷解决形式的运行。在处理该纠纷的方法上，作为社会威望人士的倍哈阿訇是基于当事人的调解申请而介入纠纷的解决的，最后调解协议的达成也主要基于当事人的合意。在调查中，笔者发现，最后的处理方案是按照国家法律、民族习惯或者是

---

① 之所以尊称马先生为"大阿訇"是因为马先生虽未在清真寺开学，但他的学识早已符合大阿訇的教义要求，很多有名的清真大寺的开学阿訇都是他的学生，因而在临夏市，尊称马先生为倍哈阿訇。

两者的结合，要根据当事人的意见、纠纷的性质以及调解人的自身素质等因素来决定。虽然社会威望人士对纠纷的介入是被动的，但纠纷所涉及的矛盾或争议已不再局限于个人之间的利益得失，纠纷本身及其影响都可能对整个社区的安定团结产生直接的影响，所以，社会威望人士对于纠纷的解决也不是解决纠纷本身的是非曲直。如在本案例中，倍哈阿訇主要是通过伊斯兰教义的解释使双方认识到自己行为的错误，并未像司法解决争议时，必须查明案件的事实与证据，也就是说，不是围绕着纠纷所涉及的权利、义务来完成的。在某种程度上，纠纷的解决都是通过避开纠纷本身的利益纠葛，在纠纷之外解决纠纷。从人的行为理性来看，理性人的行为由不同的动机所驱使的。对于纠纷的解决，人们首先考虑的就是实效性，从某种意义上讲，特定范围内的纠纷通过公权力实现救济与依靠私力实现权利救济相对照，社会威望人士的调解更能满足当事人的自我实现感和平息愤恨情绪。在汉民族儒、礼文化和伊斯兰文化积淀的影响下，回族聚居区的穆斯林群众对纠纷的解决借助于民间力量的现象是大量存在的，社会威望人士解决特定民间纠纷符合回族群众传统的规范文化的价值取向。① 相比之下，若采用司法方式，虽然司法机关可以依照法律的规定和某些价值标准对侵害行为进行判决，但是，从实际上看，受害者并非都得到了实质性的补偿，受害者感情上的裂痕无法消弭，而且还可能因此丧失今后合作的机会。故此，选择社会威望人士，使当事人从合理的自利心理出发，在利益博弈的过程中不断调整预期心理尺度，最大限度地消除双方的感情裂痕，达到双方所能接受的和解方案，真正实现各得其所。对于纠纷解决手段的选择，与人们的社会关系意识相关。如以下案例二：

【案例二】临夏某地制造出口商品工厂的两兄弟为家产分割产

---

① 在历史上，回族群众以家庭为本位，生活范围相对封闭和狭小。在这样的熟人社会中出现民间纷争时，回族群众总是先寻求司法以外的方法，依靠地缘、血缘和同业等组织来解决。现在的社会威望人士调解民间纠纷也是这种文化的传承。

生争执，此后纠纷进入司法程序。但经过司法的审理，兄弟二人打官司未能取得预期结果，还花了一大笔为司法程序运转而必须支出的费用。该纠纷最后找到了临夏某副食品厂经理马哈之后，经马哈之会同宗教界、商界权威人士的调解，兄弟二人和解。

在和马哈之的访谈中，笔者得知这二人本是亲兄弟，虽然在父亲去世前，划分了各自的家产，但对于其中工厂的产业，由于没有明确划分清楚兄弟俩拥有的股权，为此兄弟两人矛盾不断，经常吵骂，矛盾不断升级。当年，闻知此事，社区调委会的工作人员也曾前往了解争议情况，试图对兄弟俩的矛盾进行调解，但最终由于利益纠葛太深无功而返。后来，兄弟二人对簿公堂，向法院提起诉讼。由于这是一个家族式企业，很多证据的搜集非常困难，多数证人不愿意出庭作证。法院受理案件后也曾试图对案件进行调解，但兄弟双方互不让步，最后只好根据法庭搜集的证据判决结案。由于双方主张的证据不同，法庭认定的事实与他们的预期存在差异，所以宣判后都提出了上诉。二审时，由于证据的调查程序繁杂，导致案件审理一再延期。终审判决后，判决书无法执行。一审和二审程序缴纳的诉讼费和律师费已达三十几万，从起诉到终审判决时间已达五年之久。旷日持久的司法程序导致工厂效益直线下滑，举步维艰。在亲属们的劝说下，马哈之介入了纠纷的解决。马哈之请了十坊的阿訇共同解决兄弟二人的纠纷。刚开始接触兄弟时，兄弟二人不愿与大家交流，最多问一句答一句，在不多的谈话中流露出不满的情绪。为了尽快化解兄弟俩的矛盾，阿訇们对兄弟二人动之以情，晓之以理。同他们兄弟二人交流沟通，积极引导他俩彼此忍让，增强兄弟之间的亲情。同时，找到有关的见证人，询问有关财产划分的凭证，经过耐心说服教育，终于使他们坐到了一起，使积聚的矛盾得以化解。在调解结束时，他们由衷地对马哈之说："早知如此，何必当初走诉讼这条路，花了这么多钱，也没有解决问题。如果早请马哈之出面协调事情，这些为诉讼支出的费用就可用于资助失学儿童了。"

　　秩序是指在社会中所存在的一种具有一致性、连续性和确定性的相对有序状态，人们所崇尚的安全、正义、平等、自由有赖于秩序为之服务。恢复社会秩序是社会威望人士解决纠纷的价值追求，由此，马哈之这样的社会威望人士的服务功能能够补充司法调控范围和调控手段之不足，具有共同完成纠纷解决之价值。司法解决纠纷的权威性体现了社会的文明进步，但国家司法资源和能力有限，司法无法也不可能解决所有的社会纠纷，因此也不必完全排斥社会威望人士的解纷作用。社会威望人士也不可能取代司法，社会威望人士只能在一定范围内发挥补充替代功能。博登海默指出："历史表明，凡是在人类建立了政治或社会组织单位的地方，他们都曾力图防止不可控制的混乱现象，也曾试图确立某种适于生存的秩序形式。这种要求确立社会生活有序模式的倾向，决不是人类所作的一种任意专断或违背自然的努力。那种倾向是深深地根源于整个自然结构之中的，而人类生活正是该结构的一个组成部分。"① 社会纠纷纷繁多样，大多数纠纷能够给予司法救济，但所取得的社会效果值得思考。② 即使在当今发达的西方国家，国家没有也不可能包揽纠纷的解决权，如涉及家事的情感纠纷，显然有些利益关系司法是不可能加以解决的。即使以强制手段加以调整，也难取得令各方满意之效果。因此在现代社会的纠纷解决中，社会威望人士仍有其存在的价值，是司法不可或缺的补充。在强调"以人为本，权利本位"的今天，重视个体的权利，意在弘扬人的自主意识和主体精神，认可与扩充人们活动的自由空间，每个人都应当成为自己的主人，既包含权利应平等地赋予每个人，也包含个人都要参与权利的运行，通过自己的行为来实现自我保障。只有当个人的力量不足以维护自己的权利与自由，需要国家的保护时，司法才成为必要。卢梭曾言："一个人一旦达到有理智的年龄，可以自行判断维护自己生存

---

　　① ［美］E. 博登海默：《法理学——法律哲学与法律方法》，邓正来译，中国政法大学出版社1999年版，第225页。

　　② ［法］卢梭：《社会的契约论》，施新州译，北京出版社2007年版，第87页。

的适当方式时，他就从这时成为自己的主人。"① 在司法的调控范围之外，社会威望人士的介入，使结果更符合当事人之意志，增强解纷的权威性与说服力，体现了民权思想和自治理念，有利于社会纠纷的解决，维持社会的秩序。

通过以上对社会威望人士纠纷解决机制的田野考察，可以勾勒出其运行的基本特征：

1. 程序。纠纷解决的程序较为灵活、机动，不像权威性的司法纠纷解决方式那样讲求过程的严谨、规范和高度的程序化。在价值追求上，司法更注重纠纷解决过程的公正性、当事人地位的平等性和独立性，以及解决争议所涉及的权利义务本身，而社会威望人士的纠纷解决方式更注重失衡社会关系的恢复。

2. 实体。社会威望人士的纠纷解决机制是当事人私权遭到侵害时，依靠自身或私人力量解决纠纷的一种民事行为，因而与有法定性、强制性、程序性的司法解纷机制明显不同。这种离开纠纷本身，通过向当事人讲民族感情、民族团结，讲人情关系，从而使当事人放弃所主张权利的解纷方式在熟人社会和重视人际关系的回族社区里有很重要的作用。

3. 规范。与国家法相对应的民间规则是乡土社会自发秩序的规则系统，这套传统或地方性知识是长期演进的产物，是人们以往经验的总结，生于民间，出于习惯，在长期生活、劳作、交往中，尤其是利益冲突中显现和积累形成的，因而具有鲜明的自发性和丰富的地方色彩。

4. 裁判。社会威望人士的首要目的在于确保纠纷双方"正当"（民族习惯的视角）权益的不可侵犯性，同时更是道德和教义的要求和体现。直接采取社会威望人士调解纠纷是人们的本能

---

① 以回族民事侵权损害赔偿为例，司法更注重财产性的赔偿，对回族当事人精神、感情方面的损失则不予考虑或考虑较少，也许当事人诉诸法院就是为了"挣回脸面"，并不在于财产赔偿的多少。在此情况下，由社会威望人士来解决，回族当事人双方经过"相互退让"协商解决，双方的满意度会更高，双方对结果更有成就感。

反应，在这个动态过程中直接实现朴素的民间正义，① 居中调解是社会威望人士的道德基础，决定着社会威望人士公正解决纠纷的本质属性。

5. 前景。伊斯兰教的信众都有自己的风俗习惯，其中有的内容是与国家法律的基本精神相一致的，而有的则是相冲突的，上述案例所揭示的是与国家法律精神不相符的一个方面。这种解决纠纷的方法在当地群众法律意识还很低的情况下，可以起到大事化小、小事化了的作用，其负面作用不容易表现出来。但是，随着群众法律意识和权利意识的不断增强，其负面作用可能会慢慢体现出来。

第二节　社会威望人士解纷机制存在的现实动因

人总是在特定的文化背景下生活、行动的，文化对人的制度选择的影响极为深远。人们在制度面前行动时总是要考虑这种制度对其利益或总效用的影响。有两种制度可供选择时，人们会进一步选择对其有利的制度。② 回族群众适用社会威望人士解纷机制的根源在于追求自身利益的最大化。在这一特性驱使下，在国家法框架内无法满足利益最大化或由于法律秩序本身所存在缺陷妨碍追求利益最大化的情况下，人们往往会选择规避国家法。换言之，规避国家法的大多是理性的，他们依国家法行事或规避国家法而选择民间规则的依据是看哪个规则系统能给他们带来更大的利益。中国回族作为一个民族共同体在形成过程中，受到汉民族传统儒家文化的影响，形成了一种依托伊斯兰教义但又不乏汉民族礼俗的文化传统，

---

① 另外，有的时候，社会威望人士如果缺乏双方当事人的有效配合与支持，往往也很难奏效，从而无法达到维护权利、保障正义的目的。

② 应该承认，任何人都有"趋利避害"的本性，两利相衡取其大，两害相衡取其小。但这种理性是不完全的、有限的，许多非经济利益因素，诸如社会地位、个人名誉、利他主义等也都影响着人的行为。

在信仰宗教的同时，奉礼俗秩序为最高的行为准则。在这种文化秩序下，回族个体并不是独立的存在实体，而是回族社会性的存在物，个体的思想、感情、态度、行为都被置于特定群体的规范体系之中，传统文化氛围弥漫在社会生活的各个领域，应倡导人们在国家法的前提下用传统的民间规则处理相互间的矛盾与纠纷。正因为这种传统文化的影响，现代社会中仍有相当一部分回族群众认为到法院"打官司"是不光彩、不体面的事，对法院的态度是敬而远之。即使自己的合法权益受到了损害，他们也会采用"和为贵、忍为上"的方式来处理，不会主动自觉地寻求国家法的保护，诉诸司法也属无奈。如案例三：

【案例三】原告张某与被告李某均居住在解放路。张某住 123 号，李某住 124 号，两家房屋紧邻相接，并合用一堵山墙。2001 年 8 月原告张某经城建部门批准，在原房宅基地上翻建二层楼房一幢，施工时张某家留出与李某家合用的山墙，三个月后完工，被告李某没有异议。后来在李某的房屋翻修工程中出现了争议。

由于本案在当地引起的反响较大，笔者对此进行了较为详细的田野调查。2001 年 12 月，被告李某申请翻建三层楼房之前，原告张某得知后告诉李某，讲明自己的房屋落成尚不到一个月，房屋还未定型，如李某家现在就施工必将损坏新落成的房屋，要求李某等几个月，待自己房屋干固定型后再造。但是李某执意不肯，仍要立即动工，但表示如对张某房屋有损坏，愿意就此产生的后果负责赔偿和修理。于是，李某拆除旧屋，原地施工兴建二层楼房。由于两家房屋相毗邻，张某家新房建成尚未干固，而李某家施工挖地基打桩致原告张某的新房地坪出现裂缝，门、窗歪斜不能开启。原告张某即告知李某并要求修理房屋及赔偿损失。李某强调在自己宅基地上施工，与张某无关，两家发生纠纷。在笔者进行的调查中，虽然事情已过去多年，但双方至今心中仍有纠结，互不来往，他们经常相互指责对方。需要指出的是，作为基层群众的纠纷调解组织，社区的主任听到反映后，曾主动介入纠纷协助处理矛盾。经社区调解委员会调解，对李某的错误行为进行了批评教育，但因李某家房屋已经拆除，施工不能停止，仍让李某家继续施工。对李某施工期间对张某所造成的损害，需待李某家施工完毕，张某家房屋定型后确定损害的部位和程度，再由李某负责赔偿。双方对此均表示同意。原告张某的房屋干固后，检查发现楼房东南角的内墙多处裂缝，底层下沉出现裂缝，墙面发生倾斜，于是要求被告李某负责修缮并赔偿损失 8000 元，但李某拒绝修理和赔偿。与此同时，社区的人民调解委员会再次介入但无功而返（人民调解委员会的调解协议对双方没有约束力，任何一方都可反悔，协议没有强制执行力）。最后，张某向人民法院提起诉讼。法院受理后，经城建部门鉴定，原告张某楼房出现上述损坏的原因，确是被告李某在张某家房屋未干固的情况下，紧邻施工建房所致。法院审理后认为，被告李某应负全部责任。据此判决，被告李某赔偿原告张某房屋损坏修理费人民币6000 元，并承担本案诉讼费、房屋鉴定费，损坏部分由张某自行修理。笔者经过调查，仔细了解本案的案情，这本是一件简单的相邻关系纠纷，事实并不复杂，双方之所以对簿公堂，源于事件本身所带来的心理对抗。用一句当地的话来说就是："下不来台"，其实纠纷双方本身谁也不愿意到法院解决争议。据笔者对本案的进一步调查发现，在诉讼中，双方均聘请了律师为代理人，并各自付出一笔相对他们来说不菲的代理费。对于原告来讲，除去应付的律师费，所剩的赔偿款已不足以修葺受损房屋，还需自己贴钱。对于被告，除了应该赔付的维修金，所支付的诉讼费、律师代理费、房屋鉴定费合计已超过赔偿款。"裁判有时是一种奢侈的纠纷解决方式，故欲让所有的民事纠纷都通过裁判来解决的想法是不现实的。即使无视现实的制约而大肆鼓吹裁判万能论，但大多数的纠纷通过裁判以外的方式加以解决的事实是依然不会改变的。"① 接近正义的理念要

---

① ［日］小岛武司：《仲裁——一种私设裁判》，林剑锋译，载陈刚主编《比较民事诉讼法》第一卷，西南政法大学 1999 年内部印行。

求司法为当事人提供简便、快捷、廉价的服务，但这与诉讼的正当程序有一定的矛盾，这就意味着相当一部分的诉讼救济有一定的迟延性，加大了诉讼成本。对于这个问题我们不妨和民间权威人士解决纠纷的个案进行一些比较。

【案例四】在临夏某地，一回族年轻人无照驾驶，不慎将一在职领导的亲属撞死。在亲情作用下，该领导非常悲痛，非要打官司，一定要把肇事年轻人绳之以法。但是，如果这样的话，肇事年轻人不光要赔偿其行为的损害，又要被法庭判刑，但年轻人家境很差，且有老人要赡养。如果这样处理，只能是给双方的感情雪上加霜。

为了挽救年轻人，临夏某公司经理张哈之等出面调解。张哈之对某领导说："家里老人这样无常（去世）了，大家心里都很难过，但是作为一个有教门的人，是应该搭救这个年轻人哩，而不是毁掉他的前途。如果你告了他，让他蹲上十几年的监狱，这样的话，这个年轻人一辈子最好的一段时间就没有了。而且，如果他坐牢，他家里的老人也无人养活，恐怕这个家就会家破人亡。你作为长辈，你和年轻人商量一下，让年轻人认个错，赔偿一下行不行？"经调解，年轻人赔偿14.5万元，少赔了3.5万元。因为伊斯兰教教义规定：不能拿亡人卖钱，某在职领导也愿意接受，所以肇事回族年轻人有了较好的结局。在临夏市的基层社区，在一般情况下，制定法规范还不是社会威望人士解决纠纷时首先运用的规则，在解决纠纷时更多运用的还是情理和当地少数民族的风俗习惯。造成这种状况的原因主要有两个：首先，大部分社会威望人士的法律知识以及文化素质都较低，还不能熟练运用法律解决纠纷。司法的局限性必然出现个别性与一般性的矛盾。一方面，法律的盲点使人们的一些权利难以得到法律的评价，难以跨越法律的门槛得到诉权准入，因而这些权利的救济成为司法空白。另一方面，法律的确定性使社会的发展与法律的相对不发展形成矛盾，使法与社会脱节，此时的善法可能成为彼时的恶法。其次，司法与准司法的价值体现在程序正义和实体正义上。有时为了程序正义舍弃实体正义也在所难免，对国家来讲，秩序大于一切，而对于个人而言，正义却是生命。此外，司法过程中的人为因素①也影响着人们对于司法的选择。在群众的法律意识和法律知识还很有限的情况下，运用情理和风俗习惯有利于纠纷的顺利解决，处理结果的执行也较为容易。② 司法是由国家权力而非冲突主体来解决社会纠纷，通过法定程序运作对国家公权力和法律权威加以确认。但是，在司法活动过程中，法律所体现出来的作用却不是万能的，法律自身的程序性与限定性为其带来了难以克服的局限性。"中国正处在从乡土社会蜕变的过程中，原有对司法的观念还是很坚固地存留在广大的民间，也因之使现代的司法不能彻底推行。"③

　　所谓诉讼成本是指诉讼运作整个动态过程所付出的代价，即诉讼主体诉讼行为所耗费的人力、物力和财力的总和。当事人在诉讼中支出的费用包括诉讼费、鉴定费、律师费以及其他用于诉讼的实际支出。波斯纳认为诉讼成本主要包括两类：一是错误的司法判决的成本；二是诉讼制度运行的成本（直接成本）。后者包括公共成本（如法官薪金、陪审员和证人报酬、法庭设施）和私人成本（如法院收费、律师费用、专家费用）。④ 相对于民间权威人士纠纷解决方式而言，诉讼是一种成本较高的权利救济方式，国家最高决策机关为了保证人民群众维权，颁行了许多便民措施，其目的是降低群

---

　　① 司法不独立、司法腐败、司法专横和裁判执行不利等也不断撼动着回族群众对法律的信仰和对司法效能的认可。当对司法效能低下的认识逐渐形成一种社会民众普遍心理的时候，回族群众便更会自发地寻求社会威望人士去解决他们的纠纷以实现自己的实体利益。

　　② 当然，社会威望人士调解尽管还不是回族群众解决民间纠纷时第一位选择的手段（除了社会威望人士调解，还有清真寺的调解形式以及社区的人民调解形式可供选择），但是对于一些运用情理和民族风俗习惯都解决不了的纠纷，国家的正式制定法则具有特殊权威性和终局性。

　　③ 费孝通：《乡土中国 生育制度》，北京大学出版社 1998 年版，第 57 页。

　　④ ［美］理查德·A. 波斯纳：《法律的经济分析》（下），蒋兆康译，中国大百科全书出版社 1997 年版，第 717 页。

众的诉讼成本，加大司法维权的力度。① 通过对上述案例解决纠纷的过程分析，我们发现案例三所需的成本在案例四中并未出现。通过上述比较，有两个结论是可以得出的：

1. 社会威望人士调解纠纷适用的民间规则与群众日常生活紧密相关，是通常的行事规则，与司法解纷相比具有成本低的优点。美国学者吉尔伯特·罗兹曼认为："中国在旧社会形成过这样一种传统，不大的纠纷基本上寻求法律以外的机制来解决，这种特点很切合社会实际，不仅花费低廉，而且行之有效。这些非法律化的社会手段在维持社会价值以消弭冲突的同时，就为乡村社会提供了这种价值的行为准则。"② 其实这也是对中国乡土社会的真实写照，尤其对于临夏市的回族——至今仍然具有明显的乡土特色的特殊群体来讲，解决纠纷的作用就更加明显。调解协议的契约性质虽然强化了协议的执行效力，但这也仅是赋予了该协议的合意性，并不具有强制执行力。回族社区具有血缘性、地缘性及熟知性，依然是熟人社会、相对传统的社会，一个显著特点是，人员流动少，住所相对稳定。一般说来，邻居意味着世代为邻，遇到纠纷，防止矛盾激化，维持和谐的人际关系和邻里的团结是至关重要的。社区成员的紧密团结状态，要求成员在处理他们之间纠纷的时候本着"和为贵"的原则，他们更重视的是民事纠纷在得到永久性解决的同时又能维持原有的邻里、亲情等社会关系。社区里的成员之间大部分是有亲属血缘关系或是邻里同村的"熟人"，互相都讲面子，关系相对比较

---

① 司法为民的中国现代法治观念是有关司法权运行的目标、原则和制度的主导理论，基本出发点表现为司法机关应该采取措施方便人民群众运用诉权维护其合法权益，以有效地接近正义。在此基础上有效地实现司法权的良性运行，是社会司法建构和运作的本质要求，这既有政治理念建构的目标，又是当前中国司法改革的目标。各级法院所出台的诉讼费减免措施即为当前司法为民精神的集中体现。但在对临夏市回族聚居社区就法院处理纠纷的成本所进行的问卷调查显示：71 人认为"成本很高"，占 72%；15 人认为"还可以"，占 14.9%；10 人认为"没有打过官司，说不上"，占 10.1%；3 人认为"比较公正"，占 3%。本调查的有效问卷为99 份。

② ［美］吉尔伯特·罗兹曼主编：《中国的现代化》，国家社会科学基金比较现代化课题组译，江苏人民出版社 1988 年版，第 129 页。

近。大部分都很纯朴宽厚，在涉及经济利益纠纷时，他们也只希望纠纷能迅速得到解决，早日取回自己原来该有的那份利益。

2. 从资源消耗的视角来看，效率是社会威望人士的经济特性，效率也是社会威望人士的基本价值。现今效率已不再是单纯的经济学上的概念，亦适用于社会各个方面。① 效率是以最少的资源消耗取得同样多的效果，或以同样的资源消耗取得最大的效果。"司法制度的变迁或创新不是指司法制度的任何一种变化，而是指用一种效率更高的司法制度取代原有司法制度或为一种更有奇效的司法制度的生产过程，是司法制度主体解决司法制度短缺，从而护大司法制度供给以获得潜在收益的行为。"② 社会威望人士符合纠纷解决的效率原则。通过提高司法效率来解决日益增加的社会纠纷毫无疑问是一种好的方法，但是国家有限的司法资源与社会纠纷的大量涌现是一对不可回避的矛盾，在社会转型时期，社会冲突与纠纷大量发生，一味考虑加大立法、司法、执法（即加强司法与准司法）的思路应该引起我们的思索，要考虑是否还有其他解决纠纷的机制，在少数民族聚居区，这种社会威望人士对于纠纷的解决形式无疑是我们必须加以重视的。社会威望人士与司法相比其成本低廉更具有经济特性，因此，效率是社会威望人士的价值之一。在人类的发展史上，对于正义的追求曾引起无数思想家、法学家极大的关注与遐想，正如美国法学家博登海默所说："正义是一张普洛透斯似的脸，变化无常、随时可以呈现不同形态，并具有极不相同的面貌。"③ 与司法强调理性、程序性相比，社会威望人士更能满足回族群众对实质正义的需求。

---

① 提高司法运行的效率已成为各国司法改革的方向之一，盛行于美国刑事诉讼中的控辩交易制度和各国诉讼中简易程序的设立无不体现了纠纷解决的效率原则。

② 钱弘道：《法律的经济分析》，清华大学出版社 2006 年版，第 154 页。

③ ［美］E. 博登海默：《法理学——法律哲学与法律方法》，邓正来译，中国政法大学出版社 1999 年版，第 45 页。

第三节 社会威望人士解决纠纷的定位

目前，回族聚居区正处于从传统的农业经济向市场经济转型的时期，转变过程中社会结构变化所形成的多元化社会阶层打破了现行利益格局，导致各种矛盾冲突的出现，这也是民族地区社会矛盾和纠纷产生的直接原因。回族群众的传统人际关系由于城市化的作用而有所改变，但又因为传统文化的凝聚力使回族群众在社会生活中参与市场的程度逐渐增强，城市化所带来的社会主体成分和地位的多样性促使纠纷的解决方式趋向多元化，因而只有矛盾、纠纷得到合法、及时、有效地解决，回族地区的社会和经济发展才能具有良好的外部发展空间。虽然城市化理念的输入使临夏市回族传统社会组织可能逐渐弱化，但习俗惯例仍有其存在的文化基础。

一 明确回族民间纠纷社会威望人士解决机制的定位

"总之，多元化解决纠纷机制应当是全方位、全过程、全社会的机制，发挥这一机制的作用不仅可以为人民法院分流案件，更是能够减少和化解社会纠纷，降低社会成本，维护社会秩序，实现社会和谐的社会机制。"[①] 多种纠纷解决的方式构成一个完整的纠纷解决机制。在这个机制中，每一种具体的方式都发挥其独特的作用。一个良好的纠纷解决机制能够使其中的每个具体制度"各得其所"。司法最重要的功能之一是调整社会关系，使纠纷所造成的不稳定社会秩序得到恢复，但不是所有的社会矛盾、冲突全部由司法解决。[②]司法是终局性的纠纷解决方式，所以解纷还可以关注司法裁判延伸

---

① 王雨本：《论多元化社会矛盾与多元化解决纠纷机制——从经济法角度诠释多元化解决纠纷机制》，载《法学》2009 年第 5 期。

② 纠纷发生后，通过对成本和收益的比较以及对效率的追求使人们更自然地选择民间威望人士来调解纠纷，而启用司法就要承担司法成本和过程的周期性，要消耗大量的人力、物力、财力以及时间资源，而且司法成本还有不断追加的显著特征，从一审、二审以至申诉再审，从而构成一个解纷成本的累积效应。

之下的结果。① 为此，国外都在司法程序的利用方面设置了相应的准入条件，并不是所有的民间纠纷都是可诉的，能够进入司法程序的都是经过筛选的必须适用司法方式解决的纠纷，一些采取立案审查制的国家从立案标准方面对纠纷进入司法程序进行限制。有些国家为促进纠纷采取司法之外的方式解决，还对某类案件进入司法程序设置了前置程序，未经前置程序处理的纠纷被拒绝进入司法程序。"社会需求决定司法制度的形成及其样式。社会环境对司法运作以及法的实现产生深刻的影响。既定的司法制度和司法程序，在实际动作及司法实践过程中同样不能脱离具体的社会环境：社会从各个方面对司法的运作发生积极或消极的影响和作用。同时，司法活动必须与其他社会规范和社会调整机制相互协调。司法在独立运作的同时，不能完全脱离其他社会规范和社会机制的支持，否则既不可能有效地解决所有社会纠纷，也很难满足不同社会主体的需要。"② 司法不仅应通过适用法律彰显审判程序的公平正义，还要以纠纷解决为出发点，为当事人选择适用调解、自行和解以及选择仲裁等司法外纠纷解决机制提供便利。在司法机制与社会威望人士机制的关系方面，司法应支持和促进社会威望人士纠纷解决机制发挥作用，而不是与之对立。在国家的司法制度设计中要保证司法程序的准确定位，即司法应该是最后的救济手段。在这个过程中，效率是纠纷解决机制及其程序设计的基本指导原则。"及时解决纠纷具有多层次的社会效果：一是可以化解和消除纠纷；二是有利于实现合法权益和保证法定义务的履行；三是法律或统治阶级的尊严与权威得以回复；四是纠纷主体放弃和改变藐视以至对抗社会统治秩序和法律制度的心理和态度，增强与社会的共容性，避免或减少纠纷

---

① 虽然审判以判决或裁定的形式解决了纠纷，但事实上当事人双方的心结仍未打开。在裁判之后，双方之间的关系异常紧张甚至破裂。在这方面，调解具有诉讼所无法比拟的优势，调解通常注重长远的纠纷解决效果，保持当事人之间可维系的良好关系，从而达到社会的稳定与凝聚力。

② 范愉：《纠纷解决的理论与实践》，清华大学出版社 2007 年版，第 118 页。

的重复出现。"① 纠纷解决方式的选择目的在于通过使用有限的供给资源得到效率和效益的最大化。"法律至上论"使人们对司法可能带来的司法正义给予了过高的期望，由此忽略了司法资源的投入与社会的司法需求之间的矛盾。司法解决纠纷的效率与效益通常很难与社会纠纷主体的期望达到一致，为此，国家通常采取增加司法投入、扩大司法资源的方式来满足公众的解纷需求，但实际上不但没有提高纠纷解决的效率，反而导致纠纷主体在纠纷解决过程中消耗了过多的司法成本，使最终的实体利益削减。对于涉及回族群众道德、情感关系这类纠纷的时候，社会威望人士的调解可以说是解决纠纷的最佳选择。

二 促进司法与社会威望人士纠纷解决制度的合理衔接

纠纷是指社会主体间的一种利益对抗状态，只要社会存在，作为社会现象的纠纷必然存在。为此，有必要对民间纠纷的解决加以规范和引导，合理分流纠纷的解决渠道，最大限度地回应社会对纠纷解决方式的不同需求，提供体现不同价值取向的纠纷解决方式以供当事人选择。各种功能互补的纠纷解决方式之间并无效力等级上的差别，也无管辖上的冲突，在纠纷解决方式问题上唯一的决定性因素是当事人的合意。强化司法解决方式的功能定位，同时应辅以合理的纠纷案件配套分流机制和协调机制，使纠纷在进入司法阶段前得到合理解决，减少纠纷解决司法化的倾向。纠纷解决机制是指一个社会多样的纠纷解决方式以其特定的功能相互协调、共同存在所构成的一种满足社会主体多种需求的程序体系和动态调整系统。② 对于回族的民间纠纷来说，根据司法程序启动前当事人之间的矛盾尚未激化的特点，有必要充分发挥社会威望人士纠纷解决方式的作用，促进纠纷的平和解决。只有实现司法与社会威望人士纠纷解决

---

① 顾培东：《社会冲突与纠纷解决》，法律出版社 2004 年版，第 27 页。

② 沈恒斌主编：《多元化纠纷解决机制原理与实务》，厦门大学出版社 2005 年版，第 430 页。

机制的合理衔接，才能使纠纷解决的各种手段均能有效发挥各自的作用而相互补充。影响回族当事人选择纠纷解决方式的因素很多，其中既包括国家的法制宣传、舆论导向、回族文化背景等外在因素，也包括纠纷解决机制的制度设计和从业人员素质以及纠纷当事人的利益、价值取向等。有效的纠纷解决机制不仅能为回族民间纠纷当事人提供可能的选择，还能够综合考虑各种影响因素，进而通过制度设计合理地配置纠纷解决的司法资源，使每一种纠纷解决方式均能在特定的领域或范围内发挥作用。在肯定规制解纷机制的国家正式规范应成为社会调整矛盾和冲突的重要依据的同时，确定司法纠纷解决机制的权威地位，并且承认各种社会威望人士纠纷解决机制与司法解纷机制的关联性和衔接性。在现代社会应扩大纠纷主体选择解纷方式的自治和自律空间，以克服单一解纷机制的局限性。应该从回族群众纠纷主体和双方当事人的利益、文化背景和实际需要出发，强调纠纷解决机制的选择和适用的规范应与回族民间纠纷主体传统文化背景相衔接，并使国家的统一司法秩序与回族地区群众生活秩序、传统习俗规范相协调，以维护社会秩序的和谐发展。

三 充分发挥回族社会威望人士调解、解决纠纷的作用

特定群体的行为规范是一定社会关系的稳定阀，所维护的是一定社会关系的平衡和稳定。从秩序维护的视角看，作为社会控制手段的规范是多元化的，因为随着社会的发展与分化，人类的生活方式亦趋多样。由于商品交换和人际交往所产生的纠纷日趋复杂，由规范调整人类事务的领域也更广泛，除了被制定来确保重大社会进程得以平稳有序进行的官方规范外，在社会生活的诸多方面也存在着大量非官方的行为规范。作为维护回族社会价值观念和秩序稳定的民族文化组成部分，社会威望人士调解是回族社会实现自我控制和保持自身秩序稳定的一种工具和手段，充分体现了对于回族个体的行为规范性。纠纷的调解过程是对回族社会中通行的公平、平

等、正义等价值观念进行维护的必要性和有效性的具体实践，目的在于对回族个体或组织的行为进行调控。历史上，回族社会在总体上被直接纳入中央政权的直接行政管辖和国家规范的约束之下，社会威望人士调解仅处于一种非主流文化状态。但是，现代社会的复杂性和多样性使国家正式规范难以深入回族社会的每一个角落，因而，在回族社会发展和运行的具体实践中，包括某些回族特有的制度仍然发挥着独到的作用。社会威望人士的调解主要在于满足回族个体对伊斯兰教教义的理解与尊重，让纠纷双方对争议实体利益的现实反映与个人理想信念中的宗教教义联系在一起，把自己的言行自觉地置于教义的监督之下。当然，协议的执行则需当事人双方对宗教无限确信的内心体验来维系。社会威望人士调解的这种解纷形式把回族的精神理想和现实生活紧密地结合到了一起，让信仰成为一种现实的生活方式，使人们在现实生活中找到了精神依托，同时也将宗教、道德规范融合在一起，构成对回族民众的行为进行约束的社会规范形式，发挥着行为导向功能。社会威望人士调解在指引回族遵守教义解决回族民间纠纷的同时，还努力实现着社会威望人士调解对国家规范的补充、辅助和支持功能。总之，社会威望人士调解对于回族成员的言行和社会生活秩序起着一定的维护作用，协调着群体利益，并通过约束个体成员的行为而达到社会群体的稳定与整合，使之有利于社会的稳定与发展。

第六章

临夏市回族民间纠纷解决机制
层级性的调查报告

　　临夏市是甘肃省临夏回族自治州的首府，素有"中国小麦加"之称。全市共辖4个镇、6个街道办事处，总面积88.55平方千米，人口21.3万人，交通便利，农畜产品市场资源丰富。自改革开放以来，经济和各项社会事业迅速发展，投资环境不断得到改善。市区内有众多民族风情浓郁和地方特色突出的人文景观与历史遗迹。清真寺、拱北等寺院建筑融合中国古建筑与阿拉伯建筑为一体，独具风格；东公馆、蝴蝶楼、南关清真大寺、大拱北、万寿观等名胜古迹及砖雕、木雕艺术闻名遐迩。

　　随着临夏市经济社会转型的进一步加快，原先的利益格局正逐渐被打破，一些深层次的矛盾开始出现，由此引发的各种纠纷大量增加。平安稳定是富民惠民的基础，因此，有效化解社会矛盾，维护有序、稳定的社会秩序，对于临夏市经济和社会的和谐发展至关重要。近年来，临夏市各类纠纷案件数上升明显，以司法为中心的纠纷解决机制导致司法审判机关及相关的职能部门长期处于超负荷运作的状态，但仍然难以做到及时、有效地解决纠纷，在一定程度上影响了临夏市和谐稳定的社会秩序。构建合理的临夏市回族民间纠纷解决机制，是当前临夏市创建和谐社会法治的基本要求。建立以司法为中心的纠纷解决机制，已成为临夏市党政领导的共识。全市通过建立多种形式的纠纷解决组织，充分利用各种社会资源，及时解决各种社会矛盾和纠纷，取得了很大的成效。

　　司法与自组织和准司法方式的分工协作是保证社会稳定与正常秩序的重要条件。"社会纠纷及其解决机制是对构建和谐社会的考验。"① 纠纷解决机制作为法治的核心环节，其合理配置对于维护社会秩序、促进社会和谐至关重要。临夏市纠纷解决实践中所存在的内在矛盾，已成为纠纷解决理念良性运行的障碍，主要表现为纠纷的司法解决机制的弊端及非诉讼解决机制未能有效运转。解决纠纷的机制、体制与制度不健全，处置纠纷的资源与能力不足，使建立和谐社会的努力遭遇很大的障碍。纠纷的有效解决需要选择适当的解决方式，这不仅要求司法解纷体制具有权威性，还要使司法与自组织和准司法纠纷解决机制之间实现合理衔接，克服单一纠纷解决方式的弊端，发挥纠纷解决机制的优势，使各类纠纷解决方式的作用得到体现。因而，完善纠纷解决机制是临夏市应对纠纷数量增长的必由之路。

第一节　临夏市回族民间纠纷解决机制的运行现状

一　司法层级的运行现状

　　司法通过特殊的程序作为维系整个政治和社会秩序的基本支点，发挥着秩序正统性的再生产功能，因而，司法处理纠纷在其特定社会条件下会起到其他准司法、自组织纠纷解决机制所难以替代的作用。② 日本学者棚濑孝雄说："审判制度的首要任务就是纠纷的

---

① 曹钰：《社会纠纷：构建和谐社会的考验——西南政法大学校长龙宗智关于我国社会纠纷及其解决机制的问答》，载《人民论坛》2005 年第 11 期。

② 王亚新认为，社会中所发生的能够给社会体系的正统性带来重大冲击的危险，最终可以被诉讼、审判所吸收或中和。作为判定者的法院构成了社会处理纠纷体系中的"绝对的第三者"，在秩序中占有可称之为"平衡器"的特殊位置（王亚新：《纠纷、秩序、法治——探寻研究纠纷处理与规范形成的理论框架》，载《清华法律评论》第二辑，清华大学出版社 1999 年版）。

解决。"① 美国学者卢埃林也指出："解决争端是法院最为重要的职能，并始终为其他功能的实施创造条件。"② 现代诉权理论要求保障公民利用司法的权利，虽然人民法院可以通过增加受理案件的数量来解决上述问题，但这不应导致司法成为解决所有纠纷的工具。换言之，并非所有纠纷的解决都适宜采用司法方式，司法救济只是权利的最后保障机制。司法的解决纠纷功能主要表现为依照法律来保护个人的正当权利，以阐明国家的权威法律规范所产生的能够指导纠纷当事人的社会行为。③ 到近现代，人们曾一度试图用国家司法权解决所有的纠纷，司法以外的纠纷解决方式逐渐被忽视，甚至被边缘化。极力推崇法治理想的热情带给人们这样一种观念：似乎一切纠纷的解决都应该付诸司法，由国家审判权决断。④ 司法自然是维权的最后一道屏障，"但当司法被过度使用于纠纷的解决，法院将不堪重负，从而导致成本过高及投入司法的资源无法与司法量的增长相适应等问题的产生"。⑤

目前出现的司法案件数激增现象不能简单地归结为司法制度本身设计的不完善。"作为纠纷解决的最终和最高机构，国家所要掌握的应当是最终解决权而不是最先解决权，这应成为纠纷解决机制整体重构过程中的基本原则。"⑥ 在当今中国，法治已经被公认为是现代化建设中所必不可少的，司法也是法治社会解决纠纷的一种最

---

① ［日］棚濑孝雄：《纠纷的解决与审判制度》，王亚新译，中国政法大学出版社1994年版，第1页。

② ［英］罗杰·科特威尔：《法律社会学导论》，潘大松等译，华夏出版社1989年版，第89页。

③ 关于诉讼解纷方式社会指导性功能的论述，参见左卫民、周长军《变迁与改革：法院制度现代化研究》，人民法院出版社2000年版，第95—105页。

④ "法律至上"论者将以审判程序为中心的利用法院的诉讼与否作为判定人们"法意识"和"权利意识"高低的标准，并指出调解、解纷妨碍了公民"权利意识"的成长，同时指出，坚持调解、解纷的适用范围对民众民主主义的成熟度也有一定程度的影响（参见［日］高见泽磨《现代中国的纠纷与法》，何勤华等译，法律出版社2003年版，第6页）。

⑤ 齐树洁：《司法理念的更新：从对抗到协同》，载徐昕主编《纠纷解决与社会和谐》，法律出版社2006年版。

⑥ 何兵：《现代社会的纠纷解决》，法律出版社2003年版，第191页。

为正式的机制。① 司法危机的出现，在很大程度上也是司法解决纠纷方式本身局限性的体现。司法制度所存在的弊端使人们开始对纠纷的司法解决制度进行重新考量。司法解决纠纷方式的弊端应主要源自现有司法资源的有限性，司法资源的有限性限制了司法手段对正义的绝对追求，这种限制为正义的实现设定了一个限度，这也决定了司法部门不可能为追求个体的绝对实体正义而不考虑司法资源的效率要求，而且也不可能为查明案件的事实真相而无限制地消耗司法成本。对临夏市回族聚居社区就法院处理纠纷的权威性所进行的问卷调查②显示：65 人认为"有权威性"，占62%；21 人认为"权威性一般"，占20%；12 人认为"很少有权威性"，占11%；12 人认为"没有打过官司，对此不清楚"，占7%。通过调查可以发现，虽然司法解决纠纷方式的权威性已被临夏市穆斯林所认识，但在司法中，当事人对于司法程序不仅要耗费大量精力和金钱，而且风险极大，缺乏足够认识。司法维权未必能够实现其预期目的。特别是在司法公信度不高的情况下，轻率选择司法手段常常会使当事人因事与愿违而蒙受心灵与物质的更大损伤。在这种情况下，不但和谐不能实现，而且有可能产生新的纠纷。司法资源的有限性决定了法官不可能以牺牲效率为代价换取对正义的绝对追求，司法在面对复杂的社会冲突时所表现出的局限性说明司法不是万能的，并非一切纠纷都适于通过司法来解决。

【案例一】马某早年丧妻，膝下有三子一女。三个儿子先后成家工作，女儿出嫁。马某一直随老二生活，偶尔到老大和老三家居住。1997 年马某对老三说在其百年之后，老家的祖屋归其所有。

---

① 顾培东认为，由于诉讼是利用国家权力来解决纠纷，这一事实所派生出来的两条规则使诉讼要比调解等非诉讼纠纷解决方式在冲突解决方面的有效性更突出。一是解决冲突的根据只能是国家立法，二是由诉讼所确定的冲突权益处置和补偿办法通过国家暴力强制所产生的威胁而得到实施（顾培东：《社会冲突与纠纷解决》，法律出版社 2004 年版，第 40 页）。

② 本次调查共发放问卷 120 份，其中有效问卷 110 份。本书以下的调查基础问卷总数仍计为 120 份。

1999 年初，马某患病住院，经检查发现患有癌症，后住在老大家进行治疗。因老大侍候周到，马某深受感动，表示由老大继承祖产。2002 年马某的病情加重，由老二护送老父亲至老家，路上老二对马某照顾得很好，原来马某一直认为老二不太孝顺，所以在祖产的问题上没有考虑过老二，但鉴于在回老家的路上老二的表现，马某表示祖产由老二继承。此后不久，马某不治身亡，生前未留有书面遗嘱。兄弟三人处理完后事后，各自要求继承祖传的房屋，女儿认为自己也应有份。经社区人民调解委员会调解无效后，兄弟三人向法院提起司法诉讼，请求分割遗产。法院首先对兄弟三人的继承纠纷进行了调解，但由于当事人各执己见，未能达成协议，最后对该案进行了判决。判决后，三兄弟和女儿对结果表示满意，认为比较公正，与社区调委会的调解方案差不多，但是由于法院司法的律师费、司法费、鉴定费的支出等于将遗产四分之一的价值消耗掉了，当事人又觉得太不划算。

在该案中，由于司法当事人没有考虑到司法解决机制的弊端，因而，司法成本并未被其所认识。其实，司法只能作为解决争议的最后手段，不应轻言司法。上述调查说明，回族群众将纠纷诉诸法院时，并未真正考虑过司法解决机制的弊端，司法成本并未被其所认识。司法解纷机制在临夏市的具体运行中的问题表现在如下几个方面：首先，司法成本问题。

【案例二】原告张某与被告李某均居住在解放路。张某住 123 号，李某住 124 号，两家房屋紧邻相接，并合用一堵山墙。2001 年 8 月原告张某经城建部门批准，在原房宅基地上翻建二层楼房一幢，施工时张某家留出与李某家合用的山墙，三个月后完工，被告李某没有异议。2001 年 12 月被告李某也申请翻建三层楼房。原告张某得知后告诉李某，自己的房屋落成尚不到一个月，房屋还未定型，如李某家现在就施工必将损坏新落成的房屋，要求被告李某等几个月，待自己房屋干固定型后再造。被告李某执意不肯，仍要立即动工，但表示如对张某房屋有损坏，愿负责赔偿和修理。2002 年 2

月，被告李某拆除旧屋，原地施工兴建二层楼房，由于两家房屋相毗邻，张某家新房建成尚未干固，而李某家施工挖地基打桩致原告张某的新房地坪出现裂缝，门、窗歪斜不能开启。原告张某即告知李某并要求修理房屋及赔偿损失。李某强调在自己宅基地上施工，与张某无关，两家发生纠纷。经社区调解委员会调解，对李某的错误行为进行了批评教育，但因李某家房屋已经拆除，施工不能停止，仍让李某家继续施工。对李某施工期间对张某造成的损害，需待李某家施工完毕，张某家房屋定型后确定损害的部位和程度，再由李某负责赔偿。双方对此均表示同意。2002 年 7 月原告张某的房屋干固后，检查发现楼房东南角的内墙多处裂缝，底层下沉出现裂缝，墙面有所倾斜，要求被告李某负责修缮并赔偿损失 8000 元，但李某拒绝修理和赔偿。原告张某向人民法院提起司法诉讼。法院受理后，经城建部门鉴定，原告张某楼房出现上述损坏的原因，确是被告李某在张某家房屋未干固的情况下，紧邻施工建房所致。法院认为，被告李某应负全部责任。据此判决被告李某赔偿原告张某房屋损坏修理费人民币 6000 元，并承担本案司法费、房屋鉴定费，损坏部分由张某自行修理。

据事后对本案当事人的调查，在司法诉讼中，双方均聘请了律师为代理人，并各自付出一笔相对他们来说不菲的代理费。对于原告来讲，除去应付的律师费，所剩的赔偿款已不足以修葺受损房屋，还需自己贴钱。对于被告，除了应该赔付的维修金，所支付的司法费、律师代理费、房屋鉴定费合计已超过赔偿款，如果被告及时履行调解委员会的协议，这些司法成本就可以避免。

所谓司法成本是指司法运作整个动态过程中所付出的代价，即司法主体司法行为所耗费的人力、物力和财力的总和。波斯纳认为司法成本主要包括两类，一是错误的司法判决成本；二是司法制度运行的成本（直接成本）。后者包括公共成本（如法官薪金、陪审员和证人报酬、法庭设施）和私人成本（如法院收费、律师费用、专家费用)。① 相对于其他纠纷解决方式而言，司法是一种成本较高的权利救济方式。国家最高决策机关为了保证人民群众维权，颁行了许多便民措施②，但在对临夏市回族聚居社区就法院处理纠纷的成本所进行的问卷调查③显示，71 人认为"成本很高"，占 72%；15 人认为"还可以"，占 14.9%；10 人认为"没有打过官司，说不上"，占 10.1%；3 人认为"比较公正"，占 3%。当事人在司法中支出的费用包括司法费、鉴定费、律师费以及其他用于司法的实际支出。但司法费用的收取并非一无是处，司法费用不仅是维持司法活动所必需的，而且还是抑制滥用诉权的必要手段。"裁判有时是一种奢侈的纠纷解决方式，故欲让所有的民事纠纷都通过裁判来解决的想法是不现实的。即使无视现实的制约而大肆鼓吹裁判万能论，但大多数的纠纷通过裁判以外的方式加以解决的事实是依然不会改变的。"④ 基于司法资源有限性的考虑，诉权的正当行使与滥诉之间的矛盾使大多数国家对滥诉行为持反对意见，但司法实践中司法的正当行使与滥诉之间是很难甄别的。接近正义的理念要求司法为当事人提供简便、快捷、廉价的服务，但这与防止滥诉有一定的矛盾，这就意味着相当一部分无法按时缴纳司法费用的回族弱势群体的法定权利得不到及时的司法救济。正在完善过程中的法律援助制度则在客观上呈现出需求远大于供给的局面，使国家在这个问题上显得力不从心。

【案例三】2003 年 3 月 9 日，王某与某民族工贸公司签订一份

---

① ［美］理查德·A. 波斯纳：《法律的经济分析》（下），蒋兆康译，中国大百科全书出版社 1997 年版，第 717 页。

② 司法为民的中国现代法治观念是有关司法权运行的目标、原则和制度的主导理论，基本出发点表现为司法机关应该采取措施方便人民群众运用诉权维护其合法权益，以有效地接近正义。在此基础上有效地实现司法权的良性运行，是社会司法建构和运作的本质要求，这既有政治理念建构的目标，又是当前中国司法改革的目标。各级法院所出台的诉讼费减免措施即为当前司法为民精神的集中体现。

③ 有效问卷为 99 份。

④ ［日］小岛武司：《仲裁——一种私设裁判》，林剑锋译，载陈刚主编《比较民事诉讼法》第一卷，西南政法大学 1999 年内部印行。

借款合同。双方约定：王某借给民族工贸公司 50 万元，借款期限
自 2003 年 3 月 10 日至 2004 年 4 月 1 日，利率按国家利率调整浮动
计算。同时，为使贷款安全，王某还与某客运公司签订一份担保合
同，合同规定，由客运公司为上述借款合同承担一般担保责任。两
份合同签订后，王某履行了出借 50 万元的义务。可借款到期后，
民族工贸公司却未能如约履行还本付息的义务。为此，王某诉至某
人民法院，请求判令借款方民族工贸公司还本付息。经人民法院审
理，王某、民族工贸公司、客运公司达成了于 2005 年 8 月 30 日前
偿还借款本息的协议。之后，因民族工贸公司没有按期履行调解协
议，王某便向人民法院递交了执行申请书。可是，此时民族工贸公
司早已人去楼空。在此情况下，王某请求客运公司承担还本付息的
责任，但此时的客运公司却将可供执行的财产进行了转移，案件无
法执行。

　　本案中，王某虽然进行了司法维权，但裁判的执行不力使其对
合法权益的维护大打折扣。司法裁判不能得到及时执行不仅会使回
族当事人的合法权益得不到及时有效保护，而且会使那些身处困境
的弱势当事人面对复杂的司法程序不得不降低司法请求，从而削弱
了公民对司法的信赖与期待，甚至降低了司法裁判的质量，使法院
面临信任危机。"无论什么样的纠纷解决机制，在现实中其纠纷解
决过程都必然向适合于既存社会条件的方向转化。换言之，无论什
么样的纠纷解决制度，在现实生活中其解决纠纷的形态总是为社会
的某种条件所规定的。要充分发挥某种制度的作用，必须有适合于
它的一定的社会条件存在。反之，如果不存在这样的条件或条件不
充分，该制度就会慢慢地变为有名无实。"①

　　【案例四】马某家养有一只狼犬。一天早上，马某未给狗带
上犬链，马某之子出门办事忘记将门关紧。碰巧的是，恰逢邻居

---

① 〔日〕棚濑孝雄：《纠纷的解决与审判制度》，王亚新译，中国政法大学出版社 1994
年版，第 24 页。

高某来串门，高某见狼狗很威风，便站在狼狗的前边观看，谁料这只狼狗一时兴起，扑向高某，高某在躲闪时不慎摔倒在地，碰在裸露的水管封口处，造成高某"右前臂尺骨骨折，腰 I 椎体压缩骨折"，后住院治疗，共支付医疗费计9000元。高某请求马某赔偿因遭狗惊吓受伤而支出的各项费用。马某认为，当时狗虽有扑人的动作，但并没有碰到高某，而是高某自己不小心摔伤的，狗的主人没有过错。因此，马某不同意承担赔偿责任。在此情况下，高某将马某诉至某人民法院。一审人民法院经过审理，对双方争议进行了调解，但马某认为有邻居反映高某的腰椎在受伤之前已有过骨折，并不是本次受伤所致，因此要求法庭对高某的伤情进行鉴定。经过司法鉴定，法庭认定高某腰椎骨折系本次受伤所致，调解无效后，进行了判决，马某当庭提出上诉。二审过程中，为确定高某伤情性质，法庭又委托北京一家鉴定机构再次鉴定，但结论仍然对马某不利，马某继续认为高某腰椎损伤与己无关。二审判决后，马某继续申诉。

本案中，马某与高某的纠纷已穷尽司法救济程序，从案件的立案到一审，再到启动上诉程序开始二审，双方均已精疲力尽。一般地，司法程序的设计是由司法所具有的解决纠纷的主导性地位决定的。

对临夏市回族聚居社区就法院处理纠纷的效率所进行的问卷调查①显示，67人认为"效率太低，需要改进"，占61%；36人认为"程序繁杂，没有效率"，占33%；7人认为"没有打过官司，说不上"，占6%。虽然权威性是司法方式的优势所在，但不可避免地存在程序复杂的弊端，直接导致司法成本的高昂和司法正义的迟延。而且，程序的复杂性也使当事人自行利用法律参加司法诉讼的权利难以成为现实，换言之，必须依靠律师的帮助。

---

① 有效问卷为110份。

二 准司法、自组织纠纷解决机制的运行现状

传统司法制度难以适应回族民间纠纷复杂性的特点，相比较而言，快捷、低廉、简单的司法外纠纷解决方式，更接近回族群众的需要，更适应不同当事人解决纠纷的要求。在纠纷解决过程中，为追求利益的最大化，当事人会选择对自己最有利的解决方式和机制。司法虽然是现代社会纠纷解决机制中最主要的纠纷解决方式，但并不是唯一的纠纷解决方式。换言之，法律是进行社会控制的工具，但仅凭借司法这种社会控制力量显然是不够的。"预防纠纷的发生和激化与调解纠纷是两个虽不相同但又紧密相连互为因果的范畴。如果预防工作做好了，则纠纷就不会发生，或者发生了不会作进一步的发展，对于做好调解工作，有很大裨益。"[①] 从社会学角度来讲，道德、宗教和习惯等都是调整人们行为的工具，与法律共同构成了有机的社会调控规则体系，而作为非司法纠纷解决方式主要适用对象的道德、习惯规则也应有特定的调整领域，通过司法与准司法、自组织纠纷解决机制的科学配置，及时化解社会矛盾是实现和构建和谐社会的关键所在。但是，"然而，我们目前的利益协调机制或社会纠纷解决机制并没有随着社会矛盾的发展而同步建立。我们曾被国外称之为东方经验的具有中国特色的调解机制，随着我国市场经济的发展和完善非但没有进一步发展或完善，反而却逐渐衰落；我们以行政机构出面调解的优势早已风光不再；具有民间性质的仲裁限于机构设置、收费等方面的高门槛和相对复杂的程序而无法进一步推广。今天，对于日趋激烈的社会矛盾和利益冲突，只能由人民法院作为社会矛盾、纠纷的最终裁决机关予以处理。"[②] 准司法、自组织纠纷解决机制由于自身存在的问题，在临夏市回族民间纠纷解决的司法实践中使用率不高，主要原因有如下几个方面：

---

① 季卫东：《法制与调解的悖论》，《法学研究》1989 年第 5 期。
② 王雨本：《论多元化社会矛盾与多元化解决纠纷机制——从经济法角度诠释多元化解决纠纷机制》，载《法学》2009 年第 5 期。

首先是制度设计的缺陷使准司法、自组织纠纷解决机制与司法机制所适用的法律规范不统一，导致当事人对其缺乏信任。同时，有的司法外纠纷解决形式程序设置不合理，操作起来甚至比司法程序更复杂，使得当事人的权益得不到切实保障，因而当事人选择弃用司法外程序。其次，国家和社会对司法外解纷机制不够重视，对制度建设的相关投入与司法相差很大，从业于司法外解决纠纷制度的人员选任缺乏必要的资质要求和专门的训练，使这种纠纷处理人员专业素养达不到纠纷解决的需要，因此纠纷解决实际效果不佳。

（一）人民调解

在各类非司法的纠纷解决机制中，人民调解是临夏市回族群众最为熟悉的一种形式。人民调解解决纠纷的民间性是国家推崇人民调解机制的主要原因之一。① 统计表明，目前中国有90多万个人民调解委员会，它们不仅是社会纠纷的重要的初选网，而且是政府预防和化解社区群众矛盾的主要依靠力量。② 中国历史悠久的浙江省绍兴市枫桥镇的"枫桥经验"是一套快速整合各种社会力量，促使民众以合理和合法的方式解决矛盾的协同机制。这套机制里最为核心的内容就是人民调解纠纷解决机制。人民调解以它特有的事前工作方式主动介入纠纷中，尽最大可能在矛盾激化前就将它化解。"中国是现代各国采行的各种调解制度的发源地和制度与文化摇篮。中国的调解制度以及蕴涵于其中的丰富文化内涵和法治境界，成为包括形形色色ADR（非司法纠纷解决方式）在内的现代调解制度

---

　　① 虽然人民调解的重要性毋庸质疑，但由于未能建立一套完善的调解员选拔制度，中国人民调解员的整体素质偏低，无法充分发挥人民调解的作用。人民调解员的工作不能获得民间纠纷当事人双方的信赖，不能够产生对诉讼解决纠纷方式真正的替代作用，使当事人首选诉讼解决纠纷机制成为可能。

　　② 为了加强社会转型时期人民调解纠纷的权威性和效力性，目前发展起来的具有行政或准司法性质的调解机制，虽然在名义上仍被纳入人民调解的范畴中，但是这种调解形式在某种程度上并不是完全依靠社会力量，而是更多地依靠国家力量来解决纠纷（相关内容参见范愉《当代中国ADR的发展》，载江平主编《比较法在中国》（2004年卷），法律出版社2004年版）。

的灵感之源和目标指向。"① 据资料统计，2000—2005 年，枫桥镇共发生纠纷约 1570 件，其中 98% 的纠纷调解成功，在近 5 年的时间里，枫桥没有一起因纠纷调解不当而引发的越级上访，也没有出现重大的治安问题。② 美国学者吉尔伯特·罗兹曼认为："中国在旧社会形成过这样一种传统，不大的纠纷基本上寻求法律以外的机制来解决，这种特点很切合社会实际，不仅花费低廉，而且行之有效。这些非法律化的社会手段在维持社会价值以消弭冲突的同时，就为乡村社会提供了这种价值的行为准则。"③ 其实这也是对中国乡土社会的真实写照，尤其对于临夏市的回族——至今仍然具有明显的乡土特色的特殊群体来讲，人民调解、解决纠纷的作用就更加明显。

【案例五】马某经营的手机商店购进一批新款手机，每部定价 1800 元。由于商店刚开张，新来的售货员对于业务不是很熟悉，在制作手机标价牌时，误将 1800 元标为 800 元。顾客张某入店闲逛时，发现在别处卖 1800 元的手机在这里只卖 800 元，因此张某一次性买了两部。事后，马某和售货员对账时发现每部少收了 1000 元。马某经多方查找，终于找到张某，要求张某补足货款。张某称自己买回两部手机是按价签付了钱的，买卖已成交，不能反悔，而且，其中一部手机已以 1500 元卖给了李某。马某按张某所指找到李某，要求李某退还手机，李某也拒绝了马某的要求。不得已，马某找到了某街道办事处人民调解委员会请求调解人员出面要回价差款，随后工作人员找到张某和李某，给他们讲明事实原委和马某的苦衷，请他们站在马某的立场上想想。后双方达成协议，马某给张某、李某退还手机款，张某、李某退还手机，并当场履行协议。

---

① 汤维建：《中国调解制度的现代化转型》，多元化纠纷解决机制网（http://www.law-adr.com.cn/。访问日期：2010 年 2 月 2 日）。

② 相关论述参见周白《"枫桥经验"受中南海瞩目，举重若轻化解矛盾于无形》，载《南方周末》2006 年 3 月 9 日。

③ ［美］吉尔伯特·罗兹曼主编：《中国的现代化》，国家社会科学基金比较现代化课题组译，江苏人民出版社 1988 年版，第 129 页。

　　在此案解决过程中，双方未花一分钱，握手言和，和谐的人际关系仍然维持。若诉至法院，除了付出的司法成本以外，在人际关系方面也要付出代价。下文以临夏市的人民调解制度为例进行说明。对临夏市回族聚居社区人民调解委员会在纠纷解决机制中的作用所进行的问卷调查①显示：66 人认为"作用明显，需要加强"，占 68.8%；21 人认为"作用发挥不明显"，占 21.9%；5 人认为"没有作用"，占 5.2%；4 人认为"不太了解其作用"，占 4%。资金缺乏是制约人民调解发展的主要因素。《人民调解委员会组织条例》、《人民调解工作若干规定》规定人民调解委员会调解纠纷不收费，调委会工作经费和调解员的补贴经费，由村委会、居委会、企事业单位解决。但司法实践中此规定未能进一步落实，直接影响人民调解员工作的积极性，因此，为确保人民调解发挥其应有的作用，调解经费的来源必须得到落实。此外，人民调解工作的规范化、程序化和制度化建设存在问题，使人民调解工作的随意性很强，导致程序意识较差。"调解制度缺乏应有的规范性，其运作机制存在任意性和随意性。民事司法法、仲裁法和人民调解组织条例对司法调解、仲裁调解和人民调解等虽有规定，但其规定基本上属于原则性的规范，而缺乏细致的调解规则，其可操作性程度较低，由此导致了调解缺乏对当事人足够的程序保障，同时也缺乏对调解程序的社会监督机制。其他调解形式，包括行政性调解和民间性调解，则几乎没有任何法律法规加以调整和规范。"② 最后，人民调解协议的契约性质虽然强化了协议的法律效力，但这也仅赋予该协议以合意性，并不具有强制执行力。

　　【案例六】马某、鲜某、汪某三人达成协议，决定购买一辆康明斯货车搞运输，约定共同出资，共同劳动，均分报酬，共担风险。后白某要求加入，马某、鲜某、汪某三人一致同意白某加入。

---

　　① 有效问卷为 96 份。
　　② 汤维建：《中国调解制度的现代化转型》，多元化纠纷解决机制网（http://www.law-adr.com.cn/。访问日期：2010 年 2 月 2 日）。

白某加入后与马某、鲜某、注某共同经营，并参加了两次分红。某日，马某在执行长途运输协议时因刹车失灵，致使车体倾覆，致使马某全身多处骨折。由于车辆本年度保险未及时购买，不能请求保险公司赔付。马某要求鲜某、汪某、白某承担其医疗费用及生活补助共1万元，被拒绝。马某于是请求本社区调委会解决。经过调解，鲜某、汪某、白某同意支付其医治费用及生活补助费用，并达成协议。但在随后的几个月内，鲜某、汪某、白某以种种理由拒绝履行协议内容，马某无奈，只好诉诸法院。

在本案中，人民调解委员会对于已达成的调解协议没有申请法院执行的权力，因而，在争议对方不履行协议的情况下，马某只有通过司法方式维护权利。

在对临夏市回族聚居社区就人民调解委员会达成的调解协议执行情况所进行的问卷调查①显示：50人认为"只要协议公正，会履行"，占52%；25人认为"不会主动履行"，占26%；15人认为"可能会履行"，占15.6%；6人认为"有时会履行"，占6.3%。因而只有通过程序性设置，使人民调解协议更好地与司法相衔接，并在肯定人民调解协议正当性的前提下，通过程序设置更好地保护当事人通过人民调解所获得的利益。正是人民调解具有简易性、灵活性和普遍性等优点，所以，它仍将是中国社会解决民间纠纷和保护公民权利的重要方式之一。② 与人民调解相比，司法的价值目标则是多元的，程序公正、实体公正、效率、效益都在司法考虑范围之内，法官在司法过程中就是要不断地对这些价值目标进行取舍。司法虽然暂时解决了纠纷所引起的权利争议，但这种解决结果具有不彻底性，司法中的对立还加强了纠纷双方的对立情绪。人民调解等非司法方式一般不作为进入司法的必经程序，这导致临夏市回族纠纷当事人对司法外纠纷解决方式的功能、程序和优点了解不够，

---

① 有效问卷为96份。

② 刘广安、李存棒：《民间调解与权利保护》，载夏勇主编《走向权利的时代：中国公民权利发展研究》，中国政法大学出版社1995年版。

从而难以利用。更为重要的是由于司法外纠纷解决方式处理结果缺少法律强制力的保障，使临夏市的回族纠纷当事人缺乏对非司法纠纷解决方式的信心，同时法院也未给予非司法纠纷解决方式的处理结果以充分的尊重，一些回族纠纷当事人为了避免徒劳无益的程序和难以执行的结果，宁愿直接起诉。

（二）自组织调解

虽然从回族聚居社区适用频率的实践层面看，除司法途径外，当前回族群众求助于人民调解的解决纠纷途径要远高于其他途径，但回族自组织调解的解纷途径也是客观存在的（相关内容见前文）。

三　司法与准司法、自组织纠纷解决机制的衔接现状

目前，临夏市正处于从传统的农业经济向市场经济转型的时期，转变过程中社会结构变化所形成的社会阶层打破了现行利益格局，导致各种利益冲突的出现。这些利益冲突是民族地区社会矛盾和纠纷产生的直接原因。回族群众的传统人际关系由于城市化的作用而有所改变，但又因为传统文化的凝聚力而使回族群众在社会生活中参与市场的程度逐渐增强，城市化带来的社会主体成分和地位的多样性促使纠纷的解决方式也趋向多元化，因而只有矛盾、纠纷得到合法、及时有效的解决，回族地区的社会和经济发展才能具有良好的外部发展空间。虽然城市化理念的输入使临夏市回族传统社会组织可能逐渐弱化，但仍有其存在的文化基础，城市化使民族地区某些社会群体正在逐渐消失，新的社会关系和新型社区在这种文化基础上不断产生。

随着临夏市经济社会的快速发展和依法治国进程的逐渐推进，当地回族群众的法律意识、司法观念不断增强，加之各种新类型的社会矛盾所导致的司法范围的扩展使人们在纠纷解决过程中产生一种偏向，即将司法作为实现其权利救济的唯一机制，导致人民法院的受案范围逐渐扩大。同时，在对回族群众进行法制宣传的过程中，把回族群众对司法的利用程度作为其法律意识提高的标志，因

此案件数量激增，法院不堪重负成为必然结果。人际交往过程必然伴随着各种复杂、多样的纠纷，由于纠纷的性质、形式和激烈程度不同，解决纠纷的手段也必然多种多样。经济社会的发展导致利益冲突和纠纷类型出现了多元的趋向，需要不同的纠纷解决方式与之相适应。价值观决定了纠纷主体所追求的公平和正义在内容和标准上的差异性，解纷方式在形式上受到社会物质生活条件的制约，随着社会的发展变化而不断更新发展，但法律至上论使司法方式解决纠纷绝对化，淡化了纠纷的其他解决方式。临夏市回族群众对纠纷的司法外解决方式的功能和优点了解不够，尤其是非司法纠纷解决方式处理结果缺少法律强制力的保障，使其对非司法解决方式缺乏信心。

【案例七】薛某与铁某本不相识，2002年4月23日，铁某从A县到B县其表叔家走亲戚。在其表叔家门口，因琐事与张某言语不合，随后拳脚互殴，将张某摔倒并压在马路上。与铁某表叔同村的薛某路过，见状上前劝解，也被铁某打伤。事后，在其表叔的劝解下，铁某很后悔，表示愿意赔付薛某医药费。随后铁某表达了在当地村委会调解小组主持下解决纠纷的愿望，但薛某认为调解小组解决纠纷是"和稀泥"，白浪费时间，要求到法院解决问题，因此，薛某向人民法院起诉，要求铁某赔偿损失。

薛某的案例说明了部分基层群众对于非司法解决方式缺乏基本的认同感。在现行法律未给予非司法解决方式的处理结果以司法效力确认的情况下，临夏市回族当事人为了避免徒劳无益的程序和难以执行的结果，只有应用诉权是最具效率的方式。"作为纠纷解决的最终和最高机构，国家所要掌握的应当是最终解决权而不是最先解决权，这应成为纠纷解决机制整体重构过程中的基本原则。"① 当然也必须注意到，司法成为权威性的解纷方式之后，其他纠纷解决方式也并未因此失去其存在的价值。纠纷主体价值观和文化背景决

---

① 何兵：《现代社会的纠纷解决》，法律出版社2003年版，第191页。

定了对纠纷解决方式不同的偏好，不同的纠纷解决方式可满足不同纠纷主体的不同要求。遗憾的是，司法实践中由于非司法方式与司法解纷方式对各自所解决的纠纷矛盾性质未曾明确定位，更为重要的是，没有赋予非司法纠纷解决方式协议以强制执行力，导致了非司法纠纷解决方式的利用渠道不畅和低使用率以及法院司法解纷方式以"司法危机"形式的出现。对于回族群众，其独特的价值观和文化背景因素是采用非司法解纷方式的基本条件，因而在回族地区应当准确定位司法解纷方式的适用范围，发挥非司法解纷方式的功能，从而实现司法与非司法方式的合理衔接。①

第二节　临夏市回族民间纠纷解决机制的问题分析

近年来，突破传统的司法手段和方法，大胆创新，努力探索新的纠纷解决机制已经成为各地司法机关工作的重点之一。有效化解社会矛盾、维护平安稳定对于临夏市经济和社会的和谐发展至关重要。以司法为中心的纠纷解决方向所具有的成本高昂和程序复杂的特点，导致司法资源极为紧张。如果不从构建纠纷解决机制着手，迅速增加的矛盾纠纷将会使临夏市社会发展长期处于被动紧张的局面，无法实现促进平安稳定、建设和谐临夏市的目标。通过上文对临夏市纠纷解决机制运行现状的分析，我们认为存在的问题是由以下原因造成的：

第一，临夏市建立纠纷解决机制的基础薄弱。改革开放 30 年

---

① 在我们 2008 年 8 月就临夏市回族民间纠纷解决途径的调研期间，临夏市人民法院协同临夏市司法局共同下发了《临夏市人民法院、临夏市司法局关于建立诉讼调解与人民调解对接机制的若干规定》的文件。该规定第 1 条明确了对接机制的具体内容，包括了诉前、诉中的程序对接和经常性工作机制对接。根据该条规定，在当事人合意的前提下，将诉至人民法院的民事案件先行纳入人民调解程序，在审理涉及人民调解协议的民事案件时，依法赋予人民调解协议以法律效力，曾经参与过人民调解程序的人民调解程序员将被邀请参与诉讼调解工作。为保证具体工作的落实，临夏市人民法院与临夏市司法局建立了联席会议制度，以促成化解纠纷的合力，并建立信息通报程序。这应该是少数民族地区发挥人民调解制度解决纠纷作用的有益尝试。

来，临夏市从一个民族地区的农业县发展成为如今具备一定工业基础的城市，但目前仍然处于城市化初始阶段，转型任务远未完成。尽管临夏市各项社会经济指标居于临夏州前列，但临夏市的市场经济水平仍然处在初级阶段，正面临着区域竞争日趋激烈，以及城乡二元冲突的社会结构，矛盾多发的不稳定因素，不协调、不全面发展的社会因素等问题，基层控制力量极为薄弱，基层组织面对众多的社会矛盾和社会问题应对能力有限，对于解决发生在基层的大量的纠纷显得力不从心，无法迅速有效地化解社会矛盾，导致构建的纠纷解决组织基础薄弱、困难重重。这主要表现在以下几个方面：首先，没有对处理纠纷的各类非司法机制的作用及其与司法之间的关系进行明确功能定位和建立基本的程序衔接，因而缺乏必要的程序保障，各类纠纷解决机构没有充分发挥互补性的优势和功能。其次，司法与非司法纠纷解决方式之间缺乏效力位阶的层次性。位阶的层次性，是指各种纠纷解决方式存在一种递进关系，即在纠纷发生后，在充分尊重当事人合意的原则下，当事人可以根据意愿选用一种方式来解决纠纷，但如果法律、法规规定部分纠纷需以非司法方式为前置，则当事人的程序选择权就应受到位阶层次性的限制。最后，没有从节约司法资源、提高解决纠纷的效率与效益以及促进社会和谐的角度出发，引导当事人选择对和谐人际关系影响较低的方式解决纠纷。只有通过对纠纷的各类解决方式进行明确定位，尽力避免或减少司法，才能体现司法的权威性作用。但以临夏市人民法院为主导的国家正式纠纷解决方式在引导、帮助当事人选用适当的方式解决纠纷方面缺乏主动性，没有在立案过程中将纠纷双方的协商、和解作为鼓励当事人首选的纠纷解决方式，在更多的情况下，则是被作为一种方法或手段流于司法程序，对于强化权利义务相一致的法制宣传教育和引导群众合法、理性地反映诉求、解决纠纷方面，解纷机构在引导人们履行法定义务、社会责任和家庭责任方面的自觉性不够，各类纠纷解决机构没有针对性地分析和预测可能出现的不稳定因素，提出相应的对策措施，从源头上预防矛盾纠纷的发生。

第二，临夏市培育纠纷解决机制的力量不足。作为自治州政府所在地，临夏市外来人口的比例呈上升态势，而临夏市行政机构的构建基本上是以户籍人口为基础配置的，导致很多行政机构处理纠纷的难度加大。临夏市法院法官办案的工作压力极大，各机构要再分出精力从事纠纷的解决有些不太现实。以司法的纠纷解决方式为例，近些年来，随着经济交往的密切，经济关系的复杂化，市场主体数量的增多，法院案件受理数量急剧增长。司法本身从实体上难以达到法律效果和社会效果的统一，但国家需要通过法律的统一适用来规范社会，同时也期望法律能保障社会的稳定，通过司法机关的具体司法活动对社会主体进行广泛深入的现代法律意识培养，为此，国家决策机构对法律和司法的社会作用的期望值还会进一步提高，公民的诉权和法院受案范围还会进一步扩大，司法成本也会进一步降低，司法数量的增加也不可避免。虽然在现代社会中司法是公认的解决纠纷的方式，具有终局性、权威性、普适性等优势，但应该意识到，司法既是纠纷解决的主渠道，也是规则形成的一种机制。社会虽对其寄予厚望，但司法解决纠纷的作用却是有限的：一是司法不能解决所有的纠纷；二是司法为保证实体的公正性，存在着冗长的程序；三是解纷结果的不确定性；四是司法解纷成本高昂难以适应部分当事人的解纷实际需求。在缺乏法治经验的情况下，人们对纠纷解决方式的选择产生了一种误解，即将司法作为实现其权利的唯一正确途径，很多人不考虑司法成本，动辄将纠纷诉上法庭，把对司法的利用作为其法律意识提高的标志，致使法院审判压力加大，社会对司法解决机制过分依赖，使非司法的纠纷解决被视为法盲行为，形同虚设。法院的纠纷解决方式成为人民群众的"第一选择"。在这种情况下，如果再让法院工作人员对人民调解等非司法的纠纷解决性进行指导已不现实。

第三，对纠纷解决机制的系统研究不够。临夏市的司法实务部门对于纠纷解决机制的现状及具体运行，目前缺少系统完整的研究，更缺乏前瞻性研究，基本上处于摸着石头过河的状态。当前，在临夏市乃至甘肃省大部分地区，司法机构对于如何构建运行的纠纷解决机制普遍没有远景规划，对于如何建立有效的纠纷解决机制缺乏系统的研究和论证，各级决策机构对此了解也不是很全面，客观上也妨碍了这种机制的进一步完善。应该说，社会主体在对纠纷解决方式进行选择时，通常基于人情世故和实体利益的考虑或基于解纷成本等的考虑，纠纷解决方式的选择体现了纠纷主体对各种解纷方式的不同偏好。因此，从机制上赋予当事人在纠纷解决方面更广泛的选择权，从法律上保护当事人对程序或实体权益的处分，不仅是妥善解决纠纷，节约社会资源的需要，同时也意味着国家对公民基本自由的尊重，以及对公民权利救济的多途径、多层次的保障。由纠纷主体按照自身利益的要求选择纠纷解决方式，这是构建和谐社会所不可或缺的要素，但目前临夏市的纠纷解决体系尚未形成，这直接导致了大量的纠纷直接进入司法程序，引起法院的司法能力下降，相关决策机关对一些准司法、自组织纠纷解决机制的功能、程序和优点了解不够，难以有效利用，这也直接导致在一定程度上使其他纠纷解决机制边缘化。与此同时，当地司法资源的配置不尽合理以及对非司法解决方式的处理结果缺少法律强制力的保障，也常常导致其调处结果流于形式。更重要的是，非司法解纷主体的法律素质较低，所受解决纠纷的专门训练有限，规范性的程序设计阙如，这使此类纠纷解决方式在群众中的地位不高，影响了对其的选择利用。矛盾纠纷的解决不能仅靠法院，面对越来越突出的纠纷的复杂性、多发性与司法资源的有限性、局限性之间的矛盾，决策机关必须针对各类纠纷的不同特点，在进行充分调查研究的基础上，在相应职能部门的协调下，挖掘潜力，使各类纠纷解决机制互相补充，以促进司法资源和社会资源的优化组合。

第四，纠纷解决机制的资金保障来源不足。经过调研，我们发现临夏市没有突破原来主要依靠地方党委、政府提供各种资金保障的方式，没有引入社会资金来推动纠纷解决机制的完善。当地党委、政府在积极主动协调法院司法与人民调解、行政调解的衔接工作方面所开展的整合资金、打造工作平台、加强对接以实现纠纷解决机制之间互补、共赢的工作进展缓慢。资金保障是解纷主体所必备的条件。作为纠纷解决机制重要一环的法院在积极争取有关行政部门和社会各界的大力支持、调动各方面的积极性方面，工作力度不够。对于积极探索各种调解衔接方式，推动形成以人民调解为基础、行政调解为补充、司法调解为主导、司法审判为保障的纠纷解决机制的能动性不高。在实践中，国家解纷机关人员的工作报酬和工作经费纳入财政预算，由财政进行保障。由于经济发展的不平衡，财政收入的差异，临夏市各类非司法解纷方式的资金保障状况也出现了较大的不同。人民调解机构的物质基础保障主要源自拨款，但由于地方财政的能力有限，大多数人民调解机构还不能实现有效的资金保障。要使解纷机制良性运行，国家应根据各解纷主体的性质和地位对资源进行合理有效的配置，对于基层调解组织，应加大资金投入。

第五，纠纷解决机制的制度创新不够。长期以来，按部就班式的民族地区工作使临夏市在纠纷解决机制的制度供给和再造方面能力不足。在司法实践中，及时总结纠纷解决机制的经验不够，导致为当地纠纷解决机制提供完备的制度供给的理论准备不足。另外，临夏市在充分发挥学术界的作用和优势，积极协调相关职能部门合作开展研究工作方面的力度有限。虽然对现行体制下的纠纷解决模式和未来的发展路径进行了一定的分析和探索，但由于各种原因，临夏市纠纷解决机制的推进迟滞。建立和完善纠纷解决机制的制度创新是一项系统的社会工程，具有重大的社会纠纷解决方式选择的导向作用，既能对纠纷解决方式的选择加以规制，又能明确纠纷解决理论研究的努力方向。但是，建立和完善纠纷解决机制并使之在和谐社会建设中发挥实际效用，需要进行长期不懈的努力，要借鉴其他地区法治文明的优秀成果，结合本地的文化和实际，不断创新纠纷解决的新形式。纠纷越复杂，对参与纠纷解决机构人员的专业素质要求越高，规则和程序的要求就越严谨。但由于观念上、认识上、责任归属上的诸多问题和复杂的原因，临夏市在纠纷解决机制的制度创新方面力度不够，使一些专业性的纠纷解决机构的优势没有充分发挥出来。

第六，对于纠纷解决机制的舆论宣传不够。由于长期以来司法中心主义的盛行，临夏市回族群众对纠纷解决机制并不熟悉。尤其是当前对人民调解等民间力量信赖程度较低的情况下，必须加强舆论宣传，引导回族群众观念转型，使群众认识到，纠纷解决机制是整合社会资源，在综合运用和解、调解、行政处理、仲裁等手段的基础上解决纠纷，从而为建立纠纷解决机制提供坚强的舆论保障。在临夏市经济快速发展的时期，随着各类型纠纷的高增长，要真正快速、有效地解决社会纠纷，就必须大力加强法制宣传，使民众了解司法并不是解决纠纷和矛盾的唯一方式。只要提供制度供给，并保证其执行效力，纠纷解决机制是完全可以运行的。随着临夏市社会发展的不断深入，出现了因利益格局调整而导致社会矛盾纠纷激增的新情况、新问题，由于农村征地、企业改制、工程建设等方面出现的矛盾纠纷更为突出，且呈现出群体性、多元性、复杂性的特点。因而宣传、学习以调解与司法为主体的纠纷解决机制的基本知识，就成为临夏市纠纷解决机制舆论宣传的主导方向，为纠纷解决机制在司法实践中顺利实施奠定了基础。各类解纷机构不仅要明确自身的职责和任务，而且还要在各自解决纠纷的实践中通过各种途径向全社会大力宣传解决纠纷机制的理念和基本知识，努力营造纠纷解决机制的舆论氛围。

第三节　完善临夏市回族民间纠纷解决机制的对策

一　明确司法和非司法机制在回族民间纠纷解决方面的功能与定位

"总之，解决纠纷机制应当是全方位、全过程、全社会的机制，发挥这一机制的作用不仅可以为人民法院分流案件，更是能够减少和化解社会纠纷，降低社会成本，维护社会秩序，实现社会和谐的社会机制。"① 多种纠纷解决的方式构成一个完整的纠纷解决机制。在这个机制中，每一种具体的方式都发挥着独特的作用。一个良好的纠纷解决机制能够使其中的每个具体制度"各得其所"。司法最重要的功能之一是调整社会关系，使纠纷所造成的不稳定社会秩序得到恢复，但不是所有的社会矛盾、冲突全部由司法解决。"社会需求决定司法制度的形成及其样式。社会环境对司法运作以及法的实现产生深刻的影响。既定的司法制度和司法程序，在实际动作及司法实践过程中同样不能脱离具体的社会环境：社会从各个方面对司法的运作发生积极或消极的影响和作用。同时，司法活动必须与其他社会规范和社会调整机制相互协调。司法在独立运作的同时，不能完全脱离其他社会规范和社会机制的支持，否则既不可能有效地解决所有社会纠纷，也很难满足不同社会主体的需要。"② 司法不仅应通过适用法律规则来彰显审判程序的公平正义，还要以纠纷解决为出发点，为当事人选择适用调解、自行和解以及选择仲裁等司法外纠纷解决机制提供便利。在司法机制与非司法机制的关系方面，司法应支持和促进准司法、自组织纠纷解决机制发挥作用，而不是与之对立。在国家的司法制度设计中要保证司法程序的准确定位，即司法应该是最后的救济手段。效率是纠纷解决机制及其程序设计的基本指导原则。"及时解决纠纷具有多层次的社会效果：一是可以化解和消除纠纷；二是有利于实现合法权益和保证法定义务的履行；三是法律或统治阶级的尊严与权威得以回复；四是纠纷主体放弃和改变藐视以至对抗社会统治秩序和法律制度的心理和态度，增强与社会的共容性，避免或减少纠纷的重复出现。"③ 纠纷解

---

① 王雨本：《论多元化社会矛盾与多元化解决纠纷机制——从经济法角度诠释多元化解决纠纷机制》，载《法学》2009 年第 5 期。

② 范愉：《纠纷解决的理论与实践》，清华大学出版社 2007 年版，第 118 页。

③ 顾培东：《社会冲突与纠纷解决》，法律出版社 2004 年版，第 27 页。

决方式的选择目的在于通过使用有限的供给资源得到效率和效益的最大化。"法律至上论"使回族群众对司法可能带来的司法正义给予了过高的期望，由此忽略了司法资源的投入与社会的司法需求之间的矛盾。而司法解决纠纷的效率与效益通常很难与社会纠纷主体的期望达到一致。国家通常采取增加司法投入、扩大司法资源的方式来满足公众的解纷需求，但实际上这种做法不但没有提高纠纷解决的效率，反而导致回族群众纠纷主体在纠纷解决过程中消耗了过多的司法成本，使最终的实体利益削减。与此同时，同样具有纠纷解决功能的司法外纠纷解决机制相对于司法的优势而言，其所具有的快速、低廉、简便及不公开、非对抗性等程序利益，并未被回族群众所认识。法官最终的判决必须在公正的前提下追求更高的效率，而不应为了追求某一法律价值而不顾其他的社会价值。因此，为保证司法解决民间纠纷的公正性与权威性，必须对法院解决纠纷的性质进行明确定位。对于涉及回族群众道德、情感关系这类纠纷的时候，调解可以说是解决纠纷的最佳选择。由于司法是终局性的纠纷解决方式，调解解纷还可以关注司法裁判延伸之下的结果。①为此，国外都在司法程序的利用方面设置了相应的准入条件，并不是所有的民间纠纷都是可诉的，能够进入司法程序的都是经过筛选的必须适用司法方式解决的纠纷，一些采取立案审查制的国家从立案标准方面对纠纷进入司法程序进行限制。有些国家为促使纠纷采取非司法外的方式解决，还对某类案件进入司法程序设置了前置程序，未经前置程序处理的纠纷被拒绝进入司法程序。更为重要的是，国家立法机关为确保司法程序的公正性而确立的一系列复杂、烦琐的程序制度，直接提高了司法解决方式的司法成本，司法程序在公正、公平的基础上运行的同时增加了民间纠纷当事人的司法成

---

① 虽然审判以判决或裁定的形式解决了纠纷，但事实上当事人双方的心结仍未打开。在裁判之后，双方之间的关系异常紧张甚至破裂。在这方面，调解具有诉讼所无法比拟的优势，调解通常注重长远的纠纷解决效果，保持当事人之间可维系的良好关系，从而达到社会的稳定与凝聚力。

本，法官在审判过程中必须统筹考虑、权衡实体正义与程序正义。

二 促进司法与非司法纠纷解决制度的合理衔接

纠纷是指社会主体间的一种利益对抗状态。只要社会存在，作为社会现象的纠纷必然存在。为此，有必要对民间纠纷的解决加以规范和引导，合理分流纠纷的解决渠道，最大限度地回应社会对纠纷解决方式的不同需求，提供体现不同价值取向的纠纷解决方式以供当事人选择。各种功能互补的纠纷解决方式之间并无效力等级上的差别，也无管辖上的冲突，在纠纷解决方式问题上唯一的决定性因素是当事人的合意。强化司法解决方式的功能定位，同时辅以合理的纠纷案件配套分流机制和协调机制，使纠纷在进入司法阶段前得到合理解决，减少纠纷解决司法化的倾向。纠纷解决机制，是指一个社会多样的纠纷解决方式（包括司法与非司法两大类型）以其特定的功能相互协调、共同存在所构成的一种满足社会主体多种需求的程序体系和动态调整系统。① 根据司法发生前当事人之间的矛盾尚未激化的特点，有必要加强司法解纷方式对非司法解纷方式的指导职能，充分发挥非司法纠纷解决方式的作用，促进纠纷的和平解决。只有实现司法与准司法、自组织纠纷解决机制的合理衔接，才能使纠纷解决的各种手段均能有效发挥各自的作用而相互补充。影响回族当事人选择纠纷解决方式的因素很多，其中既包括国家的法制宣传、舆论导向、回族文化背景等外在因素，也包括纠纷解决机制的制度设计和从业人员素质以及纠纷当事人的利益、价值取向等。有效的纠纷解决机制不仅能为回族纠纷当事人提供可能的选择，还能够综合考虑各种影响因素，进而通过制度设计合理地配置纠纷解决的司法资源，使每一种纠纷解决方式均能在特定的领域或范围内发挥作用。衔接原则是在肯定规制解纷机制的社会规范应成

---

① 沈恒斌主编：《多元化纠纷解决机制原理与实务》，厦门大学出版社 2005 年版，第430 页。

为社会调整矛盾和冲突的重要依据的同时确定司法纠纷解决机制的权威地位，并且承认各种准司法、自组织纠纷解决机制与司法解纷机制的关联性。"纠纷解决机制的概念既包括非司法机制，也包含司法和司法机制，在理论上，强调以一种综合性视角研究司法与非司法法律与其他社会控制、国家司法权与社会自治、公力救济与社会以及私力救济之间的关系；在制度和实践方面，注重构建司法与非司法程序协调互动的解纷机制。"① 衔接原则主张在现代社会应扩大纠纷主体选择解纷方式的自治和自律空间，以克服单一解纷机制的局限性，是支持准司法、自组织纠纷解决机制存在的前提和基础。衔接原则在建构临夏市纠纷解决机制方面的作用，主要是从回族群众纠纷主体和双方当事人的利益、文化背景和实际需要出发，强调纠纷解决机制的选择和适用的规范应与回族纠纷主体传统文化背景相衔接，并使国家的统一司法秩序与回族地区群众生活秩序、传统习俗规范相协调，以维护临夏市社会秩序的和谐发展。

三 充分发挥回族自组织调解、解决纠纷的作用

特定群体的行为规范是一定社会关系的稳定阀，它所维护的是现存社会关系的平衡和稳定。随着社会的发展与分化，人类的生活方式亦趋多样。由于商品交换和人际交往所产生的纠纷日趋复杂，由规范调整的人类事务的领域也更广泛，除了被制定来确保重大社会进程得以平稳有序进行的官方规范外，在社会生活的诸多方面也存在着大量非官方的行为规范。回族的宗教信仰规范确立了回族群众对宗教教义的服从和依赖关系，并将这种社会关系上升到宗教信仰的高度，以确保这些规范能被人们自觉地遵从。自组织调解作为回族社会生活中的一种解决纠纷途径，与回族的社会结构不可分割。作为维护回族社会价值观念和秩序稳定的民族文化组成部分，自组织调解是回族社会实现自我控制和保持自身秩序稳定的一种工

---

① 范愉：《纠纷解决的理论与实践》，清华大学出版社 2007 年版，第 221 页。

具和手段，充分体现了对于回族个体的行为规范性。自组织调解的
规范性是对回族社会中通行的公平、平等、正义等价值观念进行维
护的必要性和有效性的具体实践，其目的在于对回族个体或组织的
行为进行调控。历史上，回族社会在总体上被直接纳入中央政权的
直接行政管辖和国家规范的约束之下，自组织调解仅处于一种非主
流文化状态。但是，现代社会的复杂性和多样性使国家正式规范难
以深入回族社会的每一个角落，因而，在回族社会发展和运行的具
体实践中，包括某些回族特有的制度仍然发挥着独到的作用。回族
的自组织调解解决民间纠纷具有规范、宗教、秩序、道德等多重特
性，它是回族共同体集体意志的体现，是回族在长期共同生产生活
的基础上产生的，符合多数回族群众的意志，其目的主要是维护有
利于民族整体的社会关系和社会秩序，是一种带有浓厚自治色彩的
社会解纷形式。《古兰经》是回族社区内信教群众用以辨别是非、
审视自我言行、进行价值取向的重要标准，自组织调解所适用的教
义依据偏重于对当事人具体行为的评价、指引、教育、调整和约
束。它不需要国家强制力的威慑即能实现其自身存在的意义，所以
能够在对回族群众进行规范、约束中实现对个体或组织行为的直接
调控。规范和恢复回族的社会关系是自组织调解的基础和根本取
向，自组织调解的解决纠纷功能通过宗教信仰来体现，宗教信仰主
要通过回族民间纠纷的当事人对伊斯兰教教义的理解而实现。调解
主要在于满足回族对伊斯兰教教义的理解与尊重，让纠纷双方对争
议实体利益的现实反映与个人理想信念中的宗教教义联系在一起，
把自己的言行自觉地置于教义的监督之下，协议的执行则需当事人
双方对宗教无限确信的内心体验来维系。自组织调解的这种解纷形
式把回族的精神理想和现实生活紧密地结合到了一起，让信仰成为
一种现实的生活方式，使人们在现实生活中找到了精神依托，同时
也将宗教、道德规范融合在一起，构成回族的社会规范，对回族民
众的行为发挥着行为导向功能。自组织调解在指引回族遵守教义解
决回族民间纠纷的同时，避免违反国家法律，努力实现自组织调解

对国家规范的补充、辅助和支持功能。总之，自组织调解对于回族成员的言行和社会生活秩序起着一定的维护作用，协调着群体利益，并通过约束个体成员的行为而达到社会群体的稳定与整合，使之有利于社会的和谐发展。

四 提高仲裁在纠纷解决中的利用率

对于特定行业领域内专业性较强的纠纷，如劳动争议、交通事故处理、医疗纠纷、产品责任纠纷等，原则上应以仲裁性或专门性纠纷解决机制为主，避免纠纷进一步向法院集中，在纠纷解决过程中调动民间纠纷双方当事人的主观能动性，由当事人在纠纷解决过程中发挥主导作用，提倡当事人参与解决纠纷的积极性。合意原则是民间纠纷解决机制的基本要件之一，主要体现为当事人在纠纷解决中拥有充分的自主权和自决权。相对于司法解纷方式着重于程序性，司法外纠纷解决机制则将重点放在当事人对实体权益的自决权方面。尊重当事人的自决权不仅有利于提高司法效率，而且有利于当事人对案件处理结果的执行。尊重回族民间纠纷当事人的自决权，有利于缓解司法资源的供需矛盾，使回族群众解决纠纷的司法成本负担合理化，更好地适应不同回族群众解纷制度消费主体对纠纷解决资源的需求。根据我们的调研，绝大多数临夏市回族群众对于已经施行多年的《仲裁法》仍然相当陌生，这一点集中表现在仲裁的低利用率上。按照中国现行《仲裁法》的规定，仲裁机构具有独立性，独立于行政机关和法院，然而回族群众对这些知之甚少。对临夏市回族聚居社区就仲裁的作用所进行的问卷调查①显示：90人认为"从未听说过"，占82%；18人认为"听说过但不了解"，占16%；2人认为"有些了解但从未用过"，占1.8%。如果纠纷当事人对一种解纷制度完全不了解，那么即使这种制度设计得十分完善，也发挥不了作用，

---

① 有效问卷为110份。

达不到立法者的预期目的。事实上，仲裁制度费用低廉，具有专业性、非公开性、非对抗性等制度优势，如果运用得当，对于回族民间纠纷当事人自然有较大的吸引力。

五　重新审视行政调解、解决纠纷机制的作用

"行政解决民事纠纷的另一优势在于行政执法具有多面性，涉及公民生活的方方面面，而每一方面的行政执法全都具有一定的政策裁量性，政府各部门在联合解决民间纠纷过程中，可以综合运用各自所掌握的裁量权，灵活多变地运用行政权，加大解决纠纷的力度，从而综合性地、全方位地解决纠纷，这正是司法所缺乏的。"[①]行政机关在处理特定领域的行业性较强的纠纷时，在专业知识和判断能力方面比法院更有优势，效益更大，主动性更强，并具有一定的便宜性和灵活性，容易实现个案的公正，而且其处理结果可通过司法审查进行救济，因此具有较大的利用空间和价值。对临夏市回族聚居社区就公安派出所的解纷作用所进行的问卷调查[②]显示：80人认为"作用非常好"，占81%；14人认为"作用发挥得不尽如人意"，占14%；5人认为"作用不大"，占5%。对临夏市回族聚居社区就基层社区司法所的作用所进行的问卷调查[③]显示：75人认为"作用非常好"，占75.8%；20人认为"作用发挥的不尽如人意"，占20.2%；4人认为"作用不大"，占4%。从以上的调研结果可以看出，基层回族群众对于行政机关的解纷作用是相当注重和依赖的。另外，行政机关掌握着许多公权力资源，即拥有调查权、取证权和处理权等，可以直接查明纠纷涉及的案件事实。因此，行政性纠纷解决机制应该进一步强化，但不能像以前那样无所不能，而应强调处理民间纠纷的权威性和有效性，同时当事人也可以对行政机关解纷过程进行监督。

---

① 张立平：《我国农村法律服务的历史与转型》，中国法制出版社2006年版，第156页。
② 有效问卷为99份。
③ 同上。

六　完善人民调解制度

人民调解的固有缺陷，使之在解决临夏市回族民间纠纷方面并没有充分发挥作用，在构建社会主义和谐社会的新形势下，为适应回族群众纠纷解决的需要，必须赋予其新的生命活力。强调发挥人民调解的重要作用，就是要使回族群众传统的文化资源创造性地为建设法治和谐所利用，在传承历史的基础上让人民调解焕发新的生命力。因此，负有对人民调解业务有指导责任的法院应改变以往对待人民调解消极懈怠的态度，使之指导责任制度化、规范化。此外，解决人民调解协议的效力问题也是提高该制度利用率最为重要和迫切的立法任务。回族民间纠纷解决具体制度的设计要与中国法制环境相结合以维护国家法制统一。法治是在社会经济、政治、文化发展基础上逐渐形成的，并通过与社会制度发生密切联系而使法律制度在实际运行中与其他制度形成相互和谐的统一体。"法律的生命力在于经验而非逻辑，在于解决问题而非纸上谈兵。从中国目前实际情况看，由于大量地区还受交通落后、信息闭塞、传统农耕生活的环境影响，农村接受和应用法律的能力的限制以及传统法制文化产生的作用，使得以习惯、道德传统表达的乡土正义观念将长期的作为他们法思维的基础。"① 中国的法治更多的是国家主导性的推行路线，主要以法律移植方式来借鉴西方国家的法治经验，所以最容易出现滋生于西方国家土壤的法律与中国民族地区回族群众生活及其长期以来所形成的传统习惯规则相脱节的现象。尤其在民事纠纷处理方面，国家法与回族民间习俗规则的差距很大，所以难免在回族民间纠纷解决中出现尴尬，比如非婚同居、彩礼纠纷等问题。如果要求对民间纠纷的处理只应用司法手段，有时会造成处理结果的不确定性，导致回族群众对司法救济的抵触与规避，而另行通过其他

---

① 何兵主编：《和谐社会与纠纷解决机制》，北京大学出版社 2007 年版，第 182 页。

被回族群众所认可的解纷手段去解决纠纷。因此，在坚持法治的基础上继承优秀的传统习惯，借鉴民间善良风俗，对于解决回族民间纠纷，实现"案结事了"具有重要的意义。

参 考 文 献

一 著作类

林耀华主编:《民族学通论》,中央民族大学出版社 1997 年版。

黄淑娉、龚佩华:《文化人类学理论方法研究》,广东高等教育出版社 1996 年版。

宋蜀华主编:《中国民族概论》,中央民族大学出版社 2000 年版。

宋蜀华、白振声主编:《民族学理论与方法》,中央民族大学出版社 1998 年版。

杨建新:《中国少数民族通论》,民族出版社 2005 年版。

王希隆:《中国西北少数民族史研究》,民族出版社 2005 年版。

童恩正:《文化人类学》,上海人民出版社 1989 年版。

庄孔韶主编:《人类学通论》,山西教育出版社 2002 年版。

郑杭生:《社会学概论新修》,中国人民大学出版社 2002 年版。

张实:《体质人类学》,云南大学出版社 2003 年版。

夏建中:《文化人类学理论学派》,中国人民大学出版社 1997 年版 。

陈弘毅:《法理学的世界》,中国政法大学出版社 2003 年版。

邓正来、〔英〕J. C. 亚历山大编:《国家与市民社会——一种社会理论的研究路径》,中央编译出版社 2002 年版。

邓正来:《市民社会理论的研究》,中国政法大学出版社 2002 年版。

樊崇义主编：《诉讼原理》，法律出版社 2003 年版。

范愉：《非诉讼纠纷解决机制研究》，中国人民大学出版社 2000 年版。

范忠信：《中国法律传统的基本精神》，山东人民出版社 2001 年版。

范忠信：《中西法文化的暗合与差异》，中国政法大学出版社 2001 年版。

费孝通：《乡土中国生育制度》，北京大学出版社 1998 年版。

宫志刚：《社会秩序与秩序重建》，中国人民公安大学出版社 2004 年版。

顾培东：《社会冲突与诉讼机制》（修订版），法律出版社 2004 年版。

郭星华、陆益龙等：《法律与社会——社会学和法学的视角》，中国人民大学出版社 2004 年版。

何兵：《现代社会的纠纷解决》，法律出版社 2003 年版。

何勤华、任超等：《法治的追求——理念、路径和模式的比较》，北京大学出版社 2005 年版。

贺雪峰：《新乡土中国》，广西师范大学出版社 2003 年版。

黄宗智：《清代的法律、社会与文化：民法的表达与实践》，中国社会科学出版社 1998 年版。

黄宗智主编：《中国研究的范式问题讨论》，社会科学文献出版社 2003 年版。

江伟、杨荣新主编：《人民调解学概论》，法律出版社 1990 年版。

李刚主编：《人民调解概论》，中国检察出版社 2004 年版。

梁漱溟：《中国文化要义》，学林出版社 1987 年版。

梁治平：《法辨——中国法的过去、现在与未来》，中国政法大学出版社 2002 年版。

梁治平：《清代习惯法：社会与国家》，中国政法大学出版社

1996 年版。

梁治平：《寻求自然秩序中的和谐》，中国政法大学出版社 2002 年版。

梁治平编：《法律的文化解释》，生活·读书·新知三联书店 1994 年版。

梁治平编：《国家、市场、社会：当代中国的法律与发展》，中国政法大学出版社 2006 年版。

林端：《儒家伦理与法律文化——社会学观点的探索》，中国政法大学出版社 2002 年版。

刘星：《语境中的法学与法律：民主的一个叙事立场》，法律出版社 2001 年版。

刘忠定、严励主编：《矛盾与化解：基层人民调解制度及其改进的研究》，中国社会出版社 2003 年版。

刘作翔：《法理学视野中的司法问题》，上海人民出版社 2003 年版。

刘作翔：《迈向民主与法治的国度》，山东人民出版社 1999 年版。

刘作翔主编：《立党为公、执政为民的法理学研究》，中国政法大学出版社 2005 年版。

马长山：《国家、市民社会与法治》，商务印书馆 2002 年版。

马新福：《法社会学原理》，吉林大学出版社 1999 年版。

潘吉星主编：《李约瑟文集》，辽宁科学技术出版社 1986 年版。

强世功编：《调解、法制与现代化：中国调解制度研究》，中国法制出版社 2001 年版。

强世功：《法制与治理——国家转型中的法律》，中国政法大学出版社 2003 年版。

渠敬东：《缺席与断裂——有关失范的社会学研究》，上海人民出版社 1999 年版。

桑本谦：《私人之间的监控与惩罚——一个经济学的进路》，山东人民出版社 2005 年版。

沈恒斌主编：《多元化纠纷解决机制原理与实务》，厦门大学出版社 2005 年版。

沈宗灵：《现代西方法理学》，北京大学出版社 1992 年版。

宋林飞：《西方社会学原理》，南京大学出版社 1997 年版。

苏力：《法治及其本土资源》（修订版），中国政法大学出版社 2004 年版。

孙立平：《断裂——20 世纪 90 年代以来的中国社会》，社会科学文献出版社 2003 年版。

孙立平：《转型与断裂——改革以来中国社会结构的变迁》，清华大学出版社 2004 年版。

王铭铭、王斯福主编：《乡土社会的秩序、公正与权威》，中国政法大学出版社 1997 年版。

王跃生：《没有规矩不成方圆》，生活·读书·新知三联书店 2000 年版。

夏勇主编：《走向权利的时代：中国公民权利发展研究》，中国政法大学出版社 1995 年版。

谢晖、陈金钊主编：《民间法》第一卷，山东人民出版社 2002 年版。

谢晖：《价值重建与规范选择——中国法制现代化沉思》，山东人民出版社 1998 年版。

谢鹏程：《基本法律价值》，山东人民出版社 2000 年版。

徐昕：《论私力救济》，中国政法大学出版社 2005 年版。

姚建宗：《法治的生态环境》，山东人民出版社 2003 年版。

俞可平主编：《地方政府创新与善治：案例研究》，社会科学文献出版社 2002 年版。

郑永流：《当代中国农村法律发展道路探索》，中国政法大学出版社 2004 年版。

郑永流等：《农民法律意识与农村法律发展——来自湖北农村

的实证研究》，中国政法大学出版社 2004 年版。

郑永流主编：《法哲学与法社会学论丛》第七卷，中国政法大学出版社 2005 年版。

周林彬：《法律的经济学论纲》，北京大学出版社 1998 年版。

［爱尔兰］J. M. 凯利：《西方法律思想简史》，王笑红译，法律出版社 2002 年版。

［德］马克思·韦伯：《经济与社会》，林荣远译，商务印书馆 1997 年版。

［法］米歇尔·福柯：《知识考古学》，谢强、马月译，生活·读书·新知三联书店 1998 年版。

［美］E. A. 霍贝尔：《初民的法律》，周勇译，中国社会科学出版社 1993 年版。

［美］E. 博登海默：《法理学——法律哲学与法律方法》，邓正来译，中国政法大学出版社 1999 年版。

［美］H. W. 埃尔曼：《比较法律文化》，贺卫方、高鸿钧译，清华大学出版社 2002 年版。

［美］John J. Bonsignore：《法律之门》，邓子滨译，华夏出版社 2002 年版。

［美］Lan R. 麦克尼尔：《新社会契约论》，雷喜宁、潘勤译，中国政法大学出版社 2004 年版。

［美］L. 科塞：《社会冲突的功能》，孙立平等译，华夏出版社 1998 年版。

［美］P. 诺内特、P. 塞尔兹尼克：《转变中的法律与社会：迈向回应型法》，张志铭译，中国政法大学出版社 2004 年版。

［美］R. M. 昂格尔：《现代社会中的法律》，吴玉章、周汉华译，译林出版社 2001 年版。

［美］埃里克·A. 波斯纳：《法律与社会规范》，沈明译，中国政法大学出版社 2004 年版。

［美］巴泽尔：《产权的经济分析》，费方域、段毅才译，上海

三联书店 1997 年版。

　　［美］本杰明·卡多佐：《司法过程的性质》，苏力译，商务印书馆 1998 年版。

　　［美］彼得·G. 伦斯特洛姆编：《美国法律辞典》，贺卫方等译，中国政法大学出版社 1998 年版。

　　［美］查尔斯·林德布洛姆：《政治市场——世界的政治—经济制度》，王逸舟译，上海三联书店 1995 年版。

　　［美］道格拉斯·C. 诺斯：《制度、制度变迁与经济绩效》，刘守英译，上海三联书店 1994 年版。

　　［美］道格拉斯·G. 拜尔等：《法律的博弈分析》，严旭阳译，法律出版社 1999 年版。

　　［美］杜赞奇：《文化、权力与国家——1900—1942 年的华北农村》，王福明译，江苏人民出版社 2004 年版。

　　［美］弗朗西斯·福山：《大分裂——人类本性与社会秩序的重建》，刘榜离译，中国社会科学出版社 2002 年版。

　　［美］弗朗西斯·福山：《信任——社会美德与创造经济繁荣》，彭志华译，海南出版社 2001 年版。

　　［美］吉尔伯特·罗兹曼主编：《中国的现代化》，国家社会科学基金比较现代化课题组译，江苏人民出版社 2003 年版。

　　［美］劳伦斯·M. 弗里德曼：《选择的共和国——法律、权威与文化》，高鸿钧等译，清华大学出版社 2005 年版。

　　［美］劳伦斯·M. 弗里德曼：《法律制度——从社会科学角度考察》，李琼英、林欣译，中国政法大学出版社 2004 年版。

　　［美］理查德·A. 波斯纳：《法律的经济分析》，蒋兆康译，中国大百科全书出版社 1997 年版。

　　［美］罗·庞德：《通过法律的社会控制法律的任务》，沈宗灵、董世忠译，商务印书馆 1984 年版。

　　［美］罗伯特·C. 埃里克森：《无需法律的秩序——邻人如何解决纠纷》，苏力译，中国政法大学出版社 2003 年版。

〔美〕马丁·P. 戈尔丁：《法律哲学》，齐海滨译，生活·读书·新知三联书店1987年版。

〔美〕迈克尔·D. 贝勒斯：《法律的原则——一个规范的分析》，张文显等译，中国大百科全书出版社1996年版。

〔美〕米尔伊安·R. 达玛什卡：《司法和国家权力的多种面孔——比较视野中的法律程序》，郑戈译，中国政法大学出版社2004年版。

〔美〕帕特里夏·尤伊克、苏珊·S. 西尔贝：《法律的公共空间——日常生活中的故事》，陆益龙译，商务印书馆2005年版。

〔美〕史蒂文·苏本、玛格瑞特·伍：《美国民事诉讼的真谛——从历史、文化、实务的视角》，蔡彦敏、徐卉译，法律出版社2002年版。

〔美〕斯蒂芬·B. 戈尔德堡等：《纠纷解决——谈判、调解和其他机制》，蔡彦敏等译，中国政法大学出版社2004年版。

〔美〕唐·布莱克：《社会学视野中的司法》，郭星华等译，法律出版社2002年版。

〔美〕唐纳德·J. 布莱克：《法律的运作行为》，唐越、苏力译，中国政法大学出版社2004年版。

〔日〕川岛武宜：《现代化与法》，申政武等译，中国政法大学出版社2004年版。

〔日〕高见泽磨：《现代中国的纠纷与法》，何勤华等译，法律出版社2003年版。

〔日〕谷口安平：《程序的正义与诉讼》，王亚新、刘荣军译，中国政法大学出版社2002年版。

〔日〕棚濑孝雄：《纠纷的解决与诉讼制度》，王亚新译，中国政法大学出版社2004年版。

〔日〕千叶正士：《法律多元——从日本法律文化迈向一般理论》，强世功等译，中国政法大学出版社1997年版。

〔日〕小岛武司等：《司法制度的历史与未来》，汪祖兴译，法律出版社 2000 年版。

［日］滋贺秀三等：《明清时期的民事诉讼与民间契约》，王亚新等译，法律出版社 1998 年版。

［意］莫诺·卡佩莱蒂等：《当事人基本程序保障权与未来民事诉讼》，徐昕译，法律出版社 2000 年版。

［英］彼得·斯坦、约翰·香德：《西方社会的法律价值》，王献玉译，中国人民公安大学出版社 1990 年版。

［英］丹宁勋爵：《法律的正当程序》，李克强等译，群众出版社 1984 年版。

［英］哈耶克：《自由秩序原理》，邓正来译，生活·读书·新知三联书店 1997 年版。

二 期刊类

范愉：《当代中国非诉讼纠纷解决机制的完善与发展》，载《学海》2003 年第 1 期。

范愉：《调解的重构》，载《法制与社会发展》2004 年第 2、3 期。

范愉：《浅谈当代"非诉讼纠纷解决"的发展及其趋势》，载《比较法研究》2003 年第 4 期。

范愉：《社会转型中的人民调解制度》，载《中国司法》2004 年第 10 期。

范愉：《诉讼的价值、运行机制与社会效应——读奥尔森的〈诉讼爆炸〉》，载《北大法律评论》1998 年第 1 卷第 1 辑。

范忠信：《中国传统司法的伦理属性及其影响》，载《河南省政法管理干部学院学报》2005 年第 3 期。

方流芳：《民事诉讼收费考》，载《中国社会科学》1999 年第 3 期。

冯象：《秋菊的困惑》，载《读书》1997 年第 11 期。

付子堂等：《社会转型与法律制度创新研究》，载《法制与社会发展》2005 年第 4 期。

傅郁林：《诉讼费用的性质与诉讼成本的承担》，载《北大法律评论》2001 年第 4 卷第 1 辑。

高晓力：《加拿大替代性纠纷解决机制与法院调解》，载《法律适用》2003 年第 1 期。

巩勇：《民事诉讼中起诉与调解成本的经济分析》，载《新疆大学学报》2005 年第 2 期。

郭道晖：《多元社会中法的本质与功能》，载《中外法学》1999 年第 3 期。

郭星华、王平：《中国农村的纠纷与解决机制》，载《江苏社会科学》2004 年第 2 期。

何兵：《法律程序的价值与弊端——与人民调解相比较》，载《人民法院报》2004 年 5 月 12 日。

何兵：《论民间调解组织之重构》，载《中国司法》2004 年第 2 期。

何兵：《民间调解的程序要素解析》，载《中国司法》2004 年第 1 期。

胡必亮：《"关系"与农村人口流动》，载《农业经济问题》2004 年第 11 期。

胡浩飞：《民间调解·诉讼·法治》，载《石油大学学报》2001 年第 5 期。

黄宗智：《悖论社会与现代传统》，载《读书》2005 年第 2 期。

季卫东：《法制与调解的悖论》，载《法学研究》1991 年第 5 期。

季卫东：《法治中国的可能性——兼论对中国文化传统的解读和反思》，载《战略与管理》2001 年第 5 期。

蒋庆：《儒家文化：建构中国式市民社会的深厚资源》，载《中国社会科学季刊》总第 3 期。

李广辉、孙永军：《关于大调解之法理思考》，载《汕头大学学报》2002 年第 3 期。

李浩：《调解的比较优势与法院调解制度的改革》，载《南京师大学报》2002 年第 7 期。

李路路：《社会变迁：风险与社会控制》，载《中国人民大学学报》2004 年第 2 期。

李琦：《冲突解决的理想性状和目标》，载《法律科学》2005 年第 1 期。

李章军：《替代性纠纷解决程序之研究》，载《河北法学》2004 年第 12 期。

梁治平：《"民间"、"民间社会" 和 CIVIL SOCIETY——CIVIL SOCIETY 概念再检讨》，载《云南大学学报》2003 年第 1 期。

梁治平：《从 "礼治" 到 "法治"》，载《开放时代》1999 年第 1 期。

梁治平：《法治：社会转型时期的制度建构——对中国法律现代化运动的一个内在观察》，载《中国当代研究》2002 年第 2 期。

廖晓宝：《扎实工作，与时俱进，努力开创本市人民调解工作新局面》，载《上海人民调解》2002 年第 2 期。

廖永安：《诉讼内外纠纷解决机制的协调与整合》，载《云南大学学报》2004 年第 3 期。

刘敏：《论传统调解制度及其创造性转化——一种法文化学分析》，载《社会科学研究》1999 年第 1 期。

齐树洁：《德国民事司法改革及其借鉴意义》，载《中国法学》2002 年第 3 期。

钱弘道：《法律的经济分析工具》，载《法学研究》2004 年第 4 期。

秦国荣：《法治社会中法律的局限性及其矫正》，载《法学》2005 年第 3 期。

秦国荣：《人民调解制度的现代意义分析》，载《新疆大学学报》2002 年第 6 期。

沈恒斌：《努力构建多元化纠纷解决机制》，载《中国司法》2004 年第 9 期。

史延河：《纠纷 47 年不出村》，载《人民调解》2004 年第 9 期。

孙立平：《社会转型：发展社会学的新议题》，载《社会学研究》2005 年第 1 期。

孙媛：《浅谈乡村司法实践中的"第三领域"》，载《理论月刊》2004 年第 12 期。

汪建成、孙远：《论司法的权威与权威的司法》，载《法学评论》2001 年第 4 期。

王思斌：《中国人际关系初级化与社会变迁》，载《管理世界》1996 年第 3 期。

王晓毅：《夹缝中的表达》，载《江苏行政学院学报》2005 年第 2 期。

王亚新：《纠纷、秩序、法治——探寻研究纠纷处理与规范形成的理论框架》，载《清华法律评论》1999 年第 2 卷。

夏锦文、徐英荣：《现实与理想的偏差：论司法的限度》，载《中外法学》2004 年第 1 期。

信春鹰：《法治的局限》，载《读书》1999 年第 1 期。

薛彦柱：《服毒自杀起风波细致调解化干戈》，载《人民调解》2004 年第 7 期。

杨荣新、邢军：《人民调解制度研究》，载《南阳师范学院学报》（社会科学版）2003 年第 5 期。

尹力：《调解含义界说》，载《贵州师范大学学报》2004 年第 4 期。

尤陈俊：《法治的困惑：从两个社会文本开始的解读》，载《法学》2002 年第 5 期。

郑杭生：《社会转型论及其在中国的表现》，载《广西民族学院学报》2003 年第 5 期。

郑杭生：《中国社会大转型》，载《中国软科学》1994 年第1 期。

郑杭生等：《社会学视野中的和谐社会》，载《人民日报》2004 年 11 月 30 日。

三　互联网文献

陈俊豪：《民间纠纷调解新模式》，http：//www. snzg. cn/shownews. asp？newsid＝2435，2007 年 1 月 11 日访问。

傅郁林：《中国基层法律服务状况考察报告》，http：//article1. chinalawinfo. com，2007 年 3 月 25 日访问。

贺雪峰：《乡村干部与农村调解》，http：//www. snzg. net/shownews. asp，2007 年 5 月 21 日访问。

四　外文文献

Acarrie Menkel-Meadow. "Toward Another View of Legal Negotia-tion：The Structure of Problem Solving." *UCLA Law Review*, 31，1984.

Deborah Chow. "Development of China's Legal System Will Strengthen Its Mediation Programs." *Yeshiva University Cardozo Journal of Conflict Resolution*，3，2002.

后　记

在兰州大学西北少数民族研究中心民族法制与理论专业学习的三年是我终生受益和难忘的时光。对于我来说,这三年时间是一段成长的历程,这段过程不仅仅在于基础理论知识的增长,也使我逐渐学会了如何独立的进行思考并进行学术研究活动。

无论是对于专业还是对于生活,在论文完成之即,我首先要感谢我的导师王希隆教授,从论文选题资料的收集、开题到整个写作过程,恩师自始至终地关心和指导着我。借此机会,我要衷心地向恩师说句"谢谢您"。谢谢您三年来给予我的耐心指导与鼓励,您无私的人格魅力和勤奋的治学态度将是我未来工作与学习的楷模。在此之际,我还要向杨建新先生在我求学道路上和博士论文写作过程中所给予的关心、帮助表示感谢,先生的博学与睿智永远是我学习的榜样。

感谢杨文炯教授为我进行临夏市的田野调查所提供的资料及相关信息。感谢赵利生教授、徐黎丽教授、王州塔教授、李静教授、武沐教授、切排教授、宗喀教授、刘艺工教授、阎丽娟教授为我论文的完成所提供的帮助。感谢我的博士生同学杨军昌教授、冯雪红教授和多杰教授等学长,是他们的鼓励与支持使我有了求学的信心与勇气。

感谢甘肃省高级人民法院的王大进先生、王世凡先生,江南大学的蔡永民教授三位大哥在我求学生涯中所给予的无私帮助与鼓励,每当夜深人静之时回顾自己曾走过的路,想起他们对自己的关心与爱护，全身总是暖流涌动，心里对他们充满了无限的感激。

感谢我的父母，他们无私的爱是我永恒的精神动力。感谢我的妻子摆玉丽女士，或许也看不懂，但她总是我已写好的论文章节的第一位读者，她会尽力指出论文的不足之处。一晃六年，女儿已长大，在论文的写作过程中，她的淘气和天真给予我充分的精神放松和前进的动力。

在即将带着无限感慨和对未来生活的希望奔赴新的人生旅途之际，再一次对上述以及许许多多曾经帮助过我但还来不及提及的人们道一声：感谢！

拜荣静

2012 年 10 月 10 日

于兰州嘉合园书卧居